俄 国 史 译 丛 · 政 治

Серия переводов книг по истории России

Россия

Династия Рябушинских

俄国史译丛·政治

张广翔 刘育伯／译 邓雨／审校

〔俄〕彼得罗夫·尤里·亚历山德罗维奇／著

Петров Юрий Александрович

浮 沉

里亚布申斯基家族兴衰史

Династия
Рябушинских

社会科学文献出版社

SSAP

SOCIAL SCIENCES ACADEMIC PRESS (CHINA)

ИЗДАТЕЛЬСТВО «Войнаимир»

本书根据俄罗斯图书出版社 1997 年版本译出

本书获得教育部人文社会科学重点研究基地
吉林大学东北亚研究中心资助出版

巴维尔·巴甫洛维奇·里亚布申斯基（1912 年拍摄）

俄国史译丛编委会

著者简介

彼得罗夫·尤里·亚历山德罗维奇（Петров Юрий Александрович）历史学博士，俄罗斯科学院俄罗斯历史研究所所长、高级研究员，俄罗斯金融史首席专家。在俄罗斯和国外发表学术论著 170 余部（篇），其中 12 部著作得到俄罗斯和国外学术界的高度评价。

译者简介

张广翔　　历史学博士，吉林大学东北亚研究院教授、博士生导师。

刘育伯　　吉林大学东北亚研究院硕士研究生。

总　序

我们之所以组织翻译这套"俄国史译丛"，一是由于我们长期从事俄国史研究，深感国内俄国史方面的研究严重滞后，远远满足不了国内学界的需要，而且国内学者翻译俄罗斯史学家的相关著述过少，不利于我们了解、吸纳和借鉴俄罗斯学者有代表性的成果。有选择地翻译数十册俄国史方面的著作，既是我们深入学习和理解俄国史的过程，还是鞭策我们不断进取、培养人才和锻炼队伍的过程，同时也是为国内俄国史研究添砖加瓦的过程。

二是由于吉林大学俄国史研究团队（以下简称"我们团队"）与俄罗斯史学家的交往十分密切，团队成员都有赴俄进修或攻读学位的机会，每年都有多人次赴俄参加学术会议，每年请 2 ~ 3 位俄罗斯史学家来校讲学。我们与莫斯科大学（以下简称"莫大"）历史系、俄罗斯科学院俄国史研究所和世界史所、俄罗斯科学院圣彼得堡历史所、俄罗斯科学院乌拉尔分院历史与考古所等单位学术联系频繁，有能力、有机会与俄学者交流译书之事，能最大限度地得到俄同行的理解和支持。以前我们翻译鲍里斯·尼古拉耶维奇·米罗诺夫的著作时就得到了其真诚帮助，此次又得到了莫大历史系的大力支持，而这是我们顺利无偿取得系列书的外文版权的重要条件。舍此，"俄国史译丛"工作无从谈起。

三是由于我们团队得到了吉林大学校长李元元、党委书记杨振斌、学校职能部门和东北亚研究院的鼎力支持和帮助。2015 年 5 月 5 日李元元校长访问莫大期间，与莫大校长萨多夫尼奇（B. A. Садовничий）院士，俄罗斯科学院院士、莫大历史系主任卡尔波夫教授，莫大历史系副主任鲍罗德金教授等就加强两校学术合作与交流达成重要共识，李元元校长明确表示吉林大学将大力扶植俄国史研究，为我方翻译莫大学者的著作提供充足的经费支持。萨多夫尼奇校长非常欣赏吉林大学的举措，责成莫大历史系全力配合我方的相关工作。吉林大学主管文科科研的副校长吴振武教授、社科处霍志刚处长非常重视我们团队与莫大历史系的合作，2015 年尽管经费很紧张，还是为我们提供了一定的科研经费。2016 年又为我们提供了一定经费。这一经费支持将持续若干年。

我们团队所在的东北亚研究院建院伊始，就尽一切可能扶持我们团队的发展。现任院长于潇教授上任以来，一直关怀、鼓励和帮助我们团队，一直鼓励我们不仅要立足国内，而且要不断与俄罗斯同行开展各种合作与交流，不断扩大我们团队在国内外的影响。在 2015 年我们团队与莫大历史系新一轮合作中，于潇院长积极帮助我们协调校内有关职能部门，和我们一起起草与莫大历史系合作的方案，获得了学校的支持。2015 年 11 月 16 日，于潇院长与来访的莫大历史系主任卡尔波夫院士签署了《吉林大学东北亚研究院与莫斯科大学历史系合作方案（2015～2020 年）》，两校学术合作与交流进入了新阶段，其中，我们团队拟 4 年内翻译莫大学者 30 种左右学术著作的工作正式启动。学校职能部门和东北亚研究院的大力支持是我们团队翻译出版"俄国史译丛"的根本保障。于潇院长为我们团队补充人员和提供一定的经费使我们更有信心完成上述任务。

2016年7月5日，吉林大学党委书记杨振斌教授率团参加在莫大举办的中俄大学校长峰会，于潇院长和张广翔等随团参加，在会议期间，杨振斌书记与莫大校长萨多夫尼奇院士签署了吉林大学与莫大共建历史学中心的协议。会后莫大历史系学术委员会主任卡尔波夫院士、莫大历史系主任杜奇科夫（И.И. Тучков）教授（2015年11月底任莫大历史系主任）、莫大历史系副主任鲍罗德金教授陪同杨振斌书记一行拜访了莫大校长萨多夫尼奇院士，双方围绕共建历史学中心进行了深入的探讨，有力地助推了我们团队翻译莫大历史系学者学术著作一事。

四是由于我们团队同莫大历史系长期的学术联系。我们团队与莫大历史系交往渊源很深，李春隆教授、崔志宏副教授于莫大历史系攻读了副博士学位，张广翔教授、雷丽平教授和杨翠红教授在莫大历史系进修，其中张广翔教授三度在该系进修。我们与该系鲍维金教授、费多罗夫教授、卡尔波夫院士、米洛夫院士、库库什金院士、鲍罗德金教授、谢伦斯卡雅教授、伊兹梅斯杰耶娃教授、戈里科夫教授、科什曼教授等结下了深厚的友谊。莫大历史系为我们团队的成长倾注了大量的心血。卡尔波夫院士、米洛夫院士、鲍罗德金教授、谢伦斯卡雅教授、伊兹梅斯杰耶娃教授、科什曼教授和戈尔斯科娃副教授前来我校讲授俄国史专题，开拓了我们团队及俄国史研究方向的硕士生和博士生的视野。卡尔波夫院士、米洛夫院士和鲍罗德金教授被我校聘为名誉教授，他们经常为我们团队的发展献计献策。莫大历史系的学者还经常向我们馈赠俄国史方面的著作。正是由于双方有这样的合作基础，在选择翻译的书目方面，很容易沟通。尤其是双方商定拟翻译的 30 种左右的莫大历史系学者著作，需要无偿转让版权，在这方面，莫大历史系从系主任到所涉及的作者，克服一切困难帮助我们解决关键问题。

五是由于我们团队有一支年富力强的队伍，既懂俄语，又有俄国史方面的基础，进取心强，甘于坐冷板凳。学校层面和学院层面一直重视俄国史研究团队的建设，一直注意及时吸纳新生力量，使我们团队人员年龄结构合理，后备充足，有效避免了俄国史研究队伍青黄不接、后继无人的问题。我们在培养后备人才方面颇有心得，严格要求俄国史方向硕士生和博士生，以阅读和翻译俄国史专业书籍为必修课，硕士学位论文和博士学位论文必须以使用俄文文献为主，研究生从一入学就加强这方面的训练，效果很好：培养了一批俄语非常好、专业基础扎实、后劲足、崭露头角的好苗子。我们组织力量翻译了米罗诺夫所著的《俄国社会史》《帝俄时代生活史》，以及在中文刊物上发表了 70 多篇俄罗斯学者论文的译文，这些都为我们承担"俄国史译丛"的翻译工作积累了宝贵的经验，锻炼了队伍。

译者队伍长期共事，彼此熟悉，容易合作，便于商量和沟通。我们深知高质量地翻译这些著作绝非易事，需要认真再认真，反复斟酌，不得有半点的马虎。我们翻译的这些俄国史著作，既有俄国经济史、社会史、城市史、政治史，还有文化史和史学理论，以专题研究为主，涉及的领域广泛，有很多我们不懂的问题，需要潜心研究探讨。我们的翻译团队将定期碰头，利用群体的智慧解决共同面对的问题，如单个人无法解决的问题，以及人名、地名、术语统一的问题。更为重要的是，译者将分别与相关作者直接联系，经常就各自遇到的问题发电子邮件向作者请教，我们还将根据翻译进度，有计划地邀请部分作者来我校共商译书过程中遇到的各种问题，尽可能地减少遗憾。

　　"俄国史译丛"的翻译工作能够顺利进行，离不开吉林大学校领导、社科处和国际合作与交流处、东北亚研究院领导的坚定支持和可靠后援；莫大历史系上下共襄此举，化解了很多合作路上的难题，将此举视为我们共同的事业；社会科学文献出版社的恽薇、高雁等相关人员将此举视为我们共同的任务，尽可能地替我们着想，使我们之间的合作更为愉快、更有成效。我们唯有竭尽全力将"俄国史译丛"视为学术生命，像爱护眼睛一样地呵护它、珍惜它，这项工作才有可能做好，才无愧于各方的信任和期待，才能为中国的俄国史研究的进步添砖加瓦。

　　上述所言与诸位译者共勉。

吉林大学东北亚研究院和东北亚研究中心

2016 年 7 月 22 日

目　录

前　言

　　推荐给读者的这本书是一部由俄国企业家建立的商业帝国的兴衰史。在苏联时期，里亚布申斯基家族的商业帝国现象是不可能出现的。在俄国命运发生转折的 1917 年，里亚布申斯基家族是最早被列入"人民公敌"黑名单中的家族之一。在科尔尼洛夫叛乱①事件发生后，经过了数十场会议讨论，最终通过了如下决议："立即逮捕资产阶级反革命重要人物和叛乱分子——米留科夫、罗江科、古奇科夫、里亚布申斯基②、罗季切夫、马克拉科夫等人。"③这些国家的优秀人才、民族政治精英都被列入敌对阵营，这在相当长一段时间内决定了国家对莫斯科银行家和工业家的态度。"反革命"的帽子一直扣在里亚布申斯基家族的头上，进而遮蔽了该家族的真实形象。

---

① 俄国十月革命前科尔尼洛夫发动的反革命叛乱——译者注。

② 里亚布申斯基为家族姓氏，原著在行文中有时会用里亚布申斯基称呼家族的三代掌门人，本书为区分，除官方文件保留原文外，第一代掌门人米哈伊尔·雅科夫列维奇·里亚布申斯基一般译为米哈伊尔，第二代掌门人巴维尔·米哈伊洛维奇·里亚布申斯基译为巴维尔·米哈伊洛维奇，第三代掌门人巴维尔·巴甫洛维奇·里亚布申斯基译为巴维尔，此处指巴维尔——译者注。

③ Революционное движение в России в августе 1917 г. М., 1957. С. 568.

·1·

1917 年 8 月 3 日，在莫斯科大学神学礼堂举行了第二届全俄工商业代表大会。讲台上，一名瘦削、戴着夹鼻眼镜且留着知识分子特有的小胡子的中年男性，用沙哑的声音向观众们呐喊："……对俄国而言，这场灾难、这场金融危机是不可避免的，如果我们现在还未意识到这场危机的来临，那么当它真的到来时，我们再发现自己的错误就为时已晚了……不过，遗憾的是，只有当因饱受饥寒而变得瘦骨嶙峋的双手扼住人民的假朋友、各委员会成员的咽喉时，他们才会清醒过来……在这艰难困苦的时刻，当新的黑暗时代到来之际，国家一切尚存的文化力量应该形成一个友爱的大家庭。让商人的坚毅本色显现出来吧！商人们，起来拯救我们的祖国吧！"（掌声雷动，所有人都起立向发言者致敬）①

工商党的领袖巴维尔·巴甫洛维奇·里亚布申斯基（Павел Павлович Рябушинский，1871–1924）作为莫斯科金融巨头、企业家、自由派政治家、报纸出版商以及俄国旧礼仪教派领袖之一，在库兹马·米宁新思想的基础上发表了慷慨激昂的演说，对即将到来的革命事件及对抗无政府的力量充满了担忧。在 8 月的演讲后不久，巴维尔便被认定为极端反革命分子，也正是他造就了里亚布申斯基家族所有人的悲惨命运。左派媒体揪住"因饱受饥寒而变得瘦骨嶙峋的双手"这句鲜明的警语不放，将这个政客对现实的警告解释成用这双手扼杀革命的号召。②

---

① Экономическое положение России накануне Великой Октябрьской социалистической революции. Документы и материалы. Март – октябрь 1917 г. М.；Л.，1957. Ч. 1. С. 196–201（публикация речи П. П. Рябушинского）.

② Мечты французской буржуазии о России Рябушинских // Известия. 1930. 21 нояб.

　　在革命后几代人的意识中，里亚布申斯基家族成了"恐怖恶魔"的象征，家族每个成员都变成了不折不扣的"吸血鬼"商人，并会不惜一切代价地去恢复资本主义世界的秩序。我们在这里仅举一个例子。1930 年 11 月，《消息报》对"工业党"① 判决事件进行了报道，在此次判决中，检察官指控 Л. К. 拉姆津教授在巴黎与巴维尔·巴甫洛维奇·里亚布申斯基就准备对苏联展开联合军事行动问题进行谈判。苏联媒体在报道中大肆宣扬，为了恢复"里亚布申斯基家族的俄国"，法国即将对此展开军事干预行动。报纸大量刊载了关于这些富商的讽刺漫画，在画中他们将贪婪的爪牙伸向了胜利的无产阶级国家。

　　但是，审判过程中发生了一件令调查者尴尬的事情，即案件提到的 1927 年与 Л. К. 拉姆津会面的巴维尔·巴甫洛维奇·里亚布申斯基早在 3 年前就已经过世了。国家检察官 Н. В. 克雷连科强迫 Л. К. 拉姆津纠正这个错误以扭转这个尴尬的局面：这个传奇组织的领导者声称，他本人也不确定在巴黎遇到的是哪个里亚布申斯基，或许不是巴维尔本人，而是他的兄弟弗拉基米尔。② 侨民企业家们在巴黎的《复兴报》上发表了一封公开信，在信中对这些拙劣的说辞进行了正式反驳，随后，这封信又被《消息报》转载。在其回忆录中，弗拉基米尔·里亚布申斯基提到 Л. К. 拉姆津受讯一事时，直言"……至于剩下的里亚布申斯基家族成员（除了巴维尔·里亚布申斯基——作者注），只有我和我的兄弟们。但是我们谁都没有见过起诉书中提到的那些人，从来没有见过。"莫斯科自导自

---

① 工业党，1926～1930 年苏联资产阶级技术知识分子上层人物的地下反革命破坏组织——译者注。

② Известия. 1930. 5 дек.

演的闹剧并未迷惑住侨民的双眼，他们认为，被告人"真挚"的证词要么是由国家政治保安总局代表捏造出来的，要么就是利用酷刑逼迫被告人而得来的。① .

在斯大林执政时期，这些保存了数十年的伪证就是通过以上方式得来的。只有对历史证据进行客观分析，才能将我们的认识从过去的那些条条框框中解放出来。因此，本书的主要目的是基于严谨的文献史料仔细地研究在俄国社会生活中起过重要作用的里亚布申斯基家族商业帝国的历史。与此同时，也不应该从"批判、指责"的极端走向"大肆推崇、宣扬"的极端，不过，后者正是当今某些研究俄国"第三等级"② 的人的一贯做法。里亚布申斯基家族是俄国宏伟商业史诗的主要构成人物，该史诗书写的是俄国十月革命前的历史，也正是本书的主题，同时，笔者也向读者传达了对里亚布申斯基家族的态度。

里亚布申斯基家族是俄国资本的化身，在俄国社会生活中有着举足轻重的地位，在同时代人的眼中，这个家族毋庸置疑是"中国城③中最耀眼且最典型的豪门贵族之一"。"一方面，报纸报道里亚布申斯基家族既拥有无尽财富又饱含热情，不遗余力地扩张着自己的商业版图，从棉花到木材，从玻璃制品到纺织品，从土地到排字

---

① Возрождение. 1930. 22 нояб.

② 第三等级，指的是帝俄时期从事城市及乡镇贸易活动的商人——译者注。

③ 关于莫斯科"中国城"（Китай город）名称的由来有三种说法。一是其名有"中城"之意，因其位于克里姆林宫（内城）与莫斯科河之间；而 Китай 来自蒙古语，意为"中"；二是误解意大利语所致。Китай 源于意大利语 CITTA，意为"城"。当时指挥修建此城的意大利建筑师如此称呼它，俄人不解，与 город 并称，遂为 Китай город；三是中国城城墙原为土墙，而装土之筐子时称 кита，后由此讹传为 Китай（中国）——译者注。

机，从银行到出版业，都有这个家族的身影……另一方面，在莫斯科的社会、科学、文学、艺术等众多领域，人们都能看到里亚布申斯基这个名字。"①实际上，在 20 世纪初的俄国，无论是商界、政界还是文化界，人们随处可见一个罕见却又令人印象深刻的名字——里亚布申斯基。正如莫斯科人所说的那样，里亚布申斯基家族三代人都"与众不同"，各有特色，以自己独有的方式吸引着众人的关注。同时，透过这个家族的命运，我们可以回顾俄国革命前期的那个年代发生的诸多重大事件并对当时俄国的发展趋势有一个清晰的认识。在过去，关于这个莫斯科商业家族史的相关文献资料并不多见。И. Ф. 金丁和 Б. В. 阿纳尼奇曾撰写过关于这个家族的商业活动的书籍；В. Я. 拉维里切夫出版了以里亚布申斯基家族为主角的《"年轻的"莫斯科资产阶级政治史》一书；В. С. 迪亚金、В. Н. 谢列茨基、В. В. 谢洛哈耶夫和波兰历史学家 Э. 维申夫斯基也研究过里亚布申斯基家族在俄国政治生活中的地位问题；里亚布申斯基家族在出版领域的贡献也曾引起 А. Н. 博哈诺夫的关注。Н. Г. 杜莫娃出版过一部关于 Н. П. 里亚布申斯基赞助俄国科学界和艺术界情况的论文集。国外的俄国史研究专家 Р. 波尔多利、А. 利贝尔、Р. 帕伊普萨、Л. 西格里波玛、Д. 乌埃斯塔等人的作品②，通过对里亚布申斯基家族相关资料的研究，反映了 19 世纪到 20 世纪初俄国资产阶级所经历的经济与政治变革。目前关于"里亚

---

① Султанов С. Купец идет // Биржевые ведомости. 1915. 15 июня.

② См. : Гиндин и. Ф. К истории концерна бр. Рябушииских // Материалы по истории СССР. Т. VI. Документы по истории монополитического капитализма в России. М. , 1959; Ананьич Б. В. Банкирские дома в России. 1860 – 1914. Л. , 1991; Лаверычев В. Я. По ту сторону баррикад. 　（转下页注）

布申斯基家族"的文献资料日益丰富，但我们决不能认为，已无须引入新的资料。为了再现这个商业帝国的"历史肖像"，笔者竭尽所能地查阅和研究了大量文献档案以及书籍，将这个家族"从亚历山大一世起到 1917 年被迫出走俄国"这一时期的历史展现在读者面前。在此，特别感谢俄罗斯科学院俄国史研究所的同事 Б. В. 阿纳尼奇、В. И. 鲍维金、А. Н. 博哈诺夫、Н. Г. 杜莫娃及 А. П. 卡列林，感谢他们对本书创作的鼎力帮助。

在描述里亚布申斯基家族时，现代人时常写道："该家族常常成为公众关注的焦点，家族的特点并未随着中国城中的众多商业帝国所表现出的种种'绅士做派'而变得模糊。这些商人的根基如此

（接上页注②）Из истории борьбы московской буржуазии с революции. М. , 1967; Дякин В. С. Русская буржуазия и царизм в годы первой мировой войны. 1914 –1917. Л. , 1967; Селецкий В. Н. Прогрессисты. （К вопросу о политической консолидации русской буржуазии накануне первой мировой войны）. Дисс. канд. ист. наук. М. , 1969; Шелохаев В. В. Идеология и политическая организация российской либеральной буржуазии, 1907 –1914. М. , 1991; Вишневски Э. Либеральная оппозиция в России накануне первой мировой войны: Пер. с пол. М. , 1994; Боханов А. Н. Буржуазная пресса России и крупный капитал. Конец XIX в. –1914 г. М. , 1984; Боханов А. Н. Коллекционер и меценаты в России. М. , 1989; Думов Н. Г. Московские меценаты. М. , 1992. Portal R. Industrielle moscovites: La secteur cotonnier（1861 –1914）// Cahiers du monde russe et sovietique 4. 1963. 1 –2; Rieber A. Merchants and Entrepreneurs in Imperial Russia. Chappel Hill, 1982; Pipes R. Struve. Liberal on the Right. 1905 –1944. Cambridge, 1980; West J. The Riabushinskij Circle: Russian Industrialists in Search of a Bourgeoisie, 1909 – 1914 // Jahrbuch fur Geschichte Osteuropas 32（1984）; Rosenberg W. Liberals in the Russian Revolution. Constitutional Democratic Party, 1917 –1921. Princeton, 1974; Oven Th. Capitalism and Politics in Russia. A Social History of the Moscov Merchants 1855 –1905. Cambridge, 1981; Siegelbaum L. The Politics of Industrial Mobilization in Russia, 1914 –1917. A Study of the War-Industries Comittees. Oxford, 1983.

之牢固，其力量何在?"①　笔者为自己提出了一个关于俄国企业家经营活动"道德基础"和传统的问题的同时，在俄罗斯重新回归世界市场经济舞台及私人经营活动再次出现高潮的今天，认为曾经的俄国商业活动依然对其具有借鉴意义。

---

① Биржевые ведомости. 1915. 15 июня.

第一章

创始人

　　与其他著名的商业家族一样，里亚布申斯基商业帝国的兴起最早可以追溯到 18 世纪末 19 世纪初。家族企业创始人米哈伊尔·雅科夫列夫是卡卢加省帕夫努季耶沃－博罗夫斯克修道院附属村庄的农民雅科夫·杰尼索夫之子。米哈伊尔出生于 1786 年，是家中最小的孩子。由于份地太少实在养活不了这么多人，他的父亲不得不靠贩卖木雕来贴补家用，而母亲则是收购家庭自制的长筒袜，再到博罗夫斯克县城进行销售。

　　由于年代久远，我们几乎找不到任何有关米哈伊尔的文献记载。作为"里亚布申斯基家族事业"的奠基人，连一幅他的肖像画都未曾留下。我们只知道他 12 岁就做了学徒，4 年后即 1802 年，纳税人口花名册对他的记载是"从卡卢加的国有农民跻身成为莫斯科商人"①。想要进入包括三个等级的商人阶层，年轻的商人必须"申报" 1000 ~ 5000 卢布的资本。我们无从得知一个农村家庭出身

---

① Материалы для истории московского купечества. T. V. M. , 1887. C. 179.

的年轻人从哪儿弄来这么一笔在当时看来数额庞大的资金。也许，同样从事经商的哥哥阿尔捷米帮助了他。后来，这位新兴商人娶了莫斯科皮革制造商的女儿叶芙菲米娅·斯科沃尔佐娃。那时，兄弟俩一起在中心商场①做生意，阿尔捷米衣衫褴褛，米哈伊尔则是粗布麻衣。

随之爆发的"1812 年卫国战争"以及莫斯科大火给大批商人带来了毁灭性打击，里亚布申斯基家族的奠基人也未能幸免。里亚布申斯基家族为"逃离波拿巴的战火"来到了弗拉基米尔省，1813年又从弗拉基米尔省返回到了故乡。米哈伊尔向商业管理局提交了退出商人阶层的申请："由于拿破仑军队入侵莫斯科，我遭受了极大的损失，以致无法承担赋税。因此，我在此衷心地恳求，由于缺少商业资本请将我降为小市民。"② 为此，他作为小市民阶层度过了 10 年的光景。一个刚刚起步的商人，受环境所累，被打入下层社会，这种滋味该如何体会？

据米哈伊尔的一个孙子回忆，当他向父亲巴维尔·米哈伊洛维奇抱怨事业进展不佳时，他的父亲总会这样宽慰他："这很正常，人生漫漫，总会充满挑战，挫败也终究会被繁荣所取代。"③ 这种忍受命运变幻无常的能力是里亚布申斯基家族的特点，而且从创始人开始代代相传。百炼成钢，多年的磨难并没有打碎米哈伊尔的进取心，幸运也不知不觉地降临到这个商人身上。

---

① Гостиный двор，指俄国 13 ~ 17 世纪专供外国商人开展贸易的商城或中心商场——译者注。

② Торговое и промышленное дело Рябушинских. М.，1912. C. 8.

③ Рябушинский Вл. Купечество московское // День русского ребенка. Сан - Франциско. Апр. 1951. C. 170.

1823 年 12 月，"莫斯科小市民"米哈伊尔·雅科夫列维奇·里亚布申斯基（其真名）对外公布了 8000 卢布资产并申请和家人一起于 1824 年成为三等商人。可从他所提交的加入商人等级的申请书得知，申请人自 1814 年从商人阶层转入小市民阶层这一时期，并未使用"列布申斯基"（Ребушинский）这一假姓①，而 1820 年 12 月 2 日地方长官通知他，允许他使用另外一个姓氏②。将父称雅科夫列夫改为官方姓氏反映出了重要的变化。顺便提一句，这个姓氏是从家乡村庄的名字"列布申斯克"演化而来的。而如今我们所熟知的"里亚布申斯基"（Рябушинский）则是在他临终前改过来的。

在恢复商人身份的前 10 年里，米哈伊尔一直在莫斯科的商业中心（即莫斯科中国城）担任商人 М. П. 索罗科瓦诺夫的店员，由于 М. П. 索罗科瓦诺夫后继无人，因此到了晚年，他将生意全盘托付给其合伙人。家族事业史编纂者强调，"对米哈伊尔·雅科夫列维奇这样的一小部分人而言，生活目标并非钱与权，而是他们毕生坚守的事业。他属于能在西欧创造出资产阶级历史的那一类人。"③

与在欧洲盛行的马克斯·韦伯的经典理论一样，新教清教徒的道德催生了"资本主义精神"，而在俄国原始积累时期这一精神则体现在旧礼仪派上。18 世纪末，莫斯科有两大旧礼仪派——"无牧师的"普列奥布拉任斯基公墓和接受教会圣礼的"牧师派"，即罗戈任公墓，这两派汇集了商人阶层的精英。严肃的旧礼仪派道德

---

① 该姓氏来源于其出生的自由村庄名称——译者注。

② Центральный государственный исторический архив г. Москвы（далее—ЦГИА г. Москвы），ф. 2，оп. 1，д. 1543，л. 1–2.

③ Торговое и промышленное дело Рябушинских. С. 12.

米哈伊尔·雅科夫列维奇·里亚布申斯基位于莫斯科市中心戈鲁特温巷的家
（20 世纪初拍摄）

观念，把自己的事业视为实现上帝意志的传统宗教观支撑了俄国商业帝国的繁荣。在旧礼仪派环境熏陶下，莫斯科商业家族再现了繁荣，涌现出了莫罗佐夫、古奇科夫、拉赫曼诺夫、索尔达坚科夫及其他大的商业家族。①

1820 年前后，米哈伊尔·雅科夫列维奇·里亚布申斯基成为"牧师派"信徒，随后加入了拥有 6 万余信徒的莫斯科旧礼仪派教会。显然，他的姓从"雅科夫列夫"改为正式姓氏，在他的生平中与他加入旧礼仪派这一事实有关。在划分俄国户主类型时，他的孙

① Подр. см.: Рындзюнский П. Г. Старообрядческая организация в условиях развития промышленного капитализма // Вопросы истории, религии и атеизма. Вып. 1. М., 1950.

子弗拉基米尔·巴甫洛维奇·里亚布申斯基①，根据家族过往经验得出结论，对于出身农民阶层的父辈而言，他们与自己所养活的子女保持着宗法制（即父权制）关系，并对宗教信仰有着独特的热情。② 事实上，尽管当局对"信奉旧礼仪派的异教徒"进行了残酷的迫害，但是弗拉基米尔的祖父米哈伊尔依然还是坚守自己的信仰并将其传承给下一代。

　　米哈伊尔与叶芙菲米娅共同养育了两女三子，三个儿子分别是伊万·米哈伊洛维奇（1818）、巴维尔·米哈伊洛维奇（1820）和瓦西里·米哈伊洛维奇（1826）。长子伊万违背父亲意愿，与出身于莫斯科小市民阶层的娜塔丽娅·加芙里洛娃结婚，为此受到了"从家族和阶级中除名"的惩罚，终其一生都是独自从事贸易活动（伊万·米哈伊洛维奇于 1876 年去世）。③ 伊万经营工厂生意：1853 年他从商人 И. И. 里亚博夫手里以 900 卢布的价格买下了一家位于莫斯科的染料作坊，雇用 40 名工人，作坊年生产总值达 5000 卢布，但官方文件将他列为"莫斯科商人的儿子、一个临时的莫斯科商人"④。次子巴维尔·米哈伊洛维奇和三子瓦西里·米哈伊洛维奇则与父亲一起经商。

　　从 19 世纪 20 年代末起，米哈伊尔·雅科夫列维奇有了自己的家，他以妻子的名义花费 2.7 万卢布购置了一处房产，该房产位于亚基曼区的约翰·沃茵教区。鉴于购置的这处房产，米哈伊尔·雅

---

① 后文称弗拉基米尔，他曾经为家族撰写回忆录——译者注。

② Рябушинский В. П. Судьбы русского хозяина // Колокол. Берлин. 1928. № 3. С. 46.

③ Торговое и промышленное дело Рябушинских. С. 21 – 22.

④ ЦГИА г. Москвы, ф. 16, оп. 24, д. 371, л. 15, 19 – 20.

科夫列维奇与叶芙菲米娅·斯捷潘诺芙娜于 1830 年立下遗嘱，遗嘱规定，当丈夫去世后，所有财产由妻子继承，如若妻子先于丈夫死去，那么所有财产将归丈夫所有。① 高瞻远瞩的米哈伊尔力图让自己的家庭免遭因命运变迁而带来的影响。

巴维尔·米哈伊洛维奇·里亚布申斯基（19 世纪 60 年代拍摄）

　　米哈伊尔的生意逐渐有了新的起色。19 世纪 20~40 年代，地主和商人经营的纺织手工工场正经历着危机。许多纺织厂被迫关闭，部分工人带着他们的手艺去了乡下。他们建立了家庭手工工场，从事织布和印花业。米哈伊尔·雅科夫列维奇从农村的纺织工

---

① Завещание воспроизведено в истории семейного дела (Торговое и промышленное дело Рябушинских. С. 19 – 20)，сохранился и его подлинник (ЦГИА г. Москвы, ф. 142, оп. 23. д. 96, л. 8 – 11).

人手中收购纺织品，再运到莫斯科贩卖。1844 年，他共花了 4000 卢布从恩人 М. П. 索罗科瓦诺夫的继承人手中买下了位于霍尔谢夫商业区的石料店，随后又买下了附近的四家商铺。他的商铺所销售的纺织品种类繁多：早在 50 年代就售有 57 种羊毛织品和 42 种棉织品，有简朴的长款厚呢绒外套、单层呢绒大衣，还有典雅的敞口大衣、罕见的外国窗帘。①

转眼到了 40 年代中期，在家族史上发生了一件大事——米哈伊尔·雅科夫列维奇开办了自己的手工工场。1849 年的一份莫斯科省省长的文件记录了以下内容："莫斯科商人米哈伊尔·雅科夫列维奇·里亚布申斯基为他 1846 年在莫斯科亚基曼区购置的羊毛纺织工场申请经营许可。185 名工人在 140 张非机器化的机床上工作，其年产值是 5 万银卢布。"② 里亚布申斯基家族的商业帝国就此拉开帷幕。

到了 1850 年，工场的机床数量翻了一倍，纺织工人有 285 名，而且工场的所属权和经营管理权都归属米哈伊尔一人。仅在很短的时间里，米哈伊尔将"没有机器"的纺织工场过渡到完全工厂化生产上来。1856 年，年迈的商人又买下了工厂旁边的一处地产，然后将部分纺织生产转移到那里，随后又在不远处的戈鲁特温巷建造了一座四层楼房，并在那里安置了 50 台提花纺织机、241 台平纹纺织机、4 台整经机，有 356 名成年纺织工和 60 名摇纬工人在此工作。③ 织品原料选择了英国和俄国的羊毛和纸纱；而且他们所生产的产品主要在自家商店进行销售，每年销售额达 7.5 万卢布。

---

① Торговое и промышленное дело Рябушинских. С. 23.

② ЦГИА г. Москвы, ф. 16, оп. 24, д. 3312, л. 1–1 об.

③ ЦГИА г. Москвы, ф. 16, оп. 24, д. 3312, л. 11–33；Торговое и промышленное дело Рябушинских. С. 34.

　　这位莫斯科工厂主在他的故乡卡卢加省又建了两家与乡村织工保持着传统联系的纺织手工工场，同时设有一个分理处，向周围各县的农民供应纱线。1849 年，米哈伊尔·里亚布申斯基在梅登县纳索诺夫村设立一家纺织工场，到 1857 年，该工场有 600 台织布机、650 名工人，生产总值达 15 万卢布。几年后，他在小雅罗斯拉夫附近的楚里科夫村建立了纺织厂并从英国的曼彻斯特进口了蒸汽机。由于米哈伊尔·雅科夫列维奇年事已高，因此委托他的次子巴维尔·米哈伊洛维奇置办设备和建厂。1858 年老米哈伊尔过世后，巴维尔·米哈伊洛维奇便顺理成章地成为家族事业的主要继承人（叶芙菲米娅·斯捷潘诺芙娜早在五年前就去世了）。根据 1857 年参政院的人口普查数据，尽管是官方的，米哈伊尔·雅科夫列维奇·里亚布申斯基只是城市第三等级的一个不起眼的商人，但他的继承人却拥有超过 200 万卢布的资产。①

米哈伊尔·雅科夫列维奇·里亚布申斯基位于莫斯科的罗戈任墓地的墓碑，墓地没有保存下来（20 世纪初拍摄）

---

① Материалы для истории московского купечества. T. IX. M. 1889. C. 158.

在 1855 年的遗嘱中老米哈伊尔并未说明自己的资产数目，据他的后人回忆，"他所置办下来的家业是商业机密"。根据米哈伊尔死后的安排，他"将自己的所有动产和不动产交给二等商人巴维尔和瓦西里继承"①。需要注意的是，为什么要将继承人登记到坐落在亚速海边的叶伊斯克城的商人阶层中呢？原来，1854 年尼古拉一世下令，为了消除"异教徒"，商人在获得商人等级身份时必须出示证明，证明他们信奉东正教或隶属皈依教派的教会。② 旧礼仪派信徒被禁止加入商人等级，如果坚持加入商人等级的话，他们会面临 25 年的强制性义务兵役，不过在法律上商人是可以免服兵役的。

根据该法令，莫斯科政府办公厅编制了一份关于莫斯科信奉异教的商人名单，在旧礼仪派中，信奉"牧师派"的有 464 人，"无牧师派"有 82 人。米哈伊尔·雅科夫列维奇·里亚布申斯基和家人以及被逐出家族的长子伊万都被列入该名单中。③ 其中，部分信奉旧礼仪派的家族未能抵抗住外界的压力，在 1854 年新年前夕，为统一信仰于是申请加入东正教（古奇科夫、诺索夫、罗戈任家族等）。然而，里亚布申斯基家族最终扛住了政府的压力，米哈伊尔本人因年事已高不适合服兵役，他的孩子们也因为一些偶然因素得以免服兵役。1848 年，为了尽快让叶伊斯克的异教徒们安定下来，政府为其提供了一项优惠政策——允许他们加入当地的商人等级。巴维尔·米哈伊洛维奇乘马车到离莫斯科 1400 俄里的地方，为自

① Документ полностью приведен в издании: Торговое и промышленное дело Рябушинских. С. 27；сохранился и оригинал завещания (ЦГИА г. Москвы, ф. 142, оп. 23, д. 96, л. 12 – 13).
② 皈依教派是东正教中旧礼仪派中的一派——译者注。
③ ЦГИА г. Москвы, ф. 2, оп. 1, д. 5090, л. 24, 68 – 72.

己和哥哥，同时也为姐姐佩拉格娅·卡普斯特金娜的丈夫加入商人等级做公证。此次出行并非易事（他在途中不慎摔断一只胳膊），但结局是好的。到了1858年，新沙皇亚历山大二世放松了对异教徒的迫害。兄弟们都被承认是叶伊斯克商人，同时在父亲的遗嘱中他们也被列为商人。

将焦点转到米哈伊尔·雅科夫列维奇的遗嘱上时，我们发现，在遗嘱里他将自己最为珍视的圣像传给了他的两个继承人（巴维尔·米哈伊洛维奇获得了画像《圣障的中门》，瓦西里·米哈伊洛维奇则分到了《大天使米哈伊尔和先知伊利亚》）。按照他的遗愿，他的儿子把10万卢布的遗产分给一众亲戚，剩下的钱用来"供奉我的灵魂以得永生……救济穷人，请唱诗班在长明油灯前唱一年的赞美诗，并在我死后的第9天、第20天和第40天以及周年纪念日上祭奠我的灵魂，同时向监狱里的囚犯、乞丐以及遭受不幸的人布施，然后剩余的钱，即每年用来祭奠我的资金交由巴维尔·米哈伊洛维奇和瓦西里·米哈伊洛维奇两兄弟终生掌管，我请求他们每年通过施舍、救济穷人来祭奠我"。

遗嘱中并没有提到如何将遗产分给他的两个儿子，不过他们各自得到了不动产，巴维尔·米哈伊洛维奇获得了位于莫斯科亚基曼区的房子，瓦西里·米哈伊洛维奇则获得了位于中心商城地区的五间商铺。此外，他们兄弟二人共同继承了父母在梅登县购买的工厂土地（110俄亩），以及遗嘱中并未提及的楚里科夫纺织工场。①

如上所述，老米哈伊尔留下来的遗产高达200万卢布，这在当

---

① Торговое и промышленное дело Рябушинских. С. 29.

巴维尔·米哈伊洛维奇·里亚布申斯基位于莫斯科小哈利托尼亚巷的家
（20 世纪初拍摄）

位于莫斯科小哈利托尼亚巷的旧礼仪派祈祷室
（20 世纪初拍摄）

时来说算是个天文数字！他的子孙完全有理由带着自豪感来评价家族事业创始人的劳动成果："可以想象，拥有1000卢布资产的人不计其数，但能在40年里积累200万卢布的人却少之又少，用10根手指头就能数过来……为了与他人有所区别，老里亚布申斯基身上必须要有一些独特的品质。米哈伊尔·雅科夫列维奇拥有钢铁般的意志，并且有着'善于经营的头脑'。这就是米哈伊尔·雅科夫列维奇的人生格言——一切只为了事业，对己却毫无所求。"①

老米哈伊尔的儿子们继续着已经开启的家业并不断壮大它。米哈伊尔的一个孙子在回忆录中写道："家族事业创始人的二儿子在许多方面都与他的父亲极为相似，甚至天赋、智商等远远超越了老米哈伊尔；他带领家族企业走上了更为广阔的发展道路，让公司的名字响彻整个俄国。"② 巴维尔·米哈伊洛维奇是整个家族企业的灵魂，他善于交际、见多识广，这与他的弟弟瓦西里·米哈伊洛维奇形成了鲜明对比，瓦西里性格孤僻、见识有限且缺乏经商的敏锐性。

商人管理局的履历表是这样描述巴维尔·米哈伊洛维奇·里亚布申斯基（Павел Михайлович Рябушинский）的："他在家中接受了家庭教育，虽然没有受过系统教育，但与生俱来的天赋和过人的记忆力让他无师自通地学到了许多知识。"③ 从十四五岁时起，兄弟俩便在父亲的商店做学徒，学习记账的本领。可巴维尔·米哈伊洛维奇觉得这些还远远不够，为此，他经常去位于亚乌扎河岸的阿尔捷米·雅科夫列维奇叔叔的工厂学习生产知识。早在父亲设厂

---

① Торговое и промышленное дело Рябушинских. С. 30.
② Рябушинский В. П. Судьбы русского хозяина. С. 46.
③ ЦГИА г. Москвы, ф. 3, оп. 3, д. 407, л. 1 – 2.

前，年轻的商人早已扎实地掌握了纺织和造纸技术以至于可以代替父亲在卡卢加省开办新厂。他甚至尝试自学小提琴，但是保守的旧礼仪派信徒的父亲恰巧碰到儿子在偷偷学习"恶魔般的"乐器，更是愤怒地砸碎了他的小提琴甚至中止了儿子的音乐教育。①

巴维尔·米哈伊洛维奇热情活泼的天性被父亲的生意所限制。在父亲过世之后，巴维尔卖掉了位于中心商城的铺子，购买了离中心商城不远且位于奇热夫斯基庄园的宽敞的厂房，该厂房可以作为仓库使用。正如商人管理局档案中记录的那样，1876 年巴维尔·米哈伊洛维奇和瓦西里·米哈伊洛维奇兄弟二人决定合伙经营，"在父亲去世后，用其留下的资本经营着自己公司产品生意的同时，为了扩大工厂的生产规模，他们还在莫斯科以全资合伙人的身份正式成立了一家商行，并命名为'里亚布申斯基兄弟巴维尔与瓦西里商行'"②。商行的性质表明兄弟两人是全资所有者，同时对商行的经营负责。兄弟二人各司其职：巴维尔·米哈伊洛维奇负责企业生产，瓦西里·米哈伊洛维奇负责贸易对接和产品销售。

在回忆"父辈"时，侨居海外的巴维尔·米哈伊洛维奇的儿子弗拉基米尔写道："父辈身上的能力一直使我惊奇，他们常常能略过表象看清楚他们与之建立某种商业关系的官僚机构的本质是什么。就是这种辨别力、这种直觉使我钦佩。特别是在与英国人进行比较时，俄国人常常被指责为不思进取、没有上进心。事情不在于此，而是民族性格上的差异：英国人天生是赌徒，即使他是一个严谨的商人，而我们俄国人完全不是赌徒，做事谨慎且慢条斯理，不

---

① Торговое и промышленное дело Рябушинских. С. 31.
② ЦГИА г. Москвы, ф. 3, оп. 1, д. 365, л. 9.

瓦西里·米哈伊洛维奇·里亚布申斯基（19世纪60年代拍摄）

会轻易下决定，但一旦做出决定，便会坚持不懈，而且任何艰难险阻都不会阻止他们奋勇直前。"① 似乎，巴维尔·米哈伊洛维奇开始安心地继续从事已经建立起来的事业，但很快，他凭借自己特有的洞察力和坚持自我的毅力做出了一个重大决定，而且这个决定从根本上改变了家族事业的主要发展领域。

19世纪50~60年代，莫斯科的纺织厂便开始大规模地从手工纺织向以蒸汽为动力的机器生产过渡。而老米哈伊尔创办的手工工场，由于手工劳动占比过高，在与进行机器化生产的工厂的竞争中完全落伍了。重新更换设备似乎比买一家新工厂成本更高。巴维尔·米哈伊洛维奇在谨慎地追随技术创新潮流（为此，他多次造访

---

① Рябушинский Вл. Купечество московское. С. 170.

在当时被誉为"世界工厂"的英国）的同时，于 1869 年花费 26.8
万卢布买下了位于特维尔省上沃洛乔克县附近的一家拥有 4.6 万锭
纺锤的棉纺织厂。

1857 年，"希洛夫父子"商行建立了这家棉纺织厂，但 60 年
代初美国内战导致棉花危机，棉花进口大幅缩减：要知道，当时俄
国国内棉纺织业的原料主要依赖美国，因此工厂被迫停工并处于行
政监管之下。① 该工厂距离尼古拉耶夫火车站仅 0.5 俄里，且到圣
彼得堡和莫斯科这两个中心城市的距离基本相等，同时毗邻木材及
燃料运输通道茨纳河，尽管遇到危机，但依旧有着不错的发展前
景，巴维尔·米哈伊洛维奇显然已经意识到了这一点。

为了拓展新项目，巴维尔·米哈伊洛维奇甚至不得不与弟弟瓦
西里·米哈伊洛维奇做斗争，瓦西里反对这个项目，他想继续坚持
利润较低但熟悉的贸易业务。此外，瓦西里·米哈伊洛维奇还对有
息证券和贴现业务感兴趣，并开始投身于银行事业中。兄弟二人的
差异越来越大，这使巴维尔·米哈伊洛维奇不得不单独出资创建一
家独立于商行并且完全属于自己的工厂，既然早已笃定某项事业，
那么任何困难都阻止不了他。②

在成功购买上沃洛乔克的棉纺织厂后，巴维尔·米哈伊洛维奇
陆续关闭或转让了家族其他几家工厂：1870 年，关闭了纳索诺夫的
工厂；1872 年，把位于莫斯科亚基曼区的纺织厂转让给了伊斯托
明，伊斯托明在其基础上成立了专供中亚和俄国国内的"莫斯科棉
纺织公司"；而他倾注了大量心血并配备了蒸汽机的楚里科夫工厂，

① См.：Савихина В. И. История хлопчатобумажной промышленное Тверской
губернии. 60 – 90 – е годы XIX в. Автореф… канд, ист. наук. Л.，1955. С. 9.

② Торговое и промышленное дело Рябушинских. С. 51 – 52

在经历了 1874 年的大火后也停止了生产。至此，里亚布申斯基家族唯一的一座工厂就是位于上沃洛乔克扎沃罗沃村的工厂，巴维尔·米哈伊洛维奇在原有的基础上大大扩充了工厂的规模。早在 1875 年，他就在扎沃罗沃村建立了一座用于漂染和可以进行新式纺织作业的厂房，来自楚里科夫的约 200 户织户在此工作。①

　　19 世纪 70 年代是巴维尔·米哈伊洛维奇·里亚布申斯基商业和社会活动的鼎盛时期，他为人处世的方式与他的父母截然不同。他并不排斥"外国"以及"世俗"之物，他脱去俄式长袍，换上了德式制服（即西装）。父亲对年轻人音乐爱好的打压并没有终止他对音乐的热爱。当成为正式继承人后，巴维尔结识了不少音乐及文学界的大师，作为一个老戏迷，他经常邀请他所喜爱的小剧院演员参加在家里举办的沙龙。如果说老米哈伊尔回避承担各种社会责任，那么他的继承人巴维尔·米哈伊洛维奇则与之相反，巴维尔·米哈伊洛维奇积极参与其阶级内部的社会活动以及城市自治运动：成为莫斯科六议员行政杜马成员②（1860）、商务法庭成员（1867）、莫斯科交易所协会成员（1870），与莫斯科商业巨头 T. C. 莫罗佐夫和 B. K. 克列斯托夫尼科夫一起参与并讨论了与德国签订的关于俄国棉纺织品关税情况的海关协定（1868），并编写了一份关于保护俄国新兴棉纺织业免遭欧洲竞争的关税协定说明。③

　　尽管有所创新，但米哈伊尔·雅科夫列维奇的继承人还是老老

---

① Торговое и промышленное дело Рябушинских. С. 46；ЦГИА г. Москвы, ф. 16, оп. 25, д. 858, л. 1 – 1 об. ; Иоксимович Ч. М. Мануфактурная промышленность в прошлом и настоящем. Т. 1. М. , 1915. С. 174.

② 1785 ~ 1870 年俄国城市杜马的执行机关，由市长和六位议员构成——译者注。

③ Торговое и промышленное дело Рябушинских. С. 37 – 40.

实实地遵守祖辈留下来的旧礼仪派的教规和仪式。巴维尔·米哈伊洛维奇的儿子弗拉基米尔证实："假如一个家族是信仰旧礼仪派的，那么在家里一定有一个祈祷室，里面摆放着古老圣像和有关旧礼仪派的书籍。执事专门负责宗教仪式，在大斋节期间，来自伏尔加河中下游左岸的隐修院及勒热夫的修女们会来拜访我们。类似情况也会出现在其他信奉旧礼仪派的家族中。"① 在很长一段时间里，巴维尔·米哈伊洛维奇被推选为罗戈任教区的民选代表，负责解决该教区收容所的经济问题。当选的成员还包括著名的莫斯科商人季莫费·莫罗佐夫（著名的"红色工厂主"萨瓦·莫罗佐夫的父亲）、科济马·索尔达坚科夫、阿尔谢尼·莫罗佐夫、拉赫曼诺夫家的两兄弟卡尔普和尼古拉、伊万·布季科夫等。②

1883 年，具有司祭职权的莫斯科旧礼仪派向国务会议递交了一份关于"给予俄国旧礼仪派信徒期待已久的民事和宗教权利"的申请。巴维尔·米哈伊洛维奇是"异教徒"领导人文件的签署者之一。③ 这份申请生动地描述了当时信奉旧礼仪派的教徒们的生活处境和社会地位。首先，提交申请的人反对政府和官方教会将他们认定为"异教徒"，他们质问官员们，"当我们承认并同正统教派一样统统执行同样的圣礼时，我们还是什么样的异教徒呢？"莫斯科商人坚持认为，旧礼仪派教会和国家承认的皈依教会之间唯一的区别是："牧师派"200 多年来一直否认自己归属教会的领导。然而，

---

① Рябушинский Вл. Купечество московское. С. 176.

② Государственный архив Российской Федерации （далее—ГАРФ）, ф. 4047, оп. 1, д. 19, л. 9 об. – 11.

③ Отдел рукописей Российской государственной библиотеки （далее–ОР РГБ）, ф. 246, карт. 5, д. 8, л. 1 – 6.

这一点至关重要——正是在这种不服从的情况下，国家和正统教会采取了镇压政策，他们无法容忍帝国里还有一部分人拥有独立的宗教信仰。

商人们又在申请书上添加了一项新要求，即"给予他们创办小学的权利"，而小学将不限于教授孩子阅读、书写和算术。信奉旧礼仪派的"狂热分子"还公然反抗政府针对他们制定的政策：在进行礼拜祷告时，不能"公开煽动分裂东正教"。递交申请书的作者呼吁："佩戴圣像也被认为是一种公开的表达。这似乎与在埋葬死者时手持圣像情况相似？"

法利赛人的教规允许旧礼仪派教徒在进行葬礼祈祷时不穿法衣，小教堂和祈祷室不放外置的钟楼和十字架以及顶饰。令请愿者困惑的是，他们一般是在墓地举行葬礼仪式，并没有任何"煽动分裂东正教"的行为，而且旧礼仪派教堂与东正教教堂上的十字架又是完全一样的。他们抱怨说："政府命令拆除旧礼仪派教堂的十字架，就相当于他们承认这些教堂是非基督教的建筑，也就相当于承认我们这些旧礼仪派的信徒是多神教教徒。"

当时，政府针对 1855 年尼古拉一世下令关闭的罗戈任墓地圣堂重新开放的问题进行了讨论。但是，如何解决这个问题转交给了主教会来决定，而主教会坚决反对对异教徒实行宽容政策。被国家凌辱的旧礼仪派教徒们只能恳求"在不排斥犹太人甚至是偶像崇拜的同时，允许我们像所有生活在俄国的其他非基督教教徒一样自由地进行礼拜"，并将处在东正教管辖范围内的所有旧礼仪派教堂转移到民政部门管理。但"巴维尔·米哈伊洛维奇和他的同伴们"的恳求是徒劳的，直到 20 年后，在尼古拉二世统治时期，罗戈任墓地圣堂才重新开放。

旧礼仪派的身份决定了巴维尔·米哈伊洛维奇的家庭生活方式。23 岁时，在父亲的坚持下，他与著名的旧礼仪派牧师、罗戈任公墓的创始人 И. М. 雅斯特列勃夫的孙女安娜·谢苗诺芙娜·福米娜结婚，她比巴维尔·米哈伊洛维奇大了好几岁。他们共育有 7 个孩子（第一个是儿子，但是早夭，剩下 6 个都是女儿），但夫妻相处并不和睦。他们在生活中发生了一系列冲突并相互指责，这给婚姻投下了阴影。1859 年，离婚诉讼案告一段落，在离婚诉讼过程中巴维尔指控妻子通奸进而获得解除婚姻关系的权利。女儿们留在了母亲身边，随后她们被送到寄宿学校接受教育。大女儿阿列芙蒂娜嫁给了莫斯科二等商人 И. И. 科尼亚兹科夫，伊丽莎白则嫁给了一等商人、世袭荣誉公民 M. H. 库兹涅佐夫，玛丽亚成为一等商人 M. П. 巴甫洛夫之妻。还有两个女儿将命运与知识分子代表紧密地联系在一起了——亚历山德拉嫁给了律师 H. Ф. 托洛康尼科夫、克拉芙迪娅嫁给了医生 B. H. 拉达科夫。根据目前所掌握的资料，女儿们结婚后就很少与父亲来往了。①

1870 年的一件不同寻常的事结束了巴维尔·米哈伊洛维奇漫长的单身生活。当时，他的弟弟瓦西里·米哈伊洛维奇打算结婚，前去看望新娘的巴维尔·米哈伊洛维奇竟意外地爱上了准新娘，随后他便对准新娘展开追求，并获得了女方父母对婚姻的认可。他的心上人，18 岁的亚历山德拉·斯捷潘诺芙娜·奥夫相尼科娃是圣彼得堡粮商的女儿，同时也是一个旧礼仪派教徒，他们相知相伴一生。尽管他们年龄差距很大（此时的巴维尔·米哈伊洛维奇已经

---

① ЦГИА г. Москвы，ф. 2，оп. 1，д. 5993. л. 1 – 6：Торговое и промышленное дело Рябушинских. С. 41；Князьков А. Д. Сестры Рябушинские // Былое. 1992. № 11.

50 岁了），但他们的婚姻是幸福的且羡煞旁人：妻子为里亚布申斯基家族诞下了 16 个孩子，其中 13 个孩子长大成人（8 个男孩、5 个女孩），3 个孩子不幸早夭。长子巴维尔（1871，后来成了"反革命者"），次子谢尔盖（1872），其他几个兄弟分别是弗拉基米尔（1873）、斯捷潘（1874）、尼古拉（1877）、米哈伊尔（1880）、德米特里（1882）、费奥多尔（1895），5 个女儿分别是伊丽莎白（1878）、叶芙菲米娅（1881）、叶甫盖尼娅（1883）、娜杰日达（1886）和亚历山德拉（1887）。在哥哥"抢走"准新娘后，瓦西里·米哈伊洛维奇一直保持着单身。①

巴维尔·米哈伊洛维奇·里亚布申斯基全家福（**19 世纪 90 年代拍摄**）

这对夫妇的婚礼并未在东正教教堂举行，而是在一个小的旧礼仪派教堂举行的。俄国"异教徒"在登记结婚时，会受到一些带有侮辱性条件的限制。根据当时的《异教徒婚姻、出生和死亡登记管

---

① Торговое и промышленное дело Рябушинских С. 41 – 42.

理条例》，"异教徒们的婚姻只有在专门的公制登记册登记才能具有
法律效力"。这些登记手续在警察局签署，在那里，这对夫妇在登
记时必须带两位担保人签字担保，证明他们"从出生起就是异教徒
并且从未与东正教教徒结过婚"。他们结婚的通告会被贴在警察局
大门上，同样，他们的孩子在出生后也要去警察局登记。① 这些烦
琐的程序迫使旧礼仪派教徒们只有在需要证明夫妻双方的共同财产
权或使"私生"子女合法化时，才会去做最后的登记申请。多年以
后，当家里的几个孩子逐渐长大时，巴维尔·米哈伊洛维奇与亚历
山德拉·斯捷潘诺芙娜才正式结为合法夫妻。

涉及里亚布申斯基家族的文件收藏在由考入莫斯科大学的德米
特里提供的档案副本中。我们列举反映政府与异教徒之间关系的一
个典型例子：1882 年 9 月 21 日，居住在亚乌扎行政区小哈利托尼亚
巷第一警察段（也就是巴维尔的家）的一等商人巴维尔·米哈伊洛
维奇·里亚布申斯基来到该行政区的警察局长面前说，他和自己的
配偶婚姻需要登记在亚乌扎行政区警察局长的公制登记册上，亚历
山德拉·斯捷潘诺芙娜所生的子女有：1881 年 8 月 8 日，叶芙菲米
娅出生，1882 年 10 月 18 日德米特里出生。巴维尔·米哈伊洛维奇为
了证明他与亚历山德拉·斯捷潘诺芙娜已经结婚，出示了在 1876 年
3 月 3 日发放的第 6 号亚乌扎行政区警察局长公制登记册副本。②

这样，在婚后第六年，里亚布申斯基夫妇才在警察局正式确立
他们的关系。好面子的巴维尔·米哈伊洛维奇不得不在警察局长那
里体验了一次"举办婚礼"的"乐趣"。孩子出生后不得不到区警

---

① ОР РГБ, ф. 246, карт. 209, д. 7, л. 6 – 7.

② ЦГИА г. Москвы, ф. 418, оп. 322, л. 1533, л. 17 – 17 об.

察局做正式登记，但是家中的掌柜已经厌烦了这种事情，为了减少到访警察局的次数，巴维尔·米哈伊洛维奇会一次性登记好几个孩子，叶芙菲米娅和德米特里就属于这种情况。

上述提到的位于小哈利托尼亚巷的宅邸，靠近清澈的池塘并成了巴维尔家庭的避风港湾（现在的格里鲍耶陀夫大街，可惜该栋建筑未留存至今）。1872 年，巴维尔·米哈伊洛维奇将位于亚基曼区从父亲那里继承而来的房子以 2 万卢布的价格卖给了弟弟瓦西里·米哈伊洛维奇。① 位于小哈利托尼亚巷的这座豪宅，在普希金时代就已闻名于世。普希金在小说《叶甫盖尼·奥涅金》中，多次安排女主人公造访于此。如今，这座豪宅迎来了它的新主人——"庄稼汉"出身的巴维尔·米哈伊洛维奇，他十分喜欢莫斯科城市中这个安静的角落。他们的隔壁是纺织品制造商、德国人拉贝内克，此人拥有位于莫斯科—雅罗斯拉夫铁路沿线谢尔科沃站的染布厂，里亚布申斯基一家与他非常要好。②

平静的家庭生活很快上演了一幕悲剧：1875 年，亚历山德拉·斯捷潘诺芙娜的父亲，70 岁的斯捷潘·奥夫相尼科夫因蓄意纵火罪而被告上法庭。圣彼得堡③、莫斯科两个首都的报纸报道了这轰动一时的案件，此案件由圣彼得堡高等法院检察官 A. Ф. 科尼审理，3 年后，他又因公正地审判民意党成员维拉·扎苏丽奇射杀圣彼得堡行政长官特列波夫一案而闻名。奥夫相尼科夫纵火案件的基本情况如下：1875 年冬，位于侧路渠和米哈伊洛夫斯基大街拐角处

---

① ЦГИА г. Москвы, ф. 142, оп. 23, д. 96.

② Рабенек Л. Хлопчатобумажная промышленность старой Москвы до 1914 года // Возрождение. Париж, 1966. № 172. С. 102.

③ 通常被称为北方首都——译者注。

的一个庞大的蒸汽磨坊燃起熊熊大火。它的主人是俄国大名鼎鼎的商人、社会活动家瓦西里·亚历山德罗维奇·科科列夫，奥夫相尼科夫从他那里租了这个磨坊。

经调查得知，奥夫相尼科夫为该磨坊投了价值70万卢布的保险，该事故就发生在保险到期的前两天。经查明，磨坊是作案现场，如今，这位承租人、荣誉商人和坐拥数百万资产的富翁被逮捕了。在接受审讯时，他完全否认自己的罪行，他强调，自己打娘胎起就开始做粮食贸易，早在1825年便接管了家族粮食生意，并为圣彼得堡捐赠了一家助产医院（估值为150万卢布），因此他对保险赔偿金没有丝毫兴趣。

实际上，这位圣彼得堡的一等商人，在圣彼得堡拥有三处房产，在莫斯科有一套房子以及65间店铺。仅在1873～1874年，他因为国家供应军粮就获得净利润82.7万卢布，他没必要为了一张模棱两可的保险单搭上一生的名誉。有陪审的法庭审判一直揪着奥夫相尼科夫抱着自私自利的目的给科科列夫带来损失的纵火案说法不放，这使得奥夫相尼科夫与科科列夫关系恶化。对奥夫相尼科夫的处罚极重：他被剥夺所有财产，并被永久流放到西伯利亚，还要向科科列夫支付70万卢布的赔偿金①。巴维尔·米哈伊洛维奇·里亚布申斯基的岳父最终死在西伯利亚。而他的悲剧也验证了这样一句俄国谚语："谁也不敢保证自己明天不会沦为乞丐或囚犯（不能确定你会不会遭遇不测）。"

"火灾"成了19世纪俄国企业家的噩梦，因为它几乎断送了巴维尔·米哈伊洛维奇的一生。1880年的大火差点吞噬了整个扎

---

① Московские ведомости. 1875. 28，29，30 нояб；9，12 дек.

沃罗沃纺织厂，漂染、织布和棉纺车间的大批设备及库存货物都被烧成灰烬，而且厂房也遭到了极大的损毁。所幸的是，里亚布申斯基兄弟拥有足够的后备资金来渡过这个难关。不过，这场灾难从客观上推动了工厂进行现代化技术革新的步伐。从保存在工厂档案馆的关于 1880 年复活节（4 月 19 日）商行资产负债表的记录中可以看出，1879 年工厂总资产从之前的 432.1 万卢布增加至 550.4 万卢布，换句话说，资本足足增加了 20%！火灾发生前，工厂连带设备总价值为 88.9 万卢布，工厂中有 6 台蒸汽机带动 713 台纺织机，年生产净利润是 20.2 万卢布。主要得益于瓦西里·米哈伊洛维奇的不懈努力，银行业务不断壮大：其商行拥有 243.3 万卢布的有价证券，仅从汇兑业务和期票结算业务中就获利 31.3 万卢布。[①]

凭借公司雄厚的财力，1881 年纺织厂恢复元气，并更换了最先进的进口生产设备。一年后，即 1882 年，在莫斯科举办的全俄工业展览会上，里亚布申斯基兄弟上沃洛乔克工厂的纺织品因质量出众而被授予了最高荣誉奖，被授权在产品上粘贴俄国国徽"双头鹰"标志。此前，因参加 1870 年的纺织厂展览会巴维尔·米哈伊洛维奇被授予了刻有"突出贡献"字样的金质"安娜勋章"[②]。1884 年，商行所有者的贡献得到广泛认可，根据亚历山大三世的命令，巴维尔·米哈伊洛维奇及其家人和瓦西里·米哈伊洛维奇被授予世袭荣誉公民称号，因为他们依法成为一等和二等商人有 20 多

---

① Государственный архив Тверской области（далее — ГАТО），ф. 1038, оп. 2, д. 12, л. 1 – 5, 14 – 16, 29.

② ЦГИА г. Москвы ф 3, оп 3, д. 407, л. 1 – 2.

年的历史了①。

一年后，瓦西里·米哈伊洛维奇去世了，他的遗产一半留给了巴维尔·米哈伊洛维奇，另一半则由已故大哥伊万·米哈伊洛维奇的女儿们继承。由于巴维尔·米哈伊洛维奇与瓦西里·米哈伊洛维奇在商行有相等的资产份额，所以这也意味着商行 1/4 的股份落入他人之手。巴维尔·米哈伊洛维奇成了商行的掌权人后，他决定改组商行现有的形式。他选择了莫斯科纺织行业最钟爱的按股入伙的股份制企业形式。律师 C. A. 舍列梅捷夫斯基受巴维尔·米哈伊洛维奇委托起草公司章程并交由当局批准。对于 C. A. 舍列梅捷夫斯基，就如巴维尔·米哈伊洛维奇的后人所写的那样："作为合伙公司的法律顾问，您一直守护着公司的利益。"② 有趣的是，这位莫斯科律师是大名鼎鼎的娜塔莉亚·布拉索娃伯爵夫人的父亲。这位夫人的丈夫是沙皇尼古拉二世的兄弟米哈伊尔·亚历山德罗维奇大公，他们的结合在当时的人看来是门不当户不对的。多年来，通过 C. A. 舍列梅捷夫斯基，里亚布申斯基家族获得了许多关于皇室生活的可靠信息。

1887 年，公司章程获批，公司的名称是"里亚布申斯基父子

---

① Копия сенатского указа отложилась в студенческом деле Д. П. Рябушинского: ЦГИА г. Москвы, ф. 418, оп. 322, д. 1533, л. 18. Соответствующее прошение подавалось Рябушинскими еще в 1879 г., но Сенат отказал им на основании секретного высочайшего повеления 1853 г., согласно которому раскольникам любой секты отличия и почетные титулы давались в виде исключения. Понадобились долгие хлопоты, чтобы семейство смогло наконец получить вожделенное звание потомственных почетных граждан, выводившее Рябушинских в число привилегированных предпринимательских семейств Москвы купеческой (Ананьич в. В. Банкирские дома в России. С. 11).

② ЦГИА г. Москвы, ф. 143, оп. 1, д. 447, л. 27.

纺织合伙公司"（Товарищество мануфактур П. М. Рябушинского с сыновьями）。公司主要的经营范围是"继续从事并扩大世袭荣誉公民巴维尔·米哈伊洛维奇位于特维尔省上沃洛乔克县扎沃罗沃村附近的棉纺织厂的棉纺织、纺纱、织布、漂洗、染色等生产活动"。除了棉纺织厂，合伙公司还拥有 3400 俄亩的森林，工厂可从其中获取木材燃料。公司注册资本是 200 万卢布，分 2000 股，每股价值 1000 卢布。股份是记名的（上面记有所有人的名字），只有在没有其他共同所有人愿意购买股份的情况下，才能向外部出售股份。在莫斯科的家族企业中这是普遍采用的原则，它使得这些股票很难从家族利益中脱离出来，而且这也有效避免了竞争对手企图控制、获得公司股权的可能。

里亚布申斯基父子纺织合伙公司的董事会总部设在莫斯科，毫无疑问，公司董事长是巴维尔·米哈伊洛维奇本人。作为公司最大的股东，他持有 78.7% 的股份，20% 的股份为他的妻子所有，公司主要员工都有 0.1% 的股份作为福利。同时，合伙公司的实际资产（工厂设备、土地、建筑物、产品等）价值比申报的注册资本额高出 50 万卢布，按照这一数额，该企业的所有者便成了自己企业的债权人。①

自弟弟瓦西里·米哈伊洛维奇去世后，巴维尔·米哈伊洛维奇不得不接手家族的银行业务。他凭借独特的能力，使合伙公司成为莫斯科主要银行机构之一。巴维尔·米哈伊洛维奇的一个儿子写道："我的祖父、父亲和我的叔叔瓦西里一直都是实业家和银行家

---

① Устав Товарищества мануфактур П. М. Рябушинского с сыновьями. Утвержден 29 сентября 1887 г. М.，1887. С. 3 – 13：Торговое и промышленное дело Рябушинских. С. 50 – 51.

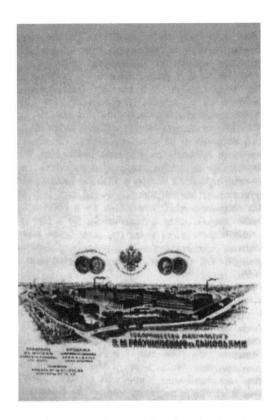

20 世纪初里亚布申斯基家族企业发布的广告

的结合体，他们所秉持的银行业务原则是小心谨慎。他们精打细算，总能购入物美价廉的原料。"① 如果说在 1885 年里亚布申斯基家族公司的票据贴现金额为 360 万卢布，那么到了 90 年代末公司的总资产则增加到 900 万卢布。②

当年，莫斯科有四家股份制商业银行（莫斯科商人银行、莫斯

---

① Рябушинский М. П. Цель нашей работы // Материалы по истории СССР. Т. V. Документы по истории монополистического капитализма в России. М.，1959. С. 611（публикация И. Ф. Гиндина）.

② Торговое и промышленное дело Рябушинских. С. 51 – 52.

科贴现银行、莫斯科商业银行和莫斯科国际贸易银行）以及商业信贷互助会，但这些银行根本满足不了莫斯科作为 19 世纪末最大的工商业中心的金融需求。在此背景下，众多私人银行（沃尔科夫银行、伽姆加罗夫银行、Л. С. 波利亚科夫银行、沃高公司等）轻松找到丰富的贴现业务资源，有时，它们的财力甚至可以与那些股份制银行的财力相抗衡。

莫斯科伊利因卡大街上奈焦诺夫的莫斯科商业银行（19 世纪 80 年代拍摄）

有权势的银行家巴维尔·米哈伊洛维奇有一次成功地挽救了"莫斯科商业银行"，使其免遭倒闭的命运，该银行归他的老朋友、莫斯科交易所协会主席尼古拉·亚历山德罗维奇·奈焦诺夫所有。奈焦诺夫的银行与巴维尔·米哈伊洛维奇创办的莫斯科工商合伙公司有密切联系，该公司向俄国中部的纺织厂供应美国和中亚的棉花。由于 19 世纪 90 年代初世界棉花价格下跌造成该公司陷入了短暂的危机，所以向棉花贸易公司提供巨额贷款的银行出现经营困难的谣言开始传播。为此，储户们纷纷从银行取走自己的定期和活期存款，这导致银行停止了现金结算业务。

奈焦诺夫去找巴维尔·米哈伊洛维奇寻求帮助，巴维尔·米哈伊洛维奇十分珍视商业互助的传统，于是下令将纺织合伙公司所有存放在其他银行的流动资金如数转存到奈焦诺夫的银行。此次援助在帮助莫斯科商业银行度过危机的同时，也向整个莫斯科展示了一个仅有 200 万卢布资本的纺织公司所蕴藏的金融实力。①

但是，巴维尔·米哈伊洛维奇对实业家和工厂主身份的喜爱程度远高于银行家这个职业。按照莫斯科商界不言而喻且被普遍认同的等级划分制度，"排在第一位的是实业家和工厂主，其次是做商贸生意的人，最底层则是做贷款、核算汇票、运作资本的人。作为一个放贷者，无论他是一个多么正派的人、无论他放出的贷款利息有多低，他都不会得到大家的尊重！"② 巴维尔·米哈伊洛维奇所熟悉的领域一直都是工厂制造业，而且他也长期努力培养其后人在此方面有所建构。每年夏天他都会让儿子们去上沃洛乔克的工厂，工厂的工人们会将生产高质量纺织品的诀窍传授给这个商业帝国新一代的接班人。在莫斯科，在不影响孩子们正常学习的情况下，只要一有机会，巴维尔·米哈伊洛维奇就会打发年长的儿子们去位于中国城的奇热夫斯基庄园的仓库，他们在仓库办事处和批发货栈工作和学习。直到晚年，巴维尔·米哈伊洛维奇才匆匆将自己的生意全部交给受过专业训练的儿子们。③

正是在巴维尔·米哈伊洛维奇不懈的努力下，上沃洛乔克的工

①　Рябушинский Вл. Купечество московское. С. 171.

②　Рябушинский Вл. Купечество московское. С. 178.

③　Рябушинский Вл. Купечество московское. С. 177；Торговое и промышленное дело Рябушинских. С. 73.

位于莫斯科中国城（奇热夫斯基庄园）的里亚布申斯基父子合伙公司（20 世纪初拍摄）

厂才逐渐成为俄国国内棉纺织工业的重要组成部分。从现存的办事处档案中可以清楚地获知公司的经营规模。1894 年，上沃洛乔克的工厂配备了 4 台蒸汽机和 10 个锅炉，能带动 748 台织布机和 3.3 万个纺锭，纱线和成品布年产量总价值达 212.2 万卢布。到 1895 年，公司又成立了一个棉毛混纺的新车间。这个新车间雇用了 1410 名男工和 890 名女工，他们每天工作 12～13 个小时，有三次休息时间（早餐、午餐和茶歇）。工厂的建立为附近的居民提供了大量的谋生机会，同时围绕着工厂形成了一个工业城市。

在 19 世纪末的工业发展上升时期，里亚布申斯基家族的企业也得到了最大限度的发展。在当地，其企业规模仅次于特维尔省著名的莫罗佐夫纺织厂。1895 年，巴维尔·米哈伊洛维奇为造纸厂建了一座巨大的红砖厂房，两年后，他又建造了一座加工来自茨纳河岸的高级松木的锯木厂。当时纺织合伙公司所拥有的林场面积高达3万多俄亩。1898年，引进了新事物——电灯走进了棉纺和精纺车间，这在当时那个宁静安逸的小县城是非比寻常的。1899年，也就是在厂主巴维尔·米哈伊洛维奇去世的那一年，合伙公司所生产的商品总价值达到了371.5万卢布。1191台织布机和7.72万个纱锭同时工作，其生产率几乎比5年前高1倍。[①]

在经营工厂的同时，企业家也一直在从事着慈善事业。在1891年的大饥荒时期，巴维尔·米哈伊洛维奇在位于戈鲁特温巷的祖屋开办了一家"公共食堂"（弟弟瓦西里·米哈伊洛维奇去世后，这座房子又归巴维尔·米哈伊洛维奇所有），不久后又为莫斯科商人和小市民阶层的遗孀、孤儿开办收容所，收容所以赞助者的名字命名。此外，在慈善协会的帮助下，巴维尔·米哈伊洛维奇又出资在斯帕索－格利尼舍夫巷创办了一家公共食堂。1898年的数据显示，一共有17.44万人在戈鲁特温巷的食堂用过餐，食堂花销达1.05万卢布。虽然这看起来不怎么多，但笔者要指出的是，当时仅在莫斯科一地就有854个慈善机构在运作。[②] 企业家们所做的这些事在当时还是产生了相当大的影响。

巴维尔·米哈伊洛维奇活得够久，一生硕果累累，1899年12月，在即将进入新世纪的前夕，他带着一生的荣耀走完了自己的人生旅途。他的葬礼是在罗戈任公墓举行的，葬在离他父亲米哈伊尔不远处的家族墓地中（可惜的是，该家族的墓地在苏联时期被毁）。

---

① ГАТО, ф. 1038, оп. 2, д. 60, л. 65а, л. 6, 20, 33; д. 74, л. 3 – 4.

② Благотворительные учреждения Российской империи. Т. 11. Спб., 1900. С. 387.

用亚历山大·勃洛克的一句名言来表达，在俄国历史上，19 世纪是
"资产阶级创造财富"的世纪，而如今已成为历史……1802 年米哈伊
尔·雅科夫列夫以 1000 卢布的资本"申请"成为城市第三等级的一
员，经过百年，他儿子的继承人继承了一笔巨大的财富，作为卡卢
加省农民的后代，他们理所当然地对此感到骄傲。报社记者断定，
仅"莫斯科业务"中的一项支柱性产业资本就达 2000 万卢布。①

　　在批准巴维尔·米哈伊洛维奇·里亚布申斯基遗嘱的莫斯科地
方法院的文件中，并没有保存下来相关的资料。尽管通过其他资料
我们可以知道，商业帝国第三代人继承父辈财产的程序发生在 1900
年 2 月，但是遗嘱的内容以及确切的遗产数额至今无人知晓。幸运
的是，还有部分国家档案如同无价的国家记忆宝库，能使许多历史
秘密重现光明，这算是对历史研究者的耐心和毅力的馈赠。

　　圣彼得堡历史学家、俄罗斯科学院院士 Б. В. 阿纳尼奇最近出
版了一本关于俄国银行家的书（其中有一章专门讲述里亚布申斯基
商业帝国的事迹），在查阅档案的过程中，他发现了一份当年的莫
斯科地方法院判决书副本。该档案现存放在圣彼得堡俄罗斯国家历
史档案馆的工商部档案室中，巴维尔·米哈伊洛维奇的后代以"遗
嘱中饱含已逝父母的意愿"为由，向档案馆申请拿回自己父母的遗
嘱。② 正因如此，这份看似已经永远遗失的文件被历史学家获得。
笔者由衷地感谢 Б. В. 阿纳尼奇院士为读者了解这段有趣的历史开
了方便之门。

---

① Купеческая Москва // Новое время. 1903. 11 (24) июня.
② См.: Ананьич Б. В. Банкирские дома в России. 1860 – 1914. И., 1991. С. 107 –
　 108: Российский государственный исторический архив (далее — РГИА),
　 ф. 23, оп. 24, л. 29, л. 108 – 114.

　　根据法律规定，遗嘱执行人（由巴维尔·米哈伊洛维奇指定的妻子和两个儿子巴维尔和弗拉基米尔）需出示遗嘱原件（在诉讼结束后，将其归还给继承人，并保留一份副本）以及一份死后财产清单。遗嘱本身并没有写清确切的遗产数额，因为从确立遗嘱的那刻起直到死亡，在这一过程中，资产的数量及其构成都有可能发生巨大变化（富人们通常会在去世前很久就写好遗嘱，以保护继承人因突发变故而受到伤害）。立遗嘱人在遗嘱中通常会按比例分配财产，但法院会根据继承人提供的资料来计算具体的遗产分配数额，以确保继承人所继承遗产数额的合法性。

　　事实证明，巴维尔·米哈伊洛维奇留下了两份遗嘱：一份是1899年8月10日由公证员公证的，另一份是在他去世前一周立下的，也就是12月13日才立下。8月的遗嘱中写道，巴维尔·米哈伊洛维奇的8个儿子每人都将分得纺织合伙公司200股的股票（继承人在成年前无权出售股票），妻子亚历山德拉·斯捷潘诺芙娜终身持有100股股票，同时遗嘱人下令留出公司资产中的100股股票用来支持公共食堂。他的5个未出嫁的女儿没有分到公司的股票（以免她们嫁人后股票落入丈夫手中），每人只有15万卢布现金。如果女儿在父亲有生之年结婚，那么她们将无法享有这份遗产。巴维尔·米哈伊洛维奇性情暴躁执拗，第二任妻子斯捷潘诺芙娜生的5个女儿遵从他的意愿，在他生前都未嫁人。在他与第一任妻子所生的女儿中，遗嘱只提到了其中的一个女儿，即已嫁给 H. Ф. 托洛康尼科夫的亚历山德拉·巴甫洛芙娜。巴维尔·米哈伊洛维奇曾经说过"我这一生中已经给予她足够多的好处了"，他为这个女儿留下了2.5万卢布的遗产。值得注意的是，除了股票外，儿子们还分到了40万卢布的有价证券，并且按照遗嘱规定，未成年人只能支配利息，不能动用本金。

根据第一份遗嘱，圣哈利托尼亚教区三座建筑之一的祖宅、其他一切动产和不动产、来自第三方及家族企业的债务等，巴维尔·米哈伊洛维奇交代，"我的所有财产在我死后都算作我的遗产"，并将其全部交给妻子处理。但几个月后，在感到人生旅程即将结束时，巴维尔·米哈伊洛维奇突然变更了遗嘱。12 月 13 日，公证员应邀来到位于小哈利托尼亚巷的身患绝症的主人家中，记录着巴维尔·米哈伊洛维奇的最后遗嘱："房子留给妻子，5000 卢布分给'在我生病期间陪伴我左右的仆人'，3000 卢布则留给我的神父叶菲莫·西林。"直到去世前的最后一刻，这位企业主还在思考着家族企业未来的命运。此刻，他决定不再将遗嘱中未提到的遗产交由妻子继承，而是交给他的接班人 8 个儿子来继承，但继承条件是，这些财产所有权归公司，而且还要保证亚历山德拉·斯捷潘诺芙娜每年从中获得不少于 20 万卢布的收入。这些财产主要与银行业务有关，虽然儿子们享有继承权，但所属权归纺织合伙公司。其结果是，预计将有大量的资本流入，"为了扩大业务"，巴维尔·米哈伊洛维奇遗言嘱附道，通过发行能传给继承人的新股来增加他和他儿子们的纺织合伙公司的股本（公司正是在申请执行遗嘱的这一条款时，向政府当局提交了遗嘱的副本）。新股份制公司每年需要向巴维尔·米哈伊洛维奇的遗孀支付她应得的股份红利，如果数额不够，则儿子们有义务用自己的资金来补足其中的差额。

这个莫斯科一等商人和世袭荣誉公民留下了什么遗产？正如遗嘱执行人提交的"关于遗产构成和价值"的声明所表明的那样，遗孀亚历山德拉·斯捷潘诺芙娜和子女们要按比例继承的财产总数额为 15667246 卢布 73 戈比。如果我们考虑到纺织合伙公司的股份价值（面值为 2000 卢布的股票有 1805 股，可换算成 3610000 卢布）是按面值计算的，实际上这些股票的价值至少是原始股值的 2 倍，那么巴维尔·米哈伊洛维奇的财富将接近当时媒体提到的2000万卢布大关。

1901 年春，亚历山德拉·斯捷潘诺芙娜追随丈夫而去，除了从丈夫那里继承来的那部分遗产外，还有她的个人财产，这些遗产全部由她的孩子们继承。据最新统计，她的个人遗产为 73.2 万卢布。其中包括总价值为 16.7 万卢布的三处莫斯科房产，还有位于莫斯科郊区的库奇诺庄园（位于莫斯科—下诺夫哥罗德铁路段上的奥比拉罗夫卡车站附近，占地面积约 540 俄亩），这个庄园是 1893 年从莫斯科市市长 H. A. 阿列克谢耶夫继承人手中以 35 万卢布购入的。此外，还有在纺织合伙公司持有的现金资产（16.8 万卢布）和价值 5.21 万卢布的古董（家具和金银物件等）。

8 个儿子各自分得 9/112 的不动产和 1/13 的动产。通过仔细核算，5 个女儿各自获得 1/14 的不动产和 1/13 的动产。① 在分割完巴维尔·米哈伊洛维奇和亚历山德拉·斯捷潘诺芙娜的遗产之后，13 个继承人究竟会多富有呢？

我们找到了与八兄弟中年纪最小的费奥多尔的遗嘱相关的文件。1910 年，费奥多尔因急性肺结核去世，年仅 25 岁。没有一男半女的费奥多尔·巴甫洛维奇过世后，来自马祖里林家族的妻子塔季扬娜·康斯坦丁诺芙娜顺理成章地成了他遗产的唯一合法继承人，扣除由兄弟们作为遗产给予她的 68.1 万卢布外，她依然获得了 225.06 万卢布的遗产。这些遗产包含了里亚布申斯基家族企业

① ЦГИА г. Москвы, ф. 142, оп. 24, д. 116, л. 40–41.

213 股的股票以及被家族收购的奥库洛夫造纸厂的部分股权。塔季扬娜获得了包括丈夫在里亚布申斯基兄弟银行的 84.2 万卢布的份额以及库奇诺庄园中一部分遗产在内的所有遗产。① 因此，我们可以知道，在家族的商业帝国中，这样一个未来得及立足且最年轻的后代都能拥有超过 200 万卢布的财产，可想而知，巴维尔·米哈伊洛维奇的其他继承人，特别是男性继承人无论何时，他们个人财产的数额与去世的兄弟相比只多不少。

尽管父母的巨额财产由很多继承人分割，但并未削弱这个莫斯科家族的商业地位。长子巴维尔·巴甫洛维奇·里亚布申斯基担任一家之主，其他的兄弟姐妹则无条件地听从于他。与里亚布申斯基家族许多成员非常熟悉的 П. А. 布里根写道："他们家族有个显著特点一直都令我震惊，那就是家族内部有着严明的纪律。不仅体现在银行和商贸业务上，还体现在社会事务中，每个人都各司其职，但领导人永远是他们的兄长，这在某种意义上也说明了家族成员是服从于他的。"②

家族新一代成员开启了商业帝国第二个百年的历史。在 20 世纪的前 17 年里，俄国发生了许多事情：两次战争（都以失败告终）、三次革命……我们的故事主人公便是那段历史的亲历者，破坏性的社会剧变取代了大改革后相对稳定的时代。由于历史命运的捉弄，他们被迫在异国他乡度过余生，但在这个对于俄国宏大历史而言微不足道的时间片段中，里亚布申斯基家族又创造了怎样的辉煌呢？

---

① ЦГИА г. Москвы, ф. 142, оп. 6, д. 606, л. 1, 5 – 6, 27 – 28；д. 629, л. 1, 2.
② Бурышкин П. А. Москва купеческая. Нью – Йорк, 1954. С. 190.

第二章
我们的主要目的不是赢利，而是业务本身

　　家族生意由 5 个兄弟接管：巴维尔担任纺织公司董事长，长期住在上沃洛乔克的谢尔盖则负责公司生产，斯捷潘打理莫斯科的生意（成品销售），巴维尔、弗拉基米尔和米哈伊尔负责银行业务，其余三兄弟（德米特里、尼古拉、费奥多尔）没有参与家族的任何商业活动，而是为自己选择了另一种生活方式，不过，在法律上与其他人一样是家族企业的股东。

　　父亲给予了孩子们良好的教育。从 9 岁起，家里的女孩们便到中学读书，男孩们则去 К. П. 沃斯克列先斯基实科中学①或者去莫斯科应用商业学院（19 世纪初由莫斯科的一个商人出资创办）和旨在全面培养商业人才的八年制中学读书。在商业学院里，学生们要学习神学、俄语、德语、英语、地理、自然史、算数、代数、物理、化学、政治、经济、商业史、法学、商业和票据法、商品学、

---

① 该学校是由教育家 К. П. 沃斯克列先斯基创办，莫斯科最著名的中学之一。该学校不教授拉丁语、希腊语，主要教授数学及自然科学等课程——译者注。

会计基础以及商业信函写作等课程。H. E. 茹科夫斯基是学院中最有名的教师，从 1873 年起，在之后长达几十年的时间里他一直在商业学院教授理论力学。德米特里毕生致力于科学研究工作，但对他的命运起决定性作用的是与"俄国航空之父①"的相遇，我们会在第四章详细介绍这一点。

商学院②的毕业生相当于实科中学的毕业生。如果要想继续深造，学生们就需要考大学，因为在 20 世纪之前，俄国没有专门教授企业管理的高等学校（莫斯科商学院成立于 20 世纪初）。然而，晚年的巴维尔·米哈伊洛维奇急于将家业交给自己的儿子，他甚至决定不等长子巴维尔学完商业学院的全部课程，便将他带出学院，让他在公司的货栈打理生意。在儿子的苦苦哀求下，老巴维尔还是心软了并同意让儿子完成商业学院的全部课程。③ 1890 年商业学院的毕业生中有两个里亚布申斯基家族的男孩：一个是唯一获得大金质奖章的巴维尔，另一个是获得银质奖章的谢尔盖。而弗拉基米尔、米哈伊尔以及德米特里分别于 1891 年、1899 年和 1901 年从这所学校毕业。④

兄弟们通过自学不断丰富自己的知识储备，巴维尔·米哈伊洛维奇还特别聘请专门的外教来教授他们外语。比如，众所周知，莫斯科商人巴维尔·巴甫洛维奇对高等数学十分感兴趣并且让数学成

---

① 指 H. E. 茹科夫斯基——译者注。

② 商业学院成立于 1810 年，由卡尔·伊万诺维奇·阿诺德在 1804 年建立的商业寄宿学校基础上改建而成，虽是中学，但其教授的知识与传统中学有所不同——译者注。

③ Торговое и промышленное дело Рябушинских. С. 73 – 74.

④ Столетие Московской Практической академии коммерческих наук. 1810 – 1910. М. , 1910. С. 198, 758, 759, 764, 766.

为他终生的爱好。现存的一份有关他私人藏书目录清单涉及各种知识领域的图书：哲学、历史、军事、地理与民族学、国家与法律科学、工业与贸易等。①

为了让儿子们接受专业教育，父亲巴维尔·米哈伊洛维奇还将几个年长一点的孩子送到国外，让他们在欧洲最好的纺织企业进修。巴维尔在英国学习并积累了工厂管理方面的经验，其他几个兄弟则长期在德国学习。可以说，巴维尔·米哈伊洛维奇这位百万富翁不惜重金为他的继承人提供了专业的教育。

19世纪90年代，年长的儿子们相继离开双亲并独立成家。巴维尔是第一个组建自己家庭的人。1893年从英国旅居回国后，他迎娶了世袭荣誉公民亚历山德拉·伊万诺芙娜·布季科娃，她是刚去世不久的呢绒工厂主伊万·布季科夫的16岁女儿，伊万是一个旧礼仪派教徒，而且多年来与新郎的父亲一起参与管理罗戈任疗养院。由于这对新人也是旧礼仪派的"牧师派"信徒，他们不得不和他们的父母一样，被迫接受一些"有失体面"的事宜：警察局长的文书上有关于他们二人未举行婚礼就结合在一起的记录。②

很明显，在父辈极力撮合下缔结的婚姻并未带来幸福，不久后，这对新人的第一个孩子小巴维尔出生。1894年，这对年轻的夫妇搬到了普列奇斯金林荫大道上的豪宅里。这幢建筑是由莫斯科著名收藏家谢尔盖·米哈伊洛维奇·特列季亚科夫在70年代建造的，特列季亚科夫过世后，1892年他的继承人以15万卢布的价格将它卖给了新主人。③ 于是，位于普列奇斯金林荫大道上的6号豪宅直

① ОР РГБ，ф. 260，карт. 12，д. 10 – 12；карт. 13，д. 1 – 5.

② ГАРФ，ф. 4047，оп. 1，д. 1，л. 1 – 3；д. 19，л. 9 – 11.

③ ГАРФ，ф. 4047，оп. 1，д. 49，л. 3 – 4.

到 1917 年一直是巴维尔的常住之所（如今这座豪华的建筑成为俄罗斯文化基金委员会办事处）。

II. II. 里亚布申斯基位于莫斯科普列奇斯金林荫路的豪宅（20 世纪初拍摄）

在与布季科娃婚后不久，巴维尔很快便结识了另一个女人——伊丽莎白·格里高利耶芙娜·马祖林娜，一个已经有了 3 个孩子的棉纺织商人的妻子。这个新欢就这样闯进了年轻商人的生活，并一直陪伴左右，直到他在国外去世前都是他的忠实伴侣。在与第一任妻子离婚的过程中，巴维尔曾短暂地隐瞒了他与马祖林娜在一起的事实，甚至将她于 1900 年所生的女儿匿名登记为"无名女人所生之女"。一年后，反对他痴迷于马祖林娜的母亲去世，而信奉罗戈任公墓派的巴维尔也开始了第二段婚姻——与 32 岁离过婚的伊丽莎白·马祖林娜结婚了，他们不惧旁人非议，在德米特罗夫镇拉赫曼诺夫村的教堂中举行婚礼。东正教教会不仅不承认这桩婚姻，还指责他并判处他"终身不得结婚"。在宗教会议上历经了许多麻烦之后，1904 年他的新婚姻才正式被承认。① 自打离婚后，儿子小巴维尔便与父亲一起生活，他的母亲布季科娃则改嫁 B. B. 杰罗仁斯基（在莫斯科，其所居住的府邸被称为"杰罗仁斯基府"，并作为俄罗斯现代派建筑的代表保留至今）。

里亚布申斯基大家族的第三代在生意场上与许多知名的家族有着千丝万缕的联系：长女伊丽莎白嫁给了 A. Г. 卡尔波夫，他是 C. T. 莫罗佐夫的表弟；叶芙菲米娅嫁给了呢绒制造商 B. B. 诺索夫；斯捷潘娶了商人之女 A. A. 普里贝洛娃；众所周知，费奥多尔娶了莫斯科近郊的列乌托夫纺织厂厂主 K. B. 马祖林之女 T. K. 马祖林娜；弗拉基米尔选择了与杰米德·胡塔列夫父子商贸公司所有者的女儿维拉·安德烈耶芙娜·胡塔列娃结婚。妻子们通过继承父母的遗产为夫家的生意带来了新资本。当老胡塔列夫 1900 年去世后，他 227.8 万卢布的遗产由他的遗孀和 6 个孩子继承，这中间就包括胡塔列娃——弗拉基米尔未来的妻子。②

1900 年 2 月，在巴维尔·米哈伊洛维奇去世后的一个半月，他的遗嘱继承人——弗拉基米尔和巴维尔——缴纳了 15.3 万卢布的遗产税，办理完这些手续后，家族产业才依法成为他们的私有财产。没过多久，新主人们遇到了差点毁掉整个家族企业的严重困难。1900 年，位于上沃洛乔克的工厂遭遇一场大火。不过，多亏保险赔偿以及企业内部生产资金的帮扶，工厂很快恢复了生产，而且又从国外进购了一批最新的机床和设备，生产力得到大幅提高。可惜好景不长，一年后，更残酷的打击接踵而至。

---

① ЦГИА г. Москвы, ф. 142, оп. 5, д. 289, л. 1, 5–6, 14, 48–49.
② ЦГИА г. Москвы, ф. 131, оп. 5, д. 809.

1901 年 5 月 7 日，在圣彼得堡开往华沙的一趟列车上，俄国最富有的商人之一，商业顾问、银行家、实业家阿列克谢·基里洛维奇·阿尔切夫斯基跳车身亡。报纸对这个"金融天才"自杀的报道引发了股市以及商界不小的震动，并产生了一系列连锁反应事件，同时这些事件被称为"哈尔科夫的破产"而写入俄国商业史。

阿尔切夫斯基是里亚布申斯基家族公司的老客户之一，由于这位哈尔科夫的百万富翁有着无可挑剔的声誉，因此里亚布申斯基家族银行以优惠的条件向他提供贷款。阿尔切夫斯基是位名副其实的商业精英，凭借企业家的直觉以及可以准确预测事件走向的能力成为一名事业蒸蒸日上的商人。作为一个来自省会苏梅市、做"殖民地贸易"的小商贩的儿子，阿尔切夫斯基在 19 世纪六七十年代参与了一系列金融与工业公司的创建，按照创建时间，阿尔切夫斯基建立了俄国史上第三家银行"哈尔科夫商业银行"（1868 年，其固定资本为 50 万卢布）以及首批股份抵押贷款机构之一——哈尔科夫土地银行（1871 年以 200 万卢布资金注册成立）。

哈尔科夫土地银行，A. H. 别克托夫设计建造（20 世纪初拍摄）

此外，阿尔切夫斯基又将银行的资金投入一个新的且有极大前途的项目上，即开发顿涅茨克矿区的煤矿。1879 年，阿尔切夫斯基以 200 万卢布的股本创建了阿列克谢耶夫矿业公司，公司在斯拉夫塞尔维亚县连带周边拥有大片矿藏丰富的采矿区。在决定从事冶金生产后，1895 年，他又以 800 万卢布的资本创建了顿涅茨克 - 尤里耶夫冶金公司，并将工厂设在卢甘斯克附近，而且在德国合作伙伴的帮助下配备了当时全世界最先进的设备。到 90 年代末，这位银行家、有着"工业队长"美誉的商人其个人资产预估不少于3000 万卢布。顿涅茨克 - 尤里耶夫公司的各个工厂附近的火车站以及工人村都是以他的名字来命名的。

在财务方面，阿尔切夫斯基的工业生产依托于两家哈尔科夫的银行，而且阿尔切夫斯基通过一系列复杂且"狡猾"的手段，使大量资金流向了自己的企业。在与这位哈尔科夫商人友好合作的银行中，里亚布申斯基家族银行占据着重要的地位。随着银行业务的发展，当老巴维尔·米哈伊尔去世后，其继承人为阿尔切夫斯基提供了约 400 万卢布的贷款，进而他们获得了作为信贷担保的土地银行和其他公司的大量股份，后来阿尔切夫斯基以用来偿还贷款为由将这些股份转移到了自己的手里。

20 世纪初，肆虐的经济危机结束了阿尔切夫斯基的商业生涯。随着国内市场的萎缩，他需要越来越多的资金来支撑他的工厂和企业，但却无处筹集。他去找无所不能的财政大臣 C. Ю. 维特寻求帮助，但被意外地拒绝了，由于没能熬过事业的土崩瓦解期，于是他做出了一个冒险决定——自杀。这位哈尔科夫银行家的死讯像晴天霹雳一样击中了他的商业伙伴。在阿尔切夫斯基的银行和工业公司的股价断崖式下跌的情况下，里亚布申斯基家族开始采取行动。

　　1901 年 5 月 16 日，哈尔科夫土地银行董事会收到了一份来自莫斯科的紧急电报："由于贵公司股票价格急剧下跌，作为大股东的我们不得不要求董事会主席 E. П. 柳巴尔斯基来莫斯科就银行事务与我们进行交涉，同时还要向我们提供关于银行业务状况和活动的详细信息。"① 这封电报来自里亚布申斯基父子纺织合伙公司。如今出现的状况让莫斯科的债权人感到恐慌：原来，俄国第三大私人抵押贷款银行正濒临倒闭。该银行的 540 万卢布资金被转移到了哈尔科夫商业银行，随后又从那里转移到阿尔切夫斯基的公司，在发生危机的那段日子里他们只能无望地在原地打转。

　　1901 年 6 月初，迫于 C. Ю. 维特的压力，哈尔科夫商业银行宣布破产，由于政府提供了 600 万卢布的贷款，阿列克谢耶夫矿业公司才避免陷入破产的境地（财政大臣之所以这么慷慨，是因为害怕冶金企业破产导致连锁反应），而顿涅茨克 – 尤里耶夫冶金公司的行政事务则由债权人接管，由来自伏尔加 – 卡姆和核算 – 借贷两家银行的圣彼得堡银行家们负责定夺公司事务。② 由于报纸的宣传，1901 年夏天的事件吸引了所有俄国人的注意，里亚布申斯基家族也几乎成为哈尔科夫闹剧的主角。

　　最令人感兴趣的是哈尔科夫土地银行未来的命运，1901 年 6 月底召开的股东大会使这个问题得到了解决。会前的新闻发布会对相关情况进行了如下描述："莫斯科百万富翁里亚布申斯基先生③在

---

① Государственный архив Харьковской области（ГАХО），ф. 71，оп. 1，д. 193，л. 107.

② РГИА，ф. 587，оп. 33，д. 1325，л. 2 – 8，оп. 40，д. 494，л. 144 – 145；ГАХО，ф. 71，оп. 1，д. 405，л. 47 – 47 об.

③ 原文如此，早前这个商业帝国还鲜为人知，因此将其姓氏拼错了——作者注。

已发行的 4.2 万股的股票中拥有 1.2 万股，如今这个百万富翁还在继续购入股票，毫不掩饰他要接管哈尔科夫土地银行的意图……流言四散，里亚布申斯基先生从莫斯科带来了两车厢的'自己人'，并且要把股份分发给他们。他希望能在 2 ~ 3 年内将银行带入一个蓬勃发展的阶段。"① 实际上，里亚布申斯基家族银行所拥有的股份为 3500 股，绝非传言中的 1.2 万股，但是他们所拥有的股份也足以让他们取得胜利。

在股东大会召开的当天，来了几十名新股东，包括里亚布申斯基家族的亲戚以及莫斯科公司的员工。他们所分的股票份额虽少却有话语权。最后，股东大会推选巴维尔出任董事长，他的兄弟弗拉基米尔担任副董事长，并且大会决定将前董事会高层成员中涉嫌有明显违法行为的人全部告上法庭。②

后来弗拉基米尔回忆："我们来哈尔科夫的主要目的是拿下哈尔科夫土地银行，但银行的董事会变更了。我的弟弟米哈伊尔（他当时刚满 21 岁）和我（当时 28 岁——作者注）共同进入董事会。我作为长兄担任董事长。"③ С. Ю. 维特热情地接待了银行新任董事长，并为其提供了 500 万卢布的政府贷款，其中 200 万卢布支付给里亚布申斯基父子纺织合伙公司（主要是偿还贷款），剩下的 300 万卢布用来支付其他主要债权人的债务。

土地银行新董事会的首要任务是通过消除损失并吸收新资本来改善经营。为此，从储备金中拿出 400 万卢布填补亏空，同时又发

---

① Русские ведомости. 1901. 19 июня.

② Протокол чрезвычайного общего собрания акционеров Харьковского Земельного банка 25 июня 1901 г. Б/м, б/г. С. 2 – 6.

③ Рябушинский Вл. Купечество московское. С. 179.

行了 280 万卢布的新股票。里亚布申斯基家族在莫斯科的公司为此次发行的股票做担保，而且还与重组的哈尔科夫土地银行签订了相应的合同。合同规定，斯捷潘和谢尔盖代表莫斯科公司一方，另一方土地银行则是他们的兄弟弗拉基米尔，可以看出，这份合同表面上是官方的，实质则是家族式的。[①]

银行恢复了 1901 年夏天正式停止的业务。1902 年 2 月，在圣彼得堡的弗拉基米尔通过电报宣布了关于申请运营的结果："这件事已圆满解决，财政大臣签署的文件已送到我这里，文件允许银行运营并发放了经营许可。"[②] 来自莫斯科管理者们的支持以及他们对业务的不断监督，使银行逐渐有了起色。不动产的生意得到了恢复，并开始赢利。1903 年，董事会告知股东们："银行有着充足的准备金以应对债务，不需要任何形式的援助。"弗拉基米尔与米哈伊尔正式留任董事会，并将银行的直接管理权交给手下员工，然后回到了故乡莫斯科。弗拉基米尔回忆道："银行已经恢复元气，几年后，我与米沙[③]高高兴兴地回到了莫斯科。"[④]

里亚布申斯基家族管控着哈尔科夫土地银行直到 1917 年，不过在这期间，他们不得不多次与以 M. A. 柳巴尔斯卡娅 - 皮西缅纳娅（她是土地银行前任董事长柳巴尔夫斯基的遗孀，后者被巴维尔告上法庭并死于狱中）为首的由老股东组成的反对派做斗争。为了报复这位来自莫斯科的统治者（指巴维尔），她先是给财政大臣 C. Ю. 维特写了亲笔信，随后又上书 Π. A. 斯托雷平，提出里亚布

---

① ГАХО, ф. 71, оп. 1, д. 399, л. 1 - 8.

② ГАХО, ф. 71, оп. 1, д. 434, л. 2.

③ 米哈伊尔的昵称——译者注。

④ Рябушинский Вл. Купечество московское. С. 179.

申斯基家族起诉前哈尔科夫土地银行高管的决议是违法的，同时谴责挑起起诉案件的煽动者。几年里，她与里亚布申斯基家族进行着激烈的争斗，并拒绝一切和解的建议。据她的私人律师描述，当她在这场斗争中处于有利的一方时，拒绝了一切能够和平解决这件事的尝试。她密切关注自己死敌的一举一动，不放过任何一个可以扳倒巴维尔这位莫斯科大亨的机会。1906 年，根据从报纸上得来的消息，她上书 П. A. 斯托雷平，要求对侵害上沃洛乔克地区农民利益的工厂主巴维尔进行惩治。①

不过，柳巴尔斯卡娅和公司老股东的阴谋诡计并未给里亚布申斯基家族带来多大的负面影响。在 1901 年 6 月的董事会会议上，以柳巴尔斯卡娅为首的小团伙挑起的"伪股东"风波在法院的调停下得以平息。反对派在股东例行会议上试图否决哈尔科夫土地银行的持股者里亚布申斯基家族兄弟，但是被他们的会议主席 A. C. 维什尼亚科夫巧妙地回击了。维什尼亚科夫是莫斯科商人互助信贷公司的董事长，在哈尔科夫土地银行事件中与里亚布申斯基家族结盟。在哈尔科夫土地银行有着良好经营业绩的事实面前，反对派的鼓动难以成功。银行变得更加强大，到了 1914 年，哈尔科夫土地银行已经拥有 1300 万卢布的股本，再次荣登俄国股份制抵押贷款银行榜单第三名。

相比于银行业，阿尔切夫斯基的工业遗产却有着另一番光景，它落入一小撮圣彼得堡银行家的手里并成了他们的小金库。与莫斯科金融家们有所不同的是，圣彼得堡的企业家们并没有有效地管理他们所接管的企业。在 20 世纪初的经济停滞时期，沉重的旧债负

① ГАХО, ф. 967, оп. 1, д. 16, л. 5 – 6.

担让他们别无选择，除非"在这个时刻之前忍受这种不正常的状态，或者完全放任不管，或者开始恢复和巩固它①"②。对于持有悲观态度的国家银行官吏们以及伏尔加－卡姆和核算－借贷银行的领导层来说，外国投资者们要收购这两家归阿尔切夫斯基公司所属的工厂未尝不是一个好建议（尽管此刻工厂正经历着磨难，但实际上它却蕴含着巨大的潜力）。最终，煤矿与冶金联合工厂找到了新主人，他们是来自法国的塔尔曼银行以及巴黎联合银行的金融家，他们一直对俄国冶金业抱有浓厚的兴趣。

1910 年，此项交易达成，外国投资者们并没有成为圣彼得堡伙伴们的榜样，但他们为正在消亡的企业注入了新活力。事实上，冶金业的同行牺牲掉了阿列克谢耶夫公司，公司被迫将其矿藏最丰富的矿区以零散的形式卖掉以偿还债务。尽管顿涅茨克－尤里耶夫冶金公司在合并后固定资本从 800 万卢布减少到 320 万卢布，但是公司整体实力变强，不久之后，公司资本增加到了 1520 万卢布。在第一次世界大战前夕，它拥有隶属于法国集团的乌拉尔－伏尔加冶金公司（工厂设在察里津）和圣彼得堡轧铁线材厂，公司股本也增加到 2110 万卢布。③ 如果这两家公司都收归里亚布申斯基集团麾下，或许就有可能避免阿尔切夫斯基的工业帝国被外国人掌控的局面。

哈尔科夫土地银行事件加快了里亚布申斯基家族独立开展银行业务的进程。早在一开始，在审理债权人对阿尔切夫斯基公司索赔

---

① 此处指阿列克谢耶夫矿业公司——作者注。

② РГИА, ф. 587, оп. 33, д. 1329, л. 191.

③ РГИА, ф. 597, оп. 2, д. 292, л. 74 – 75; подр. см.: Петров О. А. Крах Алчевского и фирма Рябушинских // 21 Отечественная история. 1995. № 4. С. 52 – 75.

事件时就可以发现，里亚布申斯基家族所属的莫斯科银行与哈尔科夫客户们的业务往来存在着明显的法律漏洞。由于里亚布申斯基父子纺织合伙公司的章程没有写明经营此类业务，故因非法进行银行交易而被提起诉讼。

巴维尔尝试着让其公司的金融业务合法化。1902 年 4 月，他向工商部提出申请，要求将纺织合伙公司的资本增加到 950 万卢布，并将公司更名为"里亚布申斯基父子公司"。可是，申请被拒绝了，为了更好地管理银行业务，里亚布申斯基兄弟决定成立一家独立的银行。1902 年 5 月，由家族成员牵头成立了一家独立的企业"里亚布申斯基兄弟银行"，注册资本为 105 万卢布。除了尼古拉和费奥多尔之外，银行由其余 6 个兄弟共同拥有，原因是尼古拉退出参与此项业务，而费奥多尔此时还未成年，后来费奥多尔也成为共同所有者之一，同时银行的资本增加到了 500 万卢布。① 根据合同，每位股东需出资 714285 卢布，并将 1/4 的利润划归为银行储备资金，其余的归股东支配，每位股东必须承诺在银行业务开展的前 5 年里不能要求自己的份额，不能给自己的公司借款，不能在银行之外进行个人信贷交易。结果是，里亚布申斯基兄弟银行很快成为俄国最著名的银行之一，因为它是唯一一家每月公布其资产负债表的私人银行。

里亚布申斯基兄弟银行在 10 年间不断壮大，其营业额从 1903 年的 3370 万卢布增加到 1911 年的 14. 233 亿卢布，已然成为一家大型银行企业。在此期间，里亚布申斯基兄弟银行又在俄国中央地区

---

① РГИА，ф. 1443，оп. 1，д. 87，л. 3 – 5，7 – 9. Ананьнч Б. В. Банкирские дома в России. С. 117.

（主要是亚麻生产区）开设了 12 家分行。根据 1911 年的资产负债表，里亚布申斯基兄弟银行的业务主要包括期票贴现（398.8 万卢布）、有价证券抵押贷款（496.8 万卢布）和自行购买证券（201.3 万卢布）。① 不过，银行的所有者们却十分谦虚地评价他们取得的辉煌业绩，对他们来说这家银行"好似一所积累必备经验技能的学校，为一个更广泛且稳定的能以股份制公司的形式运营并能吸引大量俄国资本的银行组织培养一批金融工作人员。"②

莫斯科省博戈罗茨克市的里亚布申斯基家族莫斯科银行分行（20 世纪初拍摄）

不过，这样的银行组织并不是按照自身需求创建的，而是作为促进整个国家工业发展和扩大私人工厂生产规模的一种手段。依据父辈的传统，在商业帝国年轻一代身上有着企业家与银行家的共生关系，注重提高生产效率的企业家最终占据了上风。资金流转以及信贷固然重要，但在里亚布申斯基家族的价值体系中，它们仍旧只是辅助环节。

经历 1900 年大火后的上沃洛乔克纺纱与织布厂犹如凤凰涅槃重生。1902 年，里亚布申斯基父子纺织合伙公司申请增加固定资

---

① ЦГИА г. Москвы, ф. 254, оп. 1, д. 135, л. 1 – 2, 24 – 26.

② Торговое и промышленное дело Рябшинских. С. 77.

本。根据财政部官员出示的资料，"该公司已经成立 15 年之久，在商界地位十分稳固，位居大型企业行列：如今的申请是股东们希望完成已故创始人的心愿，即尽可能地将资本集中在其创建的公司手中，并不断扩大经营，从而巩固、加强公司现有的地位。"①

第一次世界大战爆发前 10 年是莫斯科资本家商业活动的高峰期。在他们的不懈努力下，特维尔省和诺夫哥罗德省交界地带的一个荒凉、人烟稀少的地区发展成一个工业绿洲，为附近成千上万的农民提供了生计。1905 年，里亚布申斯基兄弟建造了一座三层楼的纺织厂和两层楼的漂白车间，1911 年又建造了一座可向全厂供电的中央发电站，并铺设了一条从尼古拉铁路的上沃洛乔克站直通工厂车间的窄轨铁路，到了 1912 年，当时正值里亚布申斯基父子纺织合伙公司成立 25 周年之际，采用最新技术建造的新式纺织厂的两期工程也全部竣工（采用全玻璃式屋顶以解决工厂采光问题，配备强制通风系统和自动灭火系统等）。② 依据 1914 年复活节时期的资产负债表，公司固定资产为 500 万卢布，储备金为 140 万卢布，包括建筑、土地以及机器在内的公司总资产达 700 万卢布。里亚布申斯基父子纺织合伙公司拥有 9.44 万个纺纱锭和 2100 台纺织机，初始原料棉花在工厂经历了从初步分选到制成各式各样成品布料的所有工序。4500 名工人用他们勤劳的双手每年为公司生产价值 800 万卢布的产品。上沃洛乔克的印花布通过莫斯科的仓库运送到圣彼得堡、哈尔科夫以及西伯利亚城镇的分销点，然后销往全国。③

---

① ЦГИА г. Москвы, ф. 16, оп. 138, д. 166, л. 3 – 3 об.

② ГАТО, Ф. 1038, оп. 2, д. 65a, л. 79, 85, 129, 136, 143, 179.

③ Иоксимович Ч. М. Мануфактурная промышленность в прошлом и настоящем. Отд. 1. С. 173 – 178.

位于上沃洛乔克的里亚布申斯基工厂工人交班时的场景（**20 世纪初拍摄**）

位于上沃洛乔克的新厂房的车间（**20 世纪初拍摄**）

巴维尔·米哈伊洛维奇的继承人们成了家族公司事务的全权负责人。根据公司保留下来的一次股东大会的会议备忘录,家族的五兄弟作为公司股份的持有者出席了这次会议。1913 年 10 月 12 日召开的股东大会最终决定了资产的归属,其中将公司总价值为 500 万卢布的 2500 股中的 2375 股分给继承人(根据巴维尔·米哈伊洛维奇·里亚布申斯基的遗嘱,剩余的 125 股由公司所有,作为以他命名的公共食堂的资金来源)。公司的共同所有者包括巴维尔(491 股)、谢尔盖(499 股)、弗拉基米尔(381 股,他还代表米哈伊尔持有 319 股)、斯捷潘(415 股)和德米特里(270 股)。

1912 年所赚的 60.3 万卢布净利润,一半以红利的形式分给各个股东,剩下的 30 万卢布则转到折旧费用中。谢尔盖和斯捷潘在直接生产管理和销售方面起到了主要作用。除了作为股东收取股份分红外,他们还是董事会的经理,每人的年薪是 2.1 万卢布。有趣的是,他们兄弟不仅是公司的所有者和管理者,还是自己公司的主要债权人。1912 年,合伙公司向私人偿还了 19.3 万卢布的外债,在向公司提供 6% 年利率借款的放贷人名单中,除了公司的所有者还有他们的妻子及其他亲属。① "自筹资金"的做法,即用个人资金支持自己公司的运转,在大型家族企业中是很常见的,这些企业的所有者将他们的投资和他们的个人资本看作一个不可分割的整体。收到的红利不但没有被"吞掉",反而被用来扩大公司规模,同时又能获得一笔可观的额外收入。

资本联合的家族式企业并没有过时,但是圣彼得堡的同行以及后来的苏联历史学家却常常指责莫斯科的工业巨头。资本联合这种

---

① ЦГИА г. Москвы, ф. 51, оп. 10, д. 1052, л. 4, 23, 24.

模式比在莫斯科流行的股份制公司更适合古老的商业家族，公司运营仅取决于将共同投入的资本偶然整合起来的人的意志。弗拉基米尔写道，"在股份制公司中，领导们总是花时间进行各种解释，为自己辩护、道歉，自我吹嘘……"还有另外一种情况，一个人既是企业的所有者又是管理者。"他可以大胆地犯错，既不需要向任何人报告也不需要解释什么。这使独资经营者拥有巨大的优势：灵活、大胆、富有进取精神，能够勇往直前。近些年，类似这样的企业主越来越少了，甚至有的企业为多人所有，其中包括自己的亲兄弟乃至亲戚，这样的架构有时会因家族内部琐事而使经营变得更糟。但是，偶尔也会出现这样的情况，那就是兄弟之间已经达成共识，没有摩擦，而且他们相互支持，轮换休息。这也许是解决公司管理问题的最理想方案。"①

当然，弗拉基米尔提及的正是自己家族的企业，确实，在公司内部不存在亲人间因为公司事务而发生的冲突。这既有长子继承制的原因，也有掌舵人因过人的能力而得到其他管理者青睐的因素，里亚布申斯基家族的长子巴维尔理所当然地成为这个大家族的核心领袖。例如，1903 年，在上沃洛乔克的谢尔盖就扩大公司林场问题给莫斯科的巴维尔写信："我曾跟你说过，布兰德愿意以 35 万卢布的价格出售 0.35 万俄亩的林地。这块地我们到底买不买，请给出你的建议。由于国家禁止采伐林木，这片林地被保护得很好，而且林场沿茨纳河流域分布……当你想来这里时，请给我写信。"1908 年，斯捷潘就向巴尔干半岛和土耳其出口俄国纺织品的前景问题征求巴维尔的意见（斯捷潘当时正在当地做市场调研）。1906 年，德

---

① Рябушинский Вл. Купечество московское. С. 177.

米特里就他的兄弟"是否代表合伙公司"签署了最近一次工厂大会的决议而进行询问。①

在众多兄弟中，只有尼古拉一人违反了家规，我们将在后文进行描述。其他兄弟富有成效的合作在商界创造了不朽的辉煌业绩。"里亚布申斯基家族企业共同所有人的官方文件表明，企业领导在商界极负盛誉；他们的企业也是同行中的佼佼者。"② 里亚布申斯基家族企业根据自己的共同管理经验，在第一次世界大战爆发前不久进行了一场企业改革运动，为公司引进了一种类似于德国的有限责任公司的资本组织形式，摆脱了传统股份制公司的约定。对于小范围内的有着亲戚关系的公司所有者来说，就不需要正式的股东大会、特别监察委员会等这类机构。家族企业有时也会存在一些有趣的现象（董事会领导人的妻子被选为监察委员会成员的情况并不少见）。

俄国出现的第一批公司一般都具有家庭经营的性质，从法律意义上说是一种股份制公司，在经营活动中会适当采用相关的手续。以里亚布申斯基家族兄弟为首的众多企业家要求"为事业制定规则，而不是为适应规则发展事业"，但他们的呼声并未得到圣彼得堡当局的回应，政府依旧遵循原来的股东制。

应当指出，莫斯科的企业家们与圣彼得堡当局的关系不简单。С. Ю. 维特、В. Н. 科科夫采夫以及 П. Л. 巴尔克等财政大臣都非常愿意利用商界的影响力来支持自己的政策，尽管在传统上他们是站在"国家利益"的角度来"维护大企业的稳定"。然而，在行政机关领导人及部门负责人那里，工业和金融大亨们碰到了他们公开

---

① ГАРФ，ф. 4047，оп. 1，д. 43，л. 1 – 1 об.，3 – 3 об.，5 – 6.
② ЦГИА г. Москвы，ф. 450，оп. 8，д. 962，л. 5 – 5 об.

反对被贿赂的官僚、敲诈勒索以及横征暴敛。对于里亚布申斯基家族的人而言，每去一次圣彼得堡都是一次对道德的考验，就像罗斯大公求取大汗封诰一样。据弗拉基米尔回忆："有一次我去圣彼得堡开会，那次我满脸的气愤和不悦。为什么？我的弟弟和妹妹笑话我'瓦洛佳①去金帐汗国啦'。我们这些热爱自由的莫斯科人，在圣彼得堡的各个行政办公厅里连呼吸都感觉困难。"②

阻碍俄国商业发展的除了国家经济占主导作用外，更重要的因素是"劳工问题"，在19世纪和20世纪之交，这个问题变得空前尖锐。20世纪初，俄国社会民主党对罢工运动的极力鼓吹以及工人群体对生活条件的不满，加剧了工人罢工浪潮的迭起，并很快席卷全俄。上沃洛乔克也未能从这场社会压力中解脱出来。家族的一个兄弟证实，对于俄国各个商业帝国的第二代和第三代继承人来说，他们与工人之间的鸿沟越来越难以弥合。如果在过去，他可以自豪地向周围的人炫耀，他"养活着1万人"，那么现在可以在部分罢工人群中听到这样的话："我们1万人，供养着你一个肥头大耳的资本家。"弗拉基米尔说"这种对立对俄国私有制的存在具有毁灭性的打击"，这种分歧到了家族第三代时愈发严重。③

1905年1月9日，圣彼得堡爆发了"流血星期日"事件。该事件清楚地表明，工人阶级需要改变他们的生存环境，但如果用极端的武力去镇压工人阶级，将会给整个社会带来极其严重的后果。受1905年圣彼得堡"流血星期日"事件的影响，巴维尔专门询问了自家工厂工人的情况。技术经理 C. B. 加涅申在回信中描述了一

---

① 弗拉基米尔的昵称——译者注。
② Рябушинский Вл. Купечество московское. С. 179.
③ Рябушинский В. П. Судьбы русского хозяина. С. 47.

幅令人不快的画面。① 每当工人离开工厂时都要接受搜身检查
（C. B. 加涅申提及，当然，这项指令是过时的、无用甚至有些无
可救药，而且还直接冒犯了一部分人）。特别是纺织厂的女工，她
们的处境更为艰难。她们没有得到任何形式的产假福利，因此，她
们通常会"尽可能晚地离开工作岗位（分娩的前一天），然后很快
回到工作岗位上"。这些做法不仅消耗了孕妇的体力，最终还会导
致她们患上许多妇科疾病。

有些情况更是令人无法容忍。当工人生病时，他们只享有在工
厂附属医院看病的权利，而得不到工厂其他形式的福利补贴。工厂
管理者认为有必要每年拨出 1500 卢布的资金补贴生病的贫困工人，
使他们在生病期间每天至少可以得到 30 戈比的补助。雇主和工人
间存在的一个问题是他们之间未签订书面性的雇佣合同，许多事项
都是按照不成文的习惯规则来规定的，雇佣关系亟待在法律上加以
确认。实际上，冲突的主要原因是工资。根据上沃洛乔克来信的内
容，正如工人们一贯坚持的那样，要提高工资，企业主必须"拨付
一定的资金"。缩短工作时长问题依旧十分尖锐，20 世纪初，工厂
工人每天的劳动时间长达 11.5 个小时。

尽管 C. B. 加涅申提出了渐进式改革的方案，但工人们所累积
的不满情绪依旧发泄在他个人身上。1905 年前夕，新上任的技术经
理 C. B. 加涅申试图更加严格地要求公司管理层加强对工人的管理。
办事员出身的上任领导 E. Π. 塔拉卡诺夫（尽管他也不怎么受工人
们待见，但仍被工人看作"自己人"）为上沃洛乔克工厂的发展奉
献了自己的一生。在处理领导层与工人的关系时，他始终采用大家

---

① ГАРФ, ф. 4047. оп. 22, л. 1 – 1 об.

长式的管理方式，而且行事风格更偏向老派。据工厂的新主人回忆："工人数量多于需求，我们支付的工资虽然不高，但我们对工人的要求也不高，这些工人当中有生病的、酗酒的甚至懒汉，但这些我们都已经予以容忍。"这位新上任的经理又制定了一项新制度，即提高工资，但对工人的要求也随之提高了。① 在与工人保持距离的同时，"冷酷且彬彬有礼的"加涅申被认为是一个嘲讽工厂工人的外来绅士。

1905 年秋，整个国家都笼罩在革命的动荡不安的阴霾中，里亚布申斯基家族的工厂领导与工人之间的小争执酿成了一场悲剧。尽管公司管理层做了一些让步，但工人愈发躁动不安。11 月 24 日，C. B. 加涅申在给莫斯科老板的信中写道："城里有传闻，说工人们要进行二次罢工，而且他们想要进一步减少工作时间并提高薪酬。可如今工人们认为我们欺骗了他们，虽然减少了工作时间但报酬却没有任何提高。现在的局势变得紧张且不安；实际上只要一丝火星，就能点燃罢工事件的导火索并不断蔓延。昨天大会结束后，这些人唱着《马赛曲》，吹着口哨离开了。我认识这里的四五个无赖，他们挑衅意味十足，而且肯定会试图提高工人的地位；我们必须非常小心，注意我们说的每一句话。"② 最终，这封信成了这个新任领导的绝笔信。几天后，在工厂的院子里 C. B. 加涅申被愤怒的工人杀害。尽管在这场混乱中一些比较理智的罢工者进行了劝说，但手持刀斧的工人还是对"剥削者"造成了不小的伤害，导致 C. B. 加涅申当场死亡。

---

① Рябушинский Вл. Купечество московское. С. 185.
② ГАРФ, ф. 4047, оп. 1, д. 18, л. 1 – 1 об.

据一个流亡海外的里亚布申斯基家族兄弟回忆道："当然，我们为 C. B. 加涅申的遗孀提供了终身抚恤金，并立即关闭了工厂，一直到工人代表前往莫斯科慰问死者家属并求得宽恕。后来我们握手言和，工厂才得以继续开工。"① 1906 年举行了正式的和解仪式，而且当时正值公司的周年庆典，工厂为工人和职员举办了一场晚宴。工人代表团还参加了在莫斯科埃尔米塔什餐厅举行的周年纪念宴会。董事长巴维尔的右边坐着公司的老员工，左边则坐着工人代表团的领袖。晚餐过后，参加晚宴的一行人来到剧院，那里有订好的包厢。然而，这些努力根本无法修复雇主与工人之间出现的裂痕。虽然面前摆放着满盘珍馐，但一些代表成员在陌生的环境中还是略显拘谨，他们始终想着向企业主请愿，为避免破坏节日的气氛，在企业主恳切的请求下他们才没有提出新要求。②

工厂重新运转后，工厂主又做出了一些让步。从 1906 年起，工厂实行了一种新的两班轮换制——在两天内每一个工人第一个班平均工作 12 个小时，第二个班工作 6 个小时。与过去的一天 11.5 个小时的工作量相比，这种轮换制缩减了工作时长。此外，每年的工作日天数也有所减少。如果说 1901～1904 年一个工人每年有 271 天的工作日，那么到了 1906～1910 年已缩短到 261 天。工厂又为单身工人建造了宿舍，为有家庭的工人租赁独立的小房子。此外，又建立了新的医院以及工厂子弟学校等。③ 尽管"劳动与资本"间的冲突得到了短暂的平息，但在此后的日子里，这样的冲突仍不断发生，而且常以罢工的形式表现出来。

---

① Рябушинский Вл. Купечество московское. С. 185.
② Рябушинский Вл. Купечество московское. С. 185 – 186.
③ Торговое и промышленное дело Рябушинских. С. 116 – 118.

上沃洛乔克工厂的工人村（**20 世纪初拍摄**）

里亚布申斯基的上沃洛乔克工厂子弟校大礼堂（**20 世纪初拍摄**）

里亚布申斯基的上沃洛乔克工厂附属助产院（**20 世纪初拍摄**）

1908 年夏天，大约有 300 名纺织女工罢工，要求提高薪资待遇。随后，纺纱和织布车间的 2500 名工人加入其中。来到工厂的谢尔盖郑重宣告，无法接受他们的要求并警告罢工者，如果不回到岗位上工作，他们就会被解雇。管理层的领导与罢工者之间的谈判持续了一整天，最终双方都做出了让步。谢尔盖承诺会认真考虑工人们合理的要求，工人们也同意回到他们的岗位上继续工作。问题是，由于当时技术管理部门的失误，工厂收到的纱线质量很差，经常在织布机上被扯碎，因此日产量不断下降，计件工资也随之下降。按照现在的标准，每人每月 8 卢布的工资只能勉强维持生计。

在考虑了各种情况后，企业主在罢工爆发两天后，下令在办公室张贴新的计件工资标准，提高纺织女工的工资。据调查该事件起因的警察说，此次罢工相对温和，罢工者没有中断自己的工作，"没有对管理层人员、对染色和机械部门的工人诉诸任何的暴力与威胁"①。再补充一下，企业主们为了进一步缓和紧张局势做了很多工作。1907 年，工厂医院增设了一家有 12 张床位的妇产院，1911 年开设了拥有 30 张床位的住院部，公司每年拨出 1.5 万 ~ 2 万卢布资金用于医院维护。公司又建造了一个可以容纳 50 人的养老院，用于赡养工厂的年老工人。为了照顾女织工，公司又出资修建了一个可以容纳 100 名儿童的托儿所。1911 年，公司为工厂职工子女开办了新的职业学校，并取代了原来的小学。这所学校侧重于纺纱、织造以及染色方面的职业培训，年满 15 岁的学生从这里毕业后就能进工厂工作。②

然而，不满的情绪仍在蔓延，直到 1917 年才明显爆发出来。上沃洛乔克地方志博物馆有一件有趣的展品：一面绣着"上沃洛乔克纺织工为世界资产阶级编织的裹尸布"字样的红旗，旗子的落款时间为"1922"。这个"阶级斗争"时代的展品完美地表达出穷人

---

① ГАРФ, ф. 102, ДП 4 д-во, 1908, д. 73, л. 2, 4 – 5, 9 – 10.

② Торговое и промышленное дело Рябушинских. С. 141 – 154.

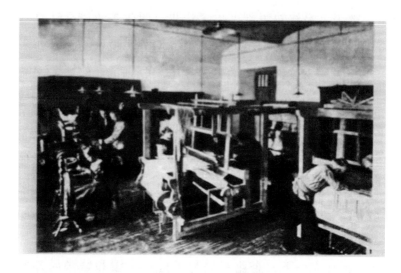

里亚布申斯基的上沃洛乔克工厂子弟校开办的纺织课（20世纪初拍摄）

里亚布申斯基的上沃洛乔克工厂附属托儿所（20世纪初拍摄）

们对富人的憎恨，且这种憎恨是多年积累起来的，然后在俄国的动荡年代里爆发出来。在摧毁私营企业制度后，生活的新主人根本无法学会经营工业企业的经验。值得注意的是，1918年，上沃洛乔克纺织厂的工人亲自给 В. И. 列宁写信，恳请加快联合企业的国有化进程。信中说："我们的财务状况几乎没有任何希望了，莫斯科银行归里亚布申斯基家族所有，他们用银行里的钱去养活他们所有的公司，随着银行被查封，我们的钱也没有了……"① 为了摆脱阶级斗争的阴影，在俄国苦心经营多年的里亚布申斯基家族出走俄国。

当然，在 20 世纪初期，谁都未曾想到俄国资产阶级的"葬礼"竟然来得这么快。相反，里亚布申斯基家族的兄弟们深信国家在发展资本经济方面还有很长的路要走，并且正在积极准备担任国内工业行业的领军人物。活力满满的里亚布申斯基兄弟们不想拘泥在父亲公司狭小的框架下，他们有涉猎新领域、开拓新市场的想法。其中有一项任务是开拓海外市场，1909 年，里亚布申斯基家族派代表前往巴尔干，考察俄国纺织品在当地的销售前景，1910 年又资助了一个考察团，带着同样的目的去了中国的外蒙古地区，最后出版了一本名为《外蒙古是俄国产品的销售市场》的小册子。他们所支持的莫斯科最大的棉纺织企业之一是 Э. 钦德尔合伙公司，该公司于 1907 年专门成立了俄国出口合伙公司。第一次世界大战爆发前，公司并未取得多少成绩（伊朗除外，因为其北部地区已经是俄国贸易势力范围），但即使这样，最初的尝试统统表明俄国工业已准备好了在世界市场上参与竞争。

俄国拥有丰富的且未开发的自然资源，它依旧是莫斯科银行家们和工业家们进行商业活动的首选。他们一直关注着可以为经济发展创造资本的新领域和新地区。里亚布申斯基父子纺织合伙公司在特维尔省和诺夫哥罗德省拥有大片林场，这些用来给工厂提供燃料

---

① Цит. по: Дробижев В. З. Борьба русской буржуазии против национализации промышленности в 1917 – 1920 гг. // Исторические записки. Т. 68. М., 1961. С. 42.

的林场是在不同的年份购买的。漂浮在茨纳河上的原木并未给公司带来多大的利润。从 1900 年到 1911 年，公司林场的收入仅为 23 万卢布，但为林场投入的费用却高达 19.9 万卢布。①

与此同时，巴维尔也深知森林资源是巨大的财富，为此他在纺织厂附近建造了第一家锯木厂。弗拉基米尔回忆道："我们十分热爱并珍视我们的公司，父辈留给我们的公司对我们来说就像祖传的城堡对于中世纪的骑士一样，身上流淌着的农民血液对我们有着巨大的影响，我们同样也被土地深深地吸引着。当然，我们购买土地和森林首先是为了满足工厂的需要，其次是因为它们真的吸引了我们。可吸引我们的不仅有森林，还有关于林业的经营活动，我们为此提出了发展林业业务的计划。"② 里亚布申斯基家族的兄弟们制订了一套林业生产计划，其中包括恢复采伐、植树造林以及开垦沼泽地的方案。当时，伐木场的原木通过水路运到锯木厂，加工成成品（木板）后进行出售，其中，所生产的板材 1/7 销往国外市场。一战前，工厂主们还计划建造一个每年可加工 2 万～2.5 万立方米木材的胶合板厂。③

里亚布申斯兄弟又收购了上沃洛乔克附近的两家木材加工厂。在距上沃洛乔克 100 俄里远的地方，靠近尼古拉耶夫铁路上的奥库洛夫卡车站，有一家属于 В. И. 帕斯伯格的造纸厂。1906 年，里亚布申斯基兄弟收购了 В. И. 帕斯伯格造纸厂 80% 的股份，并成立了一家股份公司——奥库洛夫造纸厂，斯捷潘和弗拉基米尔以及他们

---

① ГАТО, ф. 1038, оп. 2, д. 210, л. 12－14.

② Рябушинский Вл. Купечество московское. С. 186.

③ Торговое и промышленное дело Рябушинских. С. 125－127; ГАТО, ф. 1038, оп. 2, д. 322. л. 21－22.

的妹夫 A. Г. 卡尔波夫是董事会成员。在新主人的带领下，公司的生产经营迅速转好，固定资产从原来的 60 万卢布增加至 240 万卢布，工人数量从 800 人增加到 1800 人，年产值从 1906 年的 330 万卢布增加到 1911 年的 400 万卢布。除了生产纸张，该工厂还生产木浆、纸浆等。

商界对此赞叹不已，一些商界人士指出："公司的新主人不仅在相对较短的时间内强有力地推动了公司的业务发展，而且完全是再造了一个企业。新董事会重新改造了工厂，采用最新的造纸技术，而且机器设备和产品质量在全俄都是数一数二的。"[1] 奥库洛夫造纸厂在里亚布申斯基家族的莫斯科银行和莫斯科商人互助信贷公司的资金支持下运营，这两家金融企业发行了 150 万卢布的债券为其提供了必要的资金支持。1917 年，奥库洛夫造纸厂的合股资金为 300 万卢布，拥有总占地面积 1.6 万俄亩、估价为 181.5 万卢布的林场，建筑厂房及设施估值 223.57 万卢布，工厂的机器和设备估值 343.6 万卢布。[2] 由里亚布申斯基兄弟创立的造纸厂保留至今，它成了现今俄罗斯最大的造纸厂之一。

生产出来的部分纸张从奥库洛夫卡运送到了位于莫斯科的里亚布申斯基家的印刷厂。巴维尔一手创办的《俄国晨报》印刷部和编辑部大楼紧邻著名的位于普京基的圣母圣诞教堂，大楼由俄国著名建筑师 Ф. O. 舍赫捷利设计，于 1907～1908 年建造落成，位于大普廷科夫巷，是一座具有现代风格的优美建筑。1913 年之前，出版业务是由里亚布申斯基家族的长兄个人独资经营的，后来因家族其

---

① ЦГИА г. Москвы, ф. 450, оп. 8, д. 200, л. 71.
② ЦГИА г. Москвы, ф. 51, оп. 10, д. 861, л. 60 - 61; ф. 344, оп. 1, д. 1, л. 118 - 120.

他成员的加入才改为"П. П. 里亚布申斯基印刷公司"，董事长是
А. Г. 卡尔波夫。但是巴维尔依旧是实际的领导者：在合伙企业总
价值为 50 万卢布的 1000 份股票中，他持有 959 股。里亚布申斯基
印刷厂配备了电力驱动的机器和印刷设备（1917 年，估值约为 70
万卢布），曾是俄国国内印刷行业的先进企业之一，并一直为人们
服务到今天。①

位于莫斯科的里亚布申斯基印刷厂厂址，Ф. О. 舍赫捷利设计
（20 世纪初拍摄）

在特维尔省工厂所在地，里亚布申斯基家族又拓展了新行业。
1911 年，他们买下了距博洛戈耶—波洛茨克铁路上的菲罗沃车站 9
俄里的茨纳玻璃制造厂，该厂建于 1832 年。由于铺设了一条通往车

---

① ЦГИА г. Москвы，ф. 303，оп. 1，д. 106，л. 2，13，15，18；ф. 51，оп. 10，
д. 1055，л. 2 – 3，6 – 7。

里亚布申斯基印刷合伙公司股票

站的新土路，原来条件很差的工厂获得了扩大产品销路的机会。工厂主为玻璃熔炼车间配备了德国西门子公司制造的最新窑炉，使茨纳玻璃制造厂成为生产玻璃窗的龙头企业之一。尽管工厂在1916年发生了一场严重的火灾，造成了4.6万卢布的损失，但到1917年，工厂建筑和设备的价值仍达10.6万卢布。①

涉猎众多领域的里亚布申斯基家族公司变得更加复杂，这促使企业主将公司的名字从原来的纺织合伙公司改为工商合伙公司。撰写里亚布申斯基家族商业周年纪念史的作者写道："这个新名字更

---

① Торговое и промышленное дело Рябушинских С. 138；ЦГИА г. Москвы，ф. 311，оп. 1，д. 2147，л. 5 – 18.

能体现公司现代化的经营特色，公司业务活动不仅不再只生产纺织品，而且还要在贸易领域改变自己的经营业务，这种改变不局限于只销售自己纺织厂的产品。"① 雄心勃勃、坚韧不拔的巴维尔·米哈伊洛维奇的后代们有着深谋远虑。

两个新领域引起了他们的注意，即银行业以及亚麻纺织业。1912 年时，公司正式更名，新成立了两家公司，即莫斯科股份商业银行（简称莫斯科银行）和俄国亚麻工业股份公司（简称亚麻纺织公司）。这两家公司都归属里亚布申斯基家族，且它们的发展是紧密相关的。

莫斯科银行是在原有银行的基础上建立起来的，并把家族的金融业务提升到了更高的水平。莫斯科银行的创始人们强调："银行的名字已经表明了它与莫斯科商人阶层之间的联系，一些莫斯科商人还是银行创始成员。"② 除了里亚布申斯基家族的六兄弟（除了尼古拉和已经去世的费奥多尔），叶戈里耶夫斯克棉纺织厂老板 M. H. 巴尔迪金、雅罗斯拉夫大纺织厂合伙公司老板 A. A. 卡尔津金、科斯特罗马棉纺织公司领导及未来临时政府的部长 A. И. 科诺瓦洛夫、呢绒工厂厂主 H. T. 卡什塔诺夫和 B. B. 诺索夫（Π. M. 里亚布申斯基的女婿）、莫斯科交易所协会主席兼商人银行理事会会长 Γ. A. 克列斯托夫尼科夫、下诺夫哥罗德证券交易所协会主席 Д. B. 西罗特金也是莫斯科银行的创始人，还有另一个创始人也是旧礼仪派运动的杰出活动家 Π. A. 莫罗佐夫，当然还包括木材老板 M. A. 巴甫洛夫，大科斯特罗马亚麻纺织厂经理、同样是未来临时

---

① Торговое и промышленное дело Рябушинских. С. 140 – 141.

② Торговое и промышленное дело Рябушинских. С. 77.

政府部长的 C. H. 特列季亚科夫等人。他们实际支配着 500 万卢布
的固定资本（1917 年增至 2500 万卢布），不过，银行资本的主要
份额仍由银行的实际操控者里亚布申斯基家族掌握并在银行董事会
中占据着主要的职位：弗拉基米尔当选为董事会主席，银行经理是
他的兄弟米哈伊尔和受邀出席的律师 A. Ф. 杰柳仁斯基。随后开设
了 12 家分行，1917 年又开设了 4 家分行，它们分别设在奥列霍
沃－祖耶沃市、特维尔省卡申市、普斯科夫以及斯摩棱斯克省瑟乔
夫卡市。

1912 年里亚布申斯基家族的莫斯科银行股票

成立新银行的动机是什么？莫斯科的企业家梦想着创造一个强
大的金融工具来支撑他们在工业领域的扩张。像德意志银行这样的
欧洲银行巨头是里亚布申斯基家族与公司的榜样。1916 年，米哈伊

尔给一小部分生意伙伴写了一份题为《我们工作的目标》的书面报告，并透露想在金融以及工业领域开疆拓土的规划。他向当时世界上最有影响力的金融实业家们呼吁："我们银行的目的是想通过谨慎且细致的工作……获取信任，在取得信任之后，利用集团的资本建立一家健康发展的企业。此外，与投机银行不同的是，实业银行的工作包括建立一家企业，并精心地经营它多年，只有这家企业完全站稳脚跟，才允许它独立经营，而在传统上银行总是与被它扶植的企业保持着密切的联系。"①

在年轻的金融资本家看来，无论是热衷于工业股票交易的圣彼得堡投机银行还是在工业金融领域不够活跃的莫斯科储蓄银行，它们都不适合作为学习的榜样，尽管里亚布申斯基家族的银行与19世纪70年代初的"老莫斯科式"银行的业务风格有许多相似之处，它也不适合拿来当作学习的榜样，在组建自己的银行之后，里布申斯基家族在由他们出资印刷出版的报纸《俄国晨报》上，开展了反对圣彼得堡银行家们的轰轰烈烈的运动，他们认为圣彼得堡的银行家们"忽视企业内部管理，只关心股票交易的对象，股票一旦抛入市场，就不再对股票的价格抱有任何兴趣"。与圣彼得堡的投机银行相比，尽管在莫斯科的银行中有一些保守主义者，可"他们将自己的大部分资产用于支持中央地区的工商业发展，形成一个与整个俄国相关的关系网"。莫斯科新一代的金融家认为，理想的状态是银行要经常关注与他们相关的工业企业，"给予其及时且充足的流动资金支持，促进企业发展和改善生产"②。

---

① Рябушинский М. П. Цель нашей работы. С. 611.

② Утро России. 1911. 17 окт.

当时，莫斯科有四家股份制商业银行（圣彼得堡有九家），但没有一家完全符合里亚布申斯基家族创建金融公司的理念。弗拉基米尔回忆说：“莫斯科本土银行不同于圣彼得堡的银行：它们的主要经营宗旨是稳健——这是莫斯科的传统。之所以这么做是为了避免出现‘滥设投机企业’，也就是不会像圣彼得堡的银行那样成立大量的投机企业。不过这种政策的风险在于，它将银行的命运与其资助企业的命运紧紧地联系在一起。莫斯科本土银行的这一做法令人担忧。”① 此外，每家银行都会有一批可靠且值得信赖的客户，银行更愿意与他们打交道。“棉花大王”们是首都莫斯科那些最大、最古老商人银行的宠儿，但当时的贴现政策都是由所谓的“莫斯科德国人”制定的，他们来自德国并在俄国建立了自己的公司（沃高商行和 L. 科诺普贸易公司）。莫斯科商业银行自成立以来，控制权就一直掌握在奈焦诺夫手中，并且通过银行融资为自家的纺织厂获取更多的资金支持。② 实际上，19 世纪末，随着工业的发展，圣彼得堡的银行逐渐表现出不想在交易所进行新公司股票买卖，而主要想从事工业投机活动的倾向。

然而，在 20 世纪初，“老牌”银行在莫斯科的一些主要企业家的领导下，开始积极活动起来。据一位精通金融事务的回忆录作者介绍，随着俄国工业的不断发展，“企业家们很难本分地遵守规则，尤其是涉及莫斯科商业原则问题时……”③ 首先，这与中央地区纺

① Рябушинский Вл. Купечество московское. С. 171.

② См. : Петров Ю. А. Московские банки и промышленность к началу XX в. // Самодержавие и крупный капитал в России в конце XIX — начале XX в. М. , 1982; Бовыкин В. И. , Петров Ю. А. Коммерческие банки Российской империи. М. , 1994.

③ Рябушинский Вл. Купечество московское. С. 171.

织工业原料棉花的交易有关。20 世纪初，莫斯科银行在突厥斯坦边疆区①开设了一家分行，为购买当地棉花并将其运往莫斯科的工厂提供资金帮助。然而，里亚布申斯基家族的做法已经过时了，而且效率低下，特别是在圣彼得堡银行业日益扩张并威胁到莫斯科传统工业的情况下。

在 1900 年至 1913 年的短短十余年内，圣彼得堡的银行家们在全国各省开设的分行数量从 267 家增加到了 778 家。这些银行网点遍布俄国主要经济区域，切切实实地质疑了"莫斯科的金融实力"（这是巴维尔所办的报纸上的一篇文章的标题，作者在这篇文章中呼吁俄国商人对具有世界主义倾向的圣彼得堡银行界展开反击）。汇集"国家资本"以对抗圣彼得堡金融寡头，是巴维尔建立的新银行，即莫斯科银行的首要任务。与著名的商界大亨 Д. Л. 鲁宾斯坦②和"股票天才"И. П. 马努斯等暴发户做斗争所采用的防卫策略注定要失败，因此需要更行之有效的对抗手段来捍卫"莫斯科商人"的利益。

弗拉基米尔在谈到推动家族代表们前进的内部动机时写道："莫斯科的经济越来越落后，我们不想再忍了。的确，我们不能再忍下去了，这就是我们为什么一方面必须按照新模式去经营我们的银行，另一方面又要怀着沉痛的心情将部分经营活动转移到圣彼得堡的原因（正如前文中提到的那样，圣彼得堡已经成为俄国的金融经济中心——作者注）。不应该袖手旁观，看着俄国经济的指挥权从实业家手中落到'投机者'手中。虽然有时这些投机者是聪明

---

① 即今天的塔吉克斯坦、吉尔吉斯斯坦一带——译者注。

② 他常用姓名是德米特里·列昂诺维奇·鲁宾斯坦，原著中出现的 Митька 是他真正的名字，其全称是米季卡·利沃维奇·鲁宾斯坦——译者注。

的、有天赋的，但他们更多的时候只是损人利己的人。"①

　　里亚布申斯基家族公司旗下的银行采取股份制模式，这为筹集巨额资金提供了可能性：莫斯科银行首先通过储蓄和固定账户吸引新的资金流，再以此为基础在工业市场上推行更积极的策略。银行家的住宅成了新银行的办公地点后，也变成了莫斯科商人们的总部。总部大厦位于莫斯科的交易所广场，也就是曾经被称作中国城的"莫斯科商业区"的正中央，1902~1904 年根据建筑师 Ф. О. 舍赫捷利的设计而建成，这座将莫斯科装扮得气势恢宏的建筑直到今日还是新一代百万富翁的象征。巴维尔所在的办公室耗资 150 万卢布，聘请当时杰出的设计师按照他所喜爱的现代艺术风格进行设计和装修。除了银行的经理办公室外，里亚布申斯基家族控制的所有公司的董事会也乔迁此处。

　　到一战前，按照业务量来计算，莫斯科银行在莫斯科所有的银行中稳居第三位，仅次于这个行业的传统领导者——莫斯科商人银行和莫斯科联合银行，并在全俄大型商业银行中排名第 12 位或第 13 位，作为一家新成立的银行这无疑说明其是成功的。在莫斯科银行的众多分行中，圣彼得堡分行居于主要地位，由经验丰富的银行家 Р. Г. 施戴斯领导，他是德国人且曾在一系列一流的德国银行（德国贴现银行、德国商业私营银行等）任职。1912 年，巴维尔花费 100 万卢布在圣彼得堡著名的涅瓦大街购置了一栋大楼，作为分行的办公楼。莫斯科银行圣彼得堡分行主要向当地工商企业（石油大王诺贝尔公司、著名的普梯洛夫工厂等）提供贷款。②

---

① 　Рябушинский Вл. Купечество московское. С. 188.
② 　ЦГИА г. Москвы, ф. 254. оп. 1, д. 63, л. 15; оп. 2, д. 66, л. 160.

位于莫斯科证券广场上的里亚布申斯基兄弟银行大楼，
Φ. О. 舍赫捷利建造（20 世纪初拍摄）

莫斯科银行业务的主要目的在于，从资金上支持深思熟虑的里亚布申斯基家族进军工业市场。作为家族企业集团的信贷支撑，莫斯科银行意在支持莫斯科新生的企业。当时，有报道称："大家认为，在莫斯科银行的帮助下，里亚布申斯基家族打算将工业市场上所有薄弱的项目全部搞到自己名下。"① 实际上，里亚布申斯基家族有一个明确的计划。

1910～1911 年，莫斯科银行联合了莫斯科和圣彼得堡的多家银行机构，其主要任务是"广泛促进各工商企业的建立及资金融通"。在此之前，该财团由圣彼得堡的亚速海－顿河银行牵头，当地的全

---

① Коммерческий телеграф. 1913. 1 нояб.

俄工商银行、西伯利亚商业银行和瓦维堡银行加入了该财团。除了里亚布申斯基银行外，莫斯科的代表还有伽姆加洛夫银行和"И. В. 容克公司"。辛迪加垄断集团打算捞取到修建铁路的特许权，并向有价证券持有者发行铁路债券、市政债券和私营工商企业债券等。里亚布申斯基家族的银行持有金融集团10%的股份，并且同其他成员一样，被禁止与非集团成员的其他银行进行证券交易。①

随着莫斯科银行的建立，里亚布申斯基家族退出了银行联盟，并决定单独行动。里亚布申斯基家族已经垂涎亚麻业很久了，主要因为这个行业有很好的发展前景。在逐一考察了国内的所有采矿业后，米哈伊尔为自己最后的选择解释道，"在石油、煤炭、矿产、木材、亚麻领域中，我们最后选定了亚麻项目"②。亚麻作为俄国传统经济作物，其产量稳步增长，而且当时俄国国内的亚麻加工产业已达到相当高的发展水平了。最重要的是，俄国是欧洲亚麻市场的实际垄断者。尽管英国、法国以及德国等欧洲亚麻工厂所需的90%的亚麻纤维原料都来自俄国，然而亚麻原料的出口却由外国公司把控，亚麻贸易的大部分利润也被国外的贸易公司分走了。此外，俄国主要的出口产品是半成品——未经梳理的亚麻，按当时的工艺水平，经过梳理后也只能得到原来1/4的亚麻纤维成品（俄国供应商每年在此过程中会损失数百万卢布），非常重要的是，没有任何一个有可能会带来激烈竞争的强大金融集团对这个行业感兴趣。

---

① РГИА, ф. 587, оп. 33, д. 1403, л. 11 об. ; ф. 616, оп. 1, д. 455, л. 1 – 5, 7 – 8, 11.

② Рябушинский М. П. Цель нашей работы. С. 614.

里亚布申斯基家族决定进军亚麻产业，并准备改变既定的行业秩序。这需要有经验的商人帮助，而这样的商人也已经物色到。弗拉基米尔说道："俄国不仅出口亚麻纤维，而且拥有出色的亚麻纺织厂。新科斯特罗马纺织厂无论是规模还是产品质量在俄国都名列前茅，它是著名的特列季亚科夫家族领地上的产业……我们与特列季亚科夫家族要好，随着我们银行业务的不断发展（莫斯科银行），自然而然，我们便会与特列季亚科夫家族结成联盟来创建亚麻银行。"①

可以说，里亚布申斯基家族确实与莫斯科最著名的商业家族保持着长期的友好关系。有证据表明，特列季亚科夫一家 19 世纪 40 年代搬到莫斯科居住，由于没有找到合适的住处，他们便住到了位于亚基曼的约翰·沃茵教区的米哈伊尔·雅科夫列维奇·里亚布申斯基的家中。② 到了 19 世纪 90 年代，米哈伊尔·雅科夫列维奇·里亚布申斯基的孙子从谢尔盖·米哈伊洛维奇·特列季亚科夫儿子的手中购买了位于普列奇斯金林荫大道上的豪宅。如今，命运让里亚布申斯基家族与一个不同寻常、命运十分悲惨的人——谢尔盖·米哈伊洛维奇·特列季亚科夫的孙子谢尔盖·尼古拉耶维奇·特列季亚科夫——紧密地联系在一起。米哈伊尔对他做出如下评价："C. H. 特列季亚科夫，大高个儿，看似病恹恹的，留着短发和小胡子，是个不错的商人，而且极其聪明，一旦涉及自己的利益，他又会变得贪得无厌。他是个自私但自尊心很强的人，他希望可以在事业上和社会中发挥重要作用。他一直努力实现自己的目标，他虽

---

① Рябушинский Вл. Купечество московское. С. 186.

② См. : Боткина А. П. Павел Михайлович Третьяков в жизни и искусстве. М. , 1960. С. 17.

然适应能力强但性格有一些软弱。"①

1912 年与里亚布申斯基家族成员见面时，年仅 30 岁的 C. H. 特列季亚科夫已经成为俄国商界赫赫有名的青年企业家。他因是特列季亚科夫家族唯一的男性后代而被寄予厚望。他的父亲尼古拉·谢尔盖耶维奇有艺术家的称号，但算不上是个杰出的企业家，并且很早就过世了。还没来得及从莫斯科大学物理－数学系毕业，1905 年的家族会议上他就被委任担任家族企业即大科斯特罗马亚麻纺织厂总经理一职，该企业一直由他祖父的兄弟，著名的巴维尔·米哈伊洛维奇·特列季亚科夫主持经营，直到 1898 年去世。

这家公司拥有 5500 名工人而且还是该行业最大的企业之一，由于经营管理不善，20 世纪初陷入了经营危机，作为一个有着雄心壮志的继承人，C. H. 特列季亚科夫带领公司走出了困境。在摆脱了这场危机后，C. H. 特列季亚科夫便成为俄国亚麻制造商中的权威。1910 年他被选为同年建立的全俄亚麻制造商协会主席，并代表俄国参加在法国举办的国际"亚麻工人"大会（1912）。里亚布申斯基家族的选择是正确的。"我们缺乏亚麻生产经验，而特列季亚科夫家族及其公司需要我们的资金支持和建议。因此，会一拍即合……"②

随后，交易所协会在商界的合作延续到政界，在一战期间，谢尔盖·特列季亚科夫成为莫斯科证券交易委员会主席巴维尔·巴甫洛维奇·里亚布申斯基的副手。那些年，谢尔盖·尼古拉耶维

---

① Рябушинский М. П. Цель нашей работы. С. 619.
② Рябушинский М. П. Цель нашей работы. С. 616.

奇·特列季亚科夫好似一颗明星，在政治苍穹中愈发闪耀。35 岁时成为 А. Ф. 克伦斯基政府最后一届内阁部长，不过他的内阁部长生涯仅维持 1 个月。从 1917 年 10 月 25 日夜里到 26 日，他和临时政府的其他成员在冬宫一起被捕，随后被关进彼得要塞。在这里，我们必须要讲一讲他支离破碎的生活的一些后续的事情。1918 年初，获释后的 С. Н. 特列季亚科夫依旧选择继续与布尔什维克做对抗。同年 11 月他参与在雅西举行的俄国与协约国代表会议，会上讨论了第一次世界大战结束后的一系列问题，并前往巴黎和伦敦进行谈判。

这个莫斯科商业家族的后代从欧洲出发，经过美国和日本来到远东，觐见白卫军"最高执政者"А. В. 高尔察克。1919 年底，С. Н. 特列季亚科夫作为贸易和工业部部长加入"鄂木斯克政府"，并临时担任 В. Н. 佩佩利亚耶夫的副手（顺便提一下，该政府的内阁财政大臣 П. А. 布里根同样是莫斯科人，他曾撰写过一部如今鼎鼎有名的自传《莫斯科商人秘史》）。高尔察克倒台后，С. Н. 特列季亚科夫回到了巴黎，并成为俄国侨民中的重要人物之一，同时开始担任由前俄国商人协会组建的俄罗斯工商和金融联合会主席。

但是，他作为一个政治家兼企业家，出现了某种心理问题。布里根回忆道："他有神经衰弱症，情绪不稳，而且有强烈的不安感。他时而情绪高亢，时而情绪低落……"① 1929 年，他用所剩的资金在巴黎购置了一栋别墅，通过当地的间谍头子向苏联国家政治保安局的高层伸出橄榄枝，表示愿意作为有偿线人提供情报服务。在做出这一决定时，他强调"俄国侨民在与苏维埃政权对抗、在影响外

---

① Бурышкин П. А. Москва купеческая. С. 249.

国政论的政策中已经失去了意义"①。他将别墅的一楼租给俄罗斯全军联盟，这是一个由白卫军军官组成的军事组织，其目的是在苏联境内从事颠覆和恐怖活动。借助契卡工作人员在二楼安装的窃听装置，房子的主人将许多俄罗斯全军联盟总部的重要谈话记录下来并传送到苏联。1930 年被苏联国家政治保安局间谍绑架的 A. Π. 库杰波夫将军的继任者们对他们频繁的失败感到困惑，却从来没有怀疑过 C. H. 特列季亚科夫，这是因为 C. H. 特列季亚科夫在流亡者中有相当大的威信。

1937 年，C. H. 特列季亚科夫帮助苏联特工斯科布林将军隐藏起来，他是绑架俄罗斯全军联盟新领导人 E. K. 米勒将军行动的组织者，幸运的是，C. H. 特列季亚科夫还是从这场冒险活动中逃脱出来。直到 1940 年希特勒进军巴黎时，他才停止活动，但是德国人仍然追查到了蛛丝马迹并揭露了 C. H. 特列季亚科夫的"罪行"。1943 年底，这位曾经的实业家和临时政府部长以通布尔什维克的罪名在巴黎遭到处决。

人的命运就是这么变幻莫测……在发生这场悲剧的三十年前，当里亚布申斯基家族与谢尔盖·特列季亚科夫相识时，无论如何也不会预料到，他们为之努力、奋斗的经济繁荣的俄国会崩溃……在革命前的岁月里，他们始终对未来保持着乐观的态度。

里亚布申斯基家族在亚麻行业的策略简单且有效：将俄国亚麻的加工和出口集中在自己手中，从而摆脱对外国商人的依赖。这谈到的只是成为亚麻行业垄断者的问题。米哈伊尔·巴甫洛维奇·里

---

① См. : Млечин Л. Министр в эмиграции // Новое время. 1990. № 18 – 20; Политические партии России. Конец XIX — первая треть XX века. Энциклопедия. М. , 1996. С. 612 – 613.

亚布申斯基写道："俄国为世界提供了80%的亚麻原料，但市场不在俄国人的手里。我们要做的不仅是抢占市场还要占有垄断地位。"1912年3月成立了商行，即俄国亚麻工业之里亚布申斯基兄弟与C. H. 特列季亚科夫公司。在莫斯科银行分行的资金支持下他们开始收购国内工厂的亚麻。成立商行的合同强调，商行的经营活动包括"购买、筛选、销售亚麻、纤维及其产品，建立亚麻加工设施和存放亚麻、亚麻织物的仓库，经营与亚麻织物有关的所有其他业务"。1912年，商行通过一个专门的代理银行账户收到了来自莫斯科银行为其提供用于实现商行经营活动的160万卢布资金及额外的80万卢布的商品贷款。位于莫斯科银行大楼的商行总办公处与俄国中央区15家最大的工厂签订了原材料供应合同，在这份客户名单上居首位的便是特列季亚科夫家族的大科斯特罗马亚麻纺织厂。①

亚麻的筛选和精梳是在勒热夫的一个设备良好的专门工厂进行的，之后再将亚麻纤维送到纺纱厂。米哈伊尔·巴甫洛维奇·里亚布申斯基透露自己的计划时指出："我们的想法是在亚麻产区附近建造工厂，以便出口精选出来的亚麻和废丝，从而降低亚麻价格。"② 商行的成立只是大事发生的前奏。

由于1912年亚麻丰收，俄国出口了1930万普特亚麻（而1911年为1190万普特），总价值达1.076亿卢布。俄国运输公司格哈德与盖依公司、卡门斯基兄弟公司等把亚麻运送到里加和佩尔纳瓦（今爱沙尼亚的帕尔努）海港，然后经其转运出口到国外。在俄国

---

① ЦГИА г. Москвы, ф. 888, оп. 1, д. 3, л. 1 – 6, 11 – 15, 73, 84；д. 6, л. 1；ф. 254, оп. 1, д. 41, л. 7 – 8；Ананьич Б. В. Банкирские дома в России. С. 121.

② Рябушинский М. П. Цель нашей работы. С. 615.

亚麻市场上活跃着国外出口商，包括德国的 A. 柯尼格、A. 泽梅尔公司，英国的马利高利、约翰·普列斯通等公司。[①] 但是，俄国的原麻出口价格不断下跌。究其原因，一方面是因为一些未经加工的亚麻纤维进入欧洲市场，另一方面是一些中小型供应商以次充好，将质量明显不合格的次货包装成上等货进行销售。

为了整顿俄国棉麻出口市场，1912 年底，里亚布申斯基家族成立了一家特殊的公司——俄国亚麻工业股份公司（Русское акционерное льнопромышленное общество）来取代原来的商行，公司固定资本为 100 万卢布。之前与之建立合作关系的俄国亚麻纺纱公司应邀加盟。公司的控股权（5000 股中的 2895 股）由莫斯科银行持有，C. H. 特列季亚科夫是俄国亚麻工业股份公司的直接领导人，米哈伊尔·巴甫洛维奇·里亚布申斯基为监察理事会的负责人。[②] 俄国亚麻工业股份公司的成立引起了包括欧洲企业在内的商界的强烈反应。1913 年 1 月，德国领事从莫斯科传来报告称："该公司打算使俄国亚麻业走上一条新的道路。首先，其涉及的业务领域包括采购、筛选、销售亚麻及其制成品，地域范围不仅包括俄国还拓展到国外……俄国亚麻工业股份公司还打算为外国公司提供佣金代理采购，并在国内和国外从事转运业务。"[③]

德国领事进一步告知对俄国亚麻供应感兴趣的德国商人："在这种情况下，无论亚麻出口商、代销商还是货运代理公司都面临着残酷的竞争，同时，还应考虑到，俄国亚麻工业股份公司的创始人已

---

① Отдел письменных источников Государственного Исторического музея （ОПИГИМ）, ф. 10, оп. 1, д. 28, л. 34 – 36.

② ЦГИА г. Москвы, ф. 1833, оп. 1, д. 23.

③ Bundesarchiv, Abteilung Potsdam（BArch. Potsdam）, AA, 2106, BI. 66 – 67.

里亚布申斯基家族在 1912 年创立的俄国亚麻工业股份公司的股票

为俄国亚麻行业的发展奠定了一定的基础，而且其背后有莫斯科银行为其提供资金支持，莫斯科银行几年来一直从事亚麻业务，并在俄国亚麻种植区开设了一系列分行……在俄国种植亚麻的 25 个省份设立采购站。值得一提的是，该公司实现了几年前就有的在俄国本土对准备出口的亚麻进行精梳的愿望，为此，它在特维尔省的勒热夫建造了一座拥有现代化精梳设备的亚麻加工厂，希望通过这些措施提高产品质量，从而改善俄国亚麻的声誉，提高其在世界市场上的价格。"

在对德国外交部相当准确地掌握了里亚布申斯基家族在亚麻行业的活动情况表示敬意的同时，我们也注意到了俄国亚麻工业股份公司从一开始就面临着严重的困难：国内亚麻纺纱厂不愿通过该公司扩大原材料采购规模，在俄国亚麻工业股份公司内以及在整个行业中独具影响力的 C. H. 特列季亚科夫的模棱两可的态度加重了亚麻行业的经营困难。"米哈伊尔责备他的伙伴，称以 C. H. 特列季亚科夫为首的亚麻生产商看到的只是眼前刚开展的业务，看到的只是能为自己公司提供廉价服务的企业，而这对俄国亚麻工业股份公司来说却是无利可图的。"①

里亚布申斯基家族不仅企图变为原材料供应商，而且还尝试发展自己的工厂业务，这令工厂主们感到不安。因为不满足于做中间商，里亚布申斯基家族的兄弟们决定亲自涉足亚麻加工业。1912～1913 年，他们收购了 A. A. 洛卡洛夫的加夫里洛夫－亚姆纺织股份公司，并将公司的 114.4 万卢布的控股权转给莫斯科银行。董事会的领导由米哈伊尔·巴甫洛维奇·里亚布申斯基和 C. H. 特列季亚科夫共同担任。洛卡洛夫纺织股份公司是俄国最古老也最重要的亚麻企业之一，他们拥有 1.94 万个纱锭和 93.4 万台织布机，雇用了 3500 名工人，每年生产价值 400 万卢布的商品。

随着新雇主的到来，工厂焕然一新：工厂的新主人拨款 130 万卢布进行设备更新，并建造了新的厂房，亚麻织品的年产量也从 23.8 万件提升至 28.7 万件。米哈伊尔·巴甫洛维奇·里亚布申斯基说道："我们收购工厂的主要目的是在维持现状的基础上，尽可能提升洛卡洛夫纺织股份公司产品的声誉，我们也确实成功地做到了这一点。"②

①　Рябушинский М. П. Цель нашей работы. С. 616.

②　Рябушинский М. П. Цель нашей работы. С. 618; Отчет Московского банка за 1914 г. М., 1915; Иоксимович Ч. М. Мануфактурная промышленность в прошлом и настоящем. Отд. II. С. 10 – 11; Андрианов В. И., Соловьев А. В. Гаврилов – Ямские ткачи. Ярославль, 1967. С. 40 – 41.

里亚布申斯基购买的洛卡洛夫纺织股份公司股票（20 世纪初拍摄）

　　里亚布申斯基家族的兄弟们还尝试收购亚麻行业的其他公司。他们与固定资产为 300 万卢布的下诺夫哥罗德亚麻制造厂的老板进行了谈判，由于 1911～1912 年的经营管理失误，该厂亏损了 80 万卢布。起初，圣彼得堡私有银行对此收购事件感兴趣，他们打算在证券交易所转售下诺夫哥罗德亚麻制造厂的股份以获取利益，但银行领导认为当时证券交易处于低迷状态，收购该工厂对他们没有任何好处。因此，1914 年夏，里亚布申斯基家族有机会通过莫斯科银行就收购下诺夫哥罗德亚麻制造厂的事宜联系了工厂股东，但第一次世界大战的爆发迫使他们放弃了这一收购计划。①

---

　　① РГИА，ф. 616，оп. 1，д. 205，л. 189 – 190；ф. 597，оп. 2，д. 411，л. 10，27.

1913 年，里亚布申斯基家族派出团队来到梅连基亚麻制造公司（位于弗拉基米尔省的一家企业），并以 200 万卢布的价格收购了其全部股份。梅连基亚麻制造公司成立于 1873 年，是拥有 3000 名雇工和年产值高达 500 万卢布的大型企业。然而，与收购洛卡洛夫纺织股份公司不同的是，巴维尔未能在这里站稳脚跟，1915 年初，他将公司全部的股份出售给了莫斯科的普罗霍罗夫－特廖赫戈尔内合伙公司的经理 Н. Ф. 别里亚耶夫和当地的亚麻制造商 Н. В. 杰米多夫。里亚布申斯基家族的兄弟们认为，这项业务与收购下诺夫哥罗德亚麻制造厂一样，由于优柔寡断而失败。后来，在二月革命前夕，他们以 1200 万卢布收购了罗曼诺夫亚麻制造厂——行业内最好的企业之一。[①]

里亚布申斯基家族在工业领域进行扩张的同时，也与惧怕其影响力的传统亚麻制造工厂产生了摩擦，这也难免会对俄国亚麻工业股份公司的经营活动产生影响。此外，纺纱工们也并不总是对公司供应的原材料质量感到满意。这里我们引用与莫斯科商界有着广泛联系的德国领事科尔豪斯在 1913 年写给柏林的定期汇报中的话："正如一位当地专家告诉我的那样，其对俄国亚麻工业股份公司能否成功地改善俄国亚麻业的发展现状存在疑问。俄国的亚麻加工厂习惯于自己购买用于生产的亚麻并自己清理加工。此外，亚麻产品等级不同，不同的工厂对亚麻质量的要求有很大的不同，一般企业不太可能从俄国亚麻工业股份公司购买清理好以及分好类的亚麻，

---

① Рябушинский М. П. Цель нашей работы. С. 618; Иоксимович Ч. М. Мануфактурная промышленность в прошлом и настоящем. Отд. II. С. 52 – 53; РГИА, ф. 597, оп. 2, д. 412, л. 3.

当然，与之合作的企业除外。"①

公司经营的第一年并未获得任何利润，反而亏损了 25.4 万卢布。但是深受父亲百折不挠的创业精神的影响，里亚布申斯基兄弟并没有退缩。由于俄国亚麻业的工厂主们反对这个新公司，正如米哈伊尔所说的，工厂主们努力"把我们变成被剥削者"，俄国亚麻工业股份公司几乎把所有精力集中在出口业务上，而且主要是针对英国的出口业务。征服世界市场是亚麻业界的奥德修斯的最终目标。俄国商人并没有因为外国亚麻制造商的怀疑而感到窘迫，正如德国领事所报告的那样："一些国家由于生产产品的质量较高而占主导地位，因此它们对纱线的质量更加挑剔，尤其是爱尔兰的纺纱厂对从俄国购买的精制亚麻并不感兴趣，它们不相信俄国的精制亚麻会满足它们的高标准要求，认为至少有必要在贝尔法斯特进行二次精梳。②

里亚布申斯基家族要做的是让亚麻消费者相信，不仅俄国的亚麻原材料，而且亚麻半成品也开始进入爱尔兰市场了，当然，不同的亚麻制品的价格也是有所不同的。"在里亚布申斯基兄弟与 C. H. 特列季亚科夫公司"存续期间它们与外国承包商建立了联系，而且随着俄国亚麻工业股份公司的成立，这种联系得到了加强。位于贝尔法斯特的爱尔兰公司约翰·普列斯通既是里亚布申斯基家族的主要合作伙伴，也是英美工厂的代理商，而法国里尔的莱维－法利娜公司则是法国和比利时的代理商。根据 1913～1916 年与法国公司签订的、保存下来的委托合同，莱维－法利娜公司成为俄国亚麻工

---

① BArch. Potsdam, AA, 2106, BI. 68.

② BArch. Potsdam, AA, 2106, BI. 68.

业股份公司的总代理商，负责销售亚麻、麻刀等，并获得占销售金额 2.5% 的佣金。俄国亚麻工业股份公司代理公司除了根据莫斯科的电报指示完成交易外，还负责帮客户代还在购买亚麻时所欠俄国亚麻工业股份公司的债务。法国代理商正式承诺"像保护自己的利益一样保护俄国亚麻工业股份公司的利益，监理从俄国亚麻工业股份公司运来的亚麻，并在与买方发生冲突时维护其利益"[1]。俄国亚麻工业股份公司与约翰·普列斯通公司也签订了类似的合同，约翰·普列斯通公司在里加和奥斯特罗夫地区设有分支机构，正如前文提到的，该公司独立开展出口业务。俄国亚麻工业股份公司第一笔交易发生在 1913 年秋，当时是从勒热夫的亚麻精梳厂向根特的莱维－法利娜公司输送价值 2.78 万卢布、重 4200 普特的亚麻纤维。[2]

没过多长时间，就有了结果：1913 年，俄国亚麻工业股份公司获利 42 万卢布。一头扎进亚麻纺织领域的米哈伊尔强调说："我们坚持要求麻絮和精梳亚麻的质量必须严格符合样品标准，这有助于出口的成功，同时我们公司十分迅速地取得了英国人的信任。"[3]

在第一次世界大战期间，尽管受战争影响困难重重，但俄国亚麻工业股份公司的出口业务仍旧发展到了新的阶段。协约国为生产军服大大增加了对"俄国原棉"的需求，这促进了亚麻工业真正的繁荣。此外，战争还帮助其扫清了出口业务的最大竞争者——德国公司。作为俄国亚麻工业股份公司背后的金主，莫斯科银行为其提供了业务所需的全部 210 万卢布资金。1916 年初，俄国亚麻工业

---

① ЦГИА г. Москвы, ф. 1833, оп. 1, д. 2, л. 262 – 263.

② ЦГИА г. Москвы, ф. 1833, оп. 1, д. 3, л. 259；л. 36, л. 71.

③ Рябушинский М. П. Цель Нашей работы. С. 617.

股份公司借助前股东的出资，将股本从 100 万卢布提高到 200 万卢布，这也提升了其在亚麻市场中的地位。①

1916 年 3 月，英国政府为了在战争期间集中管理经济，颁布了一项法律，禁止所有英国公司从事俄国亚麻交易，四家主要公司除外，其中包括里亚布申斯基家族的合伙人约翰·普列斯通公司。为了维护俄国生产者的利益，同年 6 月俄国大臣会议也颁布了一项法令，规定国内市场的亚麻收购生意应委托给国内的 2～3 家贸易公司。其中最有影响力的一家是里亚布申斯基家族所属的俄国亚麻工业股份公司，另一家是由著名经济学家 A. B. 查亚诺夫组建并领导的亚麻种植者中央公司。俄国亚麻工业股份公司与亚麻种植者中央公司缔结了一项协议，在工商部亚麻与黄麻事务委员会下建立亚麻采购与出口联合组织。

这在商界及新闻界引起了不小的争议：大家普遍认为这基本上是在国家的支持下建立的一个垄断组织。俄国亚麻工业股份公司扮演贸易机构的角色，而亚麻种植者中央公司——由众多合作社参与——则负责从农民手中收购亚麻。在以亚麻采购与出口联合组织名义召开的多次会议上，C. H. 特列季亚科夫和 A. B. 查亚诺夫认为，用一个俄国卖家来对抗统一的英国买家，这一做法是符合俄国企业的商业利益的。其中，俄国亚麻工业股份公司的职责是与亚麻商人进行商业往来，负责收购及检验货物，然后从销售额中收取 2% 的佣金。

出口的亚麻定额为 600 万普特（受战争影响比 1912 年少了

---

① Отчет Русского акционерного льнопромышленного общества с 1 июня 1914 по 1 июня 1915 г М., 1915, С. 1 – 3；ЦГИА г. Москвы, ф. 51, оп. 10, д. 1810, л. 2 – 4, 20, 49, 77 – 78.

2/3），但由于价格上涨，其价值达到了战前的水平：0.9 亿 ~ 1 亿卢布。亚麻种植者中央公司承担了 200 万普特的采购任务，占据出口量的 2/3，其余 400 万普特则交由里亚布申斯基家族公司负责。中小型亚麻企业担心，获得优先出口权的俄国亚麻工业股份公司会因此变得更强大，以致战争结束后仍会是个垄断者。①

　　不管怎样，这确实是事实：所有参战国都是在国家垄断的基础上组建国民经济的，俄国贸易与工业部的官员十分有根据地表示："自由经济在战争条件下是无法想象的，必须实行出口集中化。"俄国亚麻工业股份公司的所有者从自己的角度强调，他们的组织并不是为了消灭俄国其他的亚麻纺织公司，他们这么做只是为了更好地控制出口亚麻的质量，如果向国外市场提供劣质的亚麻产品，便会破坏俄国亚麻行业的形象。里亚布申斯基家族和 C. H. 特列季亚科夫还建议同行的所有业务都可以通过俄国亚麻工业股份公司进行，为此他们两家便成为其他公司的代理商，不过他们的这一做法引起了对手的怀疑，他们为此强调，他们这么做并非为了牟利。②

　　1916 年 10 月，俄国亚麻工业股份公司的股东们决定作为亚麻采购与出口联合组织的成员参与亚麻出口业务，享有董事会"从银行获得这一业务无限额贷款购买亚麻原料的权利"③。当然，"围攻"傲慢的英国是不可能的。英国政府对俄国宣布成立亚麻采购与出口联合组织的事件表示强烈不满，要求俄方给予英国的四家公司

---

① См. : Лаверычев В. Я. К вопросу об экспорте льна из России в 1916 – 1917 г. // История СССР. 1958. № 1. С. 132 – 133；ОПИ ГИМ，ф. 10，оп. 1，д. 28，л. 34 – 39.

② ОПИ ГИМ，ф. 10，оп. 1，д. 28，л. 91 – 92.

③ ЦГИА г. Москвы，ф. 51，оп. 10，д. 1811，л. 2 – 3.

在俄独立采购亚麻的权利。由于不愿与同盟国（指英国）的关系激化，沙皇政府为此做出了让步，允许英国公司在包括普斯科夫、彼得格勒以及波罗的海三省在内的西北地区进行自主采购。

英国公司的亚麻价格要"遵循"亚麻采购与出口联合组织所制定的价格，所有以5%的附加费购买的亚麻都要交给俄国的亚麻采购与出口联合组织，以便出售给英国政府。同盟国获得了独立收购亚麻的权利并占出口到英国亚麻数量的50%。无论如何，里亚布申斯基家族最终通过俄国亚麻工业股份公司开展了出口业务。他们的成功引起了国内其他竞争对手的不满，一年后，即1917年秋天，竞争对手们成立了自己的联合公司——亚麻出口公司。① 莫斯科的百万富翁似乎找到了一个令人满意的答案，但1917年底发生的一系列骤然事件却让这个国家的经济活动陷入瘫痪。

除了大力发展外部市场，还有国内市场，尽管受战争的影响，但俄国亚麻工业股份公司的所有者并不想放弃它。在一次决定参与出口组织的亚麻工业股份公司股东大会上，公司的所有者们决定"允许联合公司参与采购亚麻以供俄国工厂所需"。然而，事情进展并不顺利。1916年11月，在 C. H. 特列季亚科夫的主持下，召开了一次亚麻纺织厂代表会议，会议讨论了关于为俄国企业集体购买原料的组织问题。C. H. 特列季亚科夫提出将此事交由俄国亚麻工业股份公司处理的建议没有得到亚麻纺织厂代表们的认可，因为他们担心俄国亚麻工业股份公司在亚麻行业的影响会愈发强大。为此，代表会议做出了另一个决定——建立全俄亚麻公司，其股东均

---

① См.: Лаверычев В. Я. К вопросу об экспорте льна из России в 1916 – 1917 гг. С. 134 – 138.

为国内纺纱厂。

除了降低生产原料成本之外，全俄亚麻公司规定绕过中间商直接从厂家采购原材料，从而直接影响卖家，促使其降低因战争而暴涨的原材料价格。亚麻公司的企业家们共同签署协议，他们自己的亚麻公司拥有全俄 60% 的纺锤，俄国亚麻工业股份公司也加入了该协议。同时，开展半成品出口业务的俄国亚麻工业股份公司与全俄亚麻公司就活动区域划分问题达成协议。当时的商业媒体合理地指出："如果我们注意到为出口而采购亚麻的俄国亚麻工业股份公司加入全俄亚麻公司，毫无疑问，市场上将形成一股强大的力量，生产者和其他合作组织将不得不认真对待。"①

里亚布申斯基家族的公司发展势头强劲。1916～1917 年，里亚布申斯基家族获得亚麻独家经营权，其营业额增长显著：产品销售额高达 1140 万卢布，净利润为 210 万卢布。由于业务的顺利开展，俄国亚麻工业股份公司固定资本从 200 万卢布增加到 400 万卢布。所有的亚麻都转卖给了外国供货商，首先是当时已经成立的英法亚麻委员会。米哈伊尔 1916 年底满意地写道："这件事（由我们一手操办起来的亚麻工业）逐渐转好，我们业务的车轮正开始稳健地运转。"② 随着企业的发展，利润也不断增长。但并不是企业发展和利润增加"点燃了"俄国亚麻工业股份公司创立者的激情，这些人已经成为顶级富豪了，他们完全可以不靠做生意，只靠资本的利息

---

① Торгово - промышленная газета. 1916. 13 （26） нояб. С. 3；Коммерческий телеграф. 1916. 18 нояб. С. 3.

② Рябушинский М. П. Цель нашей работы. С. 624；Отчет Русского акционерного льнопромышленного общества за 1915 – 1916 гг. М.，1916；То же за 1916 – 1917 гг. М.，1917；ЦГИА г. Москвы, ф. 51, оп. 10, д. 1812, л. 63.

就能过上惬意的生活。当然，20世纪初俄国商界的佼佼者们并不满足于食利者的生活。从最广泛的意义上来说，商业是他们所为之奋斗的理想。对于其开展的业务和事业，家族的一个兄弟规定了家族信条："即我们从不指望我们的工作能立即取得成就。当我们刚刚结束一项工作时，我们会立即投入另一项更大的事业中。我们的主要目标不是发财，而是事业本身以及它的发展和结果，我们从未损害过我们的名誉、违背我们的原则，也未丢失过我们的良心。"①

亚麻业务搞定之后，便轮到了林业。森林是俄国重要财富之一（第一次世界大战之前，俄国占据世界木材出口的60%），也是重要的建筑材料，而且预计在战争结束后其需求会不断扩大，这吸引了精力充沛的企业家们。米哈伊尔勾勒出一个战略计划："战后重建对木材的需求将大大增加。北方的阿尔汉格尔斯克、凯姆、梅岑等地存储了大量木材并可以自由出口。我们决定去那里。"② 1916年10月，里亚布申斯基家族计划收购俄国北部最好的木材生意——鲁萨诺夫父子白海锯木厂，打算购买锯木厂500万卢布固定资本中的483.4万卢布。当然，在二月革命爆发前的几个月，这个深思熟虑的收购计划最终没有实现。计划是宏大的：首先获得林木采伐权，然后建立一个新的锯木厂网络，科特拉斯地区是其建厂的首选，然后从以前的各工厂主手中收购剩下的木材，不出口廉价的原木，而是加工好的木材。同时，他们打算拥有自己的货轮，避免只能依赖进口国（主要是英国），在欧洲建立贸易公司等。将锯屑、刨花等边角料加工成木浆、纸浆，做到无废料生产。

---

① Рябушинский М. П. Цель нашей работы. С. 633.
② Рябушинский М. П. Цель нашей работы. С. 625.

　　米哈伊尔知道实施这个宏大的计划的难度："开展业务并不容易，很多时候可能会失败，因为不确定因素很多。但如今我们要坚持当初的决定，一旦确定了目标就要立刻实施（收购鲁萨诺夫父子公司），不能回头或逃避。不过，我们之前所从事的事业表明，迟早有一天，我们会做成我们所决定的事。"出于对事业能够成功的信心，里亚布申斯基家族十分乐观。如今我们只能假设，若不是因为历史上那个悲剧性的转折，他们能为开发国家的自然财富做非常多的事情。米哈伊尔在流亡中回忆起这个林业项目时说道："我们决定拉一些朋友参与其中，我们渐渐地为这个项目投了多达 1 亿卢布的资金，最终却因革命而中断。"[①]

　　俄罗斯国内的历史学家曾经指责莫斯科的百万富翁们，说他们不像圣彼得堡的金融大亨，在重大商业活动中他们行事老套，带着商人固有的严肃性，避免大规模的金融操作、争夺控股权和利用其他金融资本手段与对手竞争。[②] 实际上，莫斯科的资本家与圣彼得堡及欧洲的资本家在专业水平上没有根本性的差异。除了购买股票和在附属公司的董事职位上引进自己人外（我们在里亚布申斯基家族的商业活动中多次遇到任用自己人的情况），他们甚至采用了当时最新颖的金融控制形式，如控股公司。里亚布申斯基家族的莫斯科公司财务部经理说："在创办和收购企业时，几乎从一开始，就迫切需要建立一家附属银行的公司，银行附属公司有可能为新成立

①　Рябушинский М. П. Цель нашей работы. С. 628；Ананьич Б. В. Банкирские дома в России. С. 123.

②　См.：Гиндин И. Ф. К истории концерна бр. Рябушинских // Материалы по истории СССР. Т. VI. С. 608.

的企业提供帮助并成为这些新企业的统一者和领导。"① 1915 年，具有辅助作用的金融工具——俄国中央工商股份公司——成立了，注册资本达 100 万卢布。莫斯科银行几乎掌握了其全部的股份，而俄国中央工商股份公司是里亚布申斯基家族主要企业——俄国亚麻工业股份公司、洛卡洛夫纺织股份公司以及鲁萨诺夫父子公司——股份的持有者。

莫斯科的银行家们也会从事精细的金融业务。因此，在当时世界上最大的证券交易所所在地伦敦，他们有自己的代表处，代表处成员定期向他们汇报他们感兴趣的证券报价（主要是从事石油、矿产及其他工业领域的英俄合资企业的股票）。里亚布申斯基家族与亚洲－俄国银行、圣彼得堡国际银行等圣彼得堡的几家主要银行一起通过莫斯科银行开展为帝国的铁路建设提供资金支持的业务。1913 年，在沙皇政府的撮合下，里亚布申斯基家族还与俄国最有影响力的一些财团结盟，一起谋划建立蒙古银行。②

此外，莫斯科的大亨们还试图争夺圣彼得堡金融界的支柱之一——俄国外贸银行的控制权，该银行股本为 6000 万卢布，1913～1914 年，他们开始购买俄国外贸银行的股票，因为德国资本的大量参与所以该银行按照德语命名，股票经纪人很快就发现了风向的转变，便开始哄抬股票价格，致使里亚布申斯基家族不得不放弃这次收购。1916 年，里亚布申斯基家族将买来的股票全部抛售出

---

① Рябушинский М. П. Цель нашей работы. С. 628 – 629.
② ЦГИА г. Москвы, ф. 120, оп. 1, д. 68, л. 183 – 185; ф. 253, оп. 1, д. 238, л. 398; РГИА, ф. 538, оп. 1, д. 917, л. 7 – 9; ф. 630, оп. 2, д. 942, л. 5, 8; д. 1032, л. 12 – 13.

去，获得了巨额利润（共 6250 股，总价值为 168.7 万卢布）。① 不过他们并没有放弃将这家"有着良好信誉以及发达的分支网点"的银行搞到手的计划。

他们将注意力转移到圣彼得堡另一家股份制银行——俄国工商银行，该银行的大量股份掌握在伦敦金融家克里斯普手中。1913年，里亚布申斯基家族购买了该银行 2.5 万股的股票，并任命自己人 B. E. 西尔金进入董事会。但后来发现，该银行的董事会十分糟糕，包括董事长、前国家银行主管 A. B. 孔申在内的许多管理人员在意的并非银行的利益，而是个人财富。为了替换掉 A. B. 孔申，必须收购克里斯普手上的股份，不过这个行动失败了（主要因为这位英国金融家要价太高），里亚布申斯基家族在这种情况下没能在第一批帝国首都金融界领导人中确立起自己的地位。

与伏尔加－卡姆银行进行的类似的合并也没有成功，主要因为当里亚布申斯基家族在证券交易所购买股票时，该银行股价暴涨。暂时性的挫折并没让野心勃勃的莫斯科商业家族止步不前。他们公开宣称："我们并未放弃收购的目标，只是推迟计划等待更有利的时机。"毫无疑问，在与对手竞争时，这个家族所特有的韧劲会压倒一切。正如米哈伊尔在谈到 1917 年的事件时所写的那样，"如果不是因为俄国的崩溃"，他们就可以将自己的莫斯科银行和圣彼得堡的两家银行（俄国工商银行和伏尔加－卡姆银行）合并，组建一个资本高达 1.2 亿卢布的超级银行。②

如果不谈谈另外一件事，那么对里亚布申斯基家族商业帝国的

---

① ЦГИА г. Москвы, ф. 51, оп. 10, д. 1050, л. 30 – 31.

② Рябушинский М. П. Цель нашей работы. С. 631；Ананьич Б. В. Банкирские дома в России. С. 126.

活动版图的描绘将是不完整的，这或许是里亚布申斯基家族宏图伟业中最浓墨重彩的一笔。我们要谈的便是莫斯科汽车制造厂（AMO，Товарищества Московского Автомобильного завода）的历史，它也是莫斯科著名汽车巨头莫斯科利哈乔夫汽车制造厂①的前身。很少有人知道亚里布申斯基家族是这个未来工业巨头的奠基人。

第一次世界大战暴露了俄军技术落后的缺点，他们不仅缺少炮弹和步枪，而且还缺乏运输工具，尤其是汽车。诞生于一战前的俄国汽车工业无法满足俄军司令部用汽车和卡车将弹药从火车站运到前线的日益增长的需求。1916年初，军事技术管理总局（ГВТУ，Главное Военно - техническое управление）制订了一项计划，即为保障战争期间对汽车的需求而建立一些必要的汽车厂。里亚布申斯基家族决定在莫斯科建立这样的工厂。

1916年2月27日，军事技术管理总局与刚成立的"库兹涅佐夫与里亚布申斯基商行"签订了一份供货合同，公司要向军事部门提供重载卡车（750辆三吨重的）及相同数量的轻型汽车。为此，商行承诺不晚于1916年建厂，订单将在两年内交付完成，首批150辆汽车将于1917年3月前交付。该订单总价值约为2700万卢布，其中500万卢布用于建厂。同时，总价值的1/3以预付款的形式交予公司，还有1/3则用来在国外购买设备。商行的合伙人，即共同所有者是谢尔盖和斯捷潘两兄弟，以及工艺工程师亚历山大·伊万诺维奇·库兹涅佐夫，在商行的基础上成立了更大的公司——莫斯

---

① Московский автомобильный завод имени И. А. Лихачёва，通常称为吉尔——译者注。

科汽车制造厂。①

　　因此，在工业生产方面有着丰富经验的里亚布申斯基家族纺织公司的两位领导人担负起了新职责。技术管理则交付给了工艺工程师库兹涅佐夫，1915 年库兹涅佐夫成功组建了莫斯科军工公司就是他能力最好的见证。莫斯科军工公司由里亚布申斯基兄弟出资建立，该公司仅用几个月的时间就在当地一些闲置工厂的基础上建立起一条弹药生产线。库兹涅佐夫担任炮弹厂生产技术管理部门的负责人，为完成军事订单，当时他获得了快速启动工厂的宝贵经验。他在 1915 年秋天给巴维尔的信中写道：“如今，我将所有时间和精力都放在了炮弹厂，我可以很自信地说，我可以用很短的时间在一个全新的地区建造一家工厂，但要靠近水源和铁路。”② 1916 年，里亚布申斯基家族正是面临这样的一个任务——几乎从零开始生产汽车。

　　首先，库兹涅佐夫与里亚布申斯基商行与军事技术管理总局签订了合同（与股份制公司不同的是，以商行形式创建联合公司并不会被官僚们拖延，可以在公证处很快地做完公证）。1916 年 5 月，公司章程获得政府批准的股份合伙公司直接开始了建设工作。公司以“制造汽车、发动机、飞机、机床、机械装备以及生产汽车所需的设备”为目标（如我们所见，里亚布申斯基家族不仅计划发展汽车产业，而且还组织生产航空设备）。公司的固定资本为 1000 万卢布，其中大部分资本掌握在公司创始人手中，以每股价值 5000 卢布共发行 2000 股，谢尔盖以及他的兄弟斯捷潘每人持有 549 股，

①　ЦГИА г. Москвы, ф. 861, оп. 1, д. 64, л. 23 – 24；ф. 1082, от. 1, д. 26, л. la – 2 об.

②　ЦГИА г. Москвы, ф. 1082, оп. 1, д. 26, л. 20 – 20 об.

А. И. 库兹涅佐夫持有 547 股（有可能他的股票也是里亚布申斯基为其购买的，因为他作为一个普通的工程师不可能拥有如此庞大的270 万卢布资金）。其余 355 股则由几大股东的亲属以及里亚布申斯基家族企业的员工持有。商行于 1916 年 6 月 20 日正式成立，其董事会成员除了三大股东外，还包括机械工程师 В. И. 斯特罗甘诺夫和工艺工程师 Д. Д. 邦达列夫。鉴于军事技术管理总局的订单"对国防至关重要且十分紧急"，军事技术管理总局少将 Г. Г. 克里沃舍因作为政府代表进入公司的董事会，公司为此额外获得了 570 万卢布的政府贷款。①

当时只剩下三个半月的时间来履行关于建造工厂大楼的合同条款。1916 年春，库兹涅佐夫与里亚布申斯基商行从铁路巨头 П. П. 冯·杰尔维兹后人那里购买了位于莫斯科南郊科洛缅斯基附近的土地来建造厂房。企业家们又花费了 400 万卢布在久菲列娃小树林地区购买了 13.8 万平方俄丈的土地。为获得生产三种型号的菲亚特汽车底盘的权利，股份合伙公司创始人还从意大利都灵的菲亚特公司购买了一项为期十年的专利。② 土地和专利以 678.5 万卢布的价格转让给莫斯科汽车制造厂，并对与军事技术管理总局签订的合同进行修改：里亚布申斯基家族的公司承诺生产同等数量的菲亚特半挂卡车，而不是之前的三吨重的卡车。有趣的是，同样的设计被用

① Устав Товарищества на паях Московского Автомобильного завода. М. , 1916. С. 3；ЦГИА г. Москвы, ф. 861, оп. 1, д. 39, л. 1 – 3；д. 64, л. 57；ф. 1082, оп. 1, д. 26, л. 28.

② ЦГИА г. Москвы, ф. 861, оп. 1, д. 65, л. 1 – 5；ф. 1082, оп. 1, д. 26, л. 30а；Воронкова С. В. Строительство автомобильных заводов в России в годы первой мировой войны（1914 – 1917 гг. ）// Исторические записки. Т. 75. М. , 1965. С. 159.

于 1924 年在该厂生产的第一批苏联汽车上。

1916 年 6 月 28 日，谢尔盖被选为莫斯科汽车制造厂的总经理，在"考虑到建设工厂的紧迫性往往需要快速且明确的指令"，其他董事授予谢尔盖解决日常问题的权利，里亚布申斯基工商公司以 3.5 万卢布的价格向新公司出售一艘蒸汽轮船，用于沿莫斯科河运送建筑材料，工作开展得热火朝天。早在 7 月初，久菲列娃小树林区就有 1000 多名工人，但由于人手严重不足，公司管理层决定增加夜班工作。尽管当时情况复杂（部分工人进行罢工但很快又被安抚下来），到 7 月底，在新雇用的工人中大约有 1500 人在建筑工地干活，一个月后，在工地干活的工人突破 2000 名。

在建造工厂厂房的同时，企业主也开始为未来工厂的工人建造住处（据统计有 2500 名有家庭的工人），著名的建筑师 И. B. 若尔托夫斯基负责工厂这个项目。根据与军事技术管理总局签订的建设需求合同，军事部门为其提供订单总额 10% 的贷款（约 270 万卢布）。到了 7 月这些资金就已经用完了，为了不停工，斯捷潘与谢尔盖又自掏腰包 300 万卢布。在建造厂房期间，莫斯科工业家从伦敦的德·泽西公司订购了一批用于建造锻造与冲压车间的设备。①

1916 年夏，仅用时三个月，厂房就基本建好了。一个时不时到现场视察的政府检查员在 8 月底呈送给官方的报告中说："莫斯科汽车制造厂的建设工作进行得井井有条、简单、漂亮且十分迅速，总占地面积超 3 俄亩的厂房已竣工。随后，他们又建造了一个大型的工人宿舍。在六个月内公司在建设工厂上表现出了惊人的力量；

---

① ЦГИА г. Москвы, ф. 86, оп. 1, д. 65, л. 8；д. 67, л. 6 об.，11 – 11 об.，12，13 – 13 об.，16 – 16 об.，20.

此次工厂的建造费用为 800 万卢布。"① 9 月底，Г. Г. 克里沃舍因少将起草了《工厂建造检查法令》。苛刻的检查员认为："工厂的主要建筑已经达到可以安装设备的状态了……然而，只有在收到订购的至少一半机器设备之后，工厂才能按照实际需求开工。"

建成的工厂杵在那儿，可厂房里面什么都没有，最重要的机床和设备都尚未运来。当时的俄国想要制造这些机器设备是不可能的，因为所有的机器制造公司都在为国防超负荷工作。如今可以提供设备的只剩下协约国（主要是英国）和美国，为了处理好这些订单，俄国工商部和外交部正在采取一定的措施，这些措施直到 1916 年秋才奏效。Г. Г. 克里沃舍因强调，尽管莫斯科汽车制造厂董事会多次向政府提出要求，但到目前为止，工厂"还没有收到英国政府关于订购设备的许可，没有获得在英国和美国订购的设备向俄国出口的权利，还没有收到支付所做订单的必要资金"。莫斯科汽车制造厂未能及时履行与军事技术管理总局签订的合同中规定的关于开始生产汽车的条款，但这并不是公司的错。政府驻公司经理处代表在报告中总结："如果工厂收到了订购的外国的生产设备，就可以马上生产，因为董事会保障了自己的电力供应，而不再受制于1886 年电力照明公司。"②

最终，俄国政府接管了这件事，但效率依旧很低。1916 年 10 月与美国签订的工厂设备订单价值 132 万美元，与欧洲签订的则为 47 万美元，但直到 12 月制造商才收到政府的外汇。1917 年 2 月，莫斯科汽车制造厂的部分货物最终到达俄国港口——阿尔汉格尔斯

---

① См. : Воронкова С. В. Строительство автомобильных заводов в России в годы первой мировой войны. С. 160.

② ЦГИА г. Москвы, ф. 861, оп. 1, д. 67, л. 40 – 40 об.

克（298 吨）、符拉迪沃斯托克（900 吨）和新港（443 吨）。然而，
由于铁路运输系统瘫痪，并非全部货物都运到了莫斯科。7 月，在
俄国政治危机最为严重的时候，工厂董事会请求军事技术管理总局
"帮助自己从符拉迪沃斯托克紧急运送机器，并在通航期内将来自
英国和美国的机器送至工厂"。9 月公司得知，"已经到达港口的和
到达邻国的设备将于 1918 年 1 月 1 日之前运抵该厂，但滞留在设
备生产国港口或者供应商因资金原因尚未交付的设备将无法在 1917
年的通航期内送达"①。

由于技术原因，不可能在工厂设备尚未齐全的情况下开始生产
汽车，公司管理层决定暂时对现有车辆进行修理和改装。1917 年 8
月，莫斯科汽车制造厂与军事部门签订了一项新的合同，对从国外
进口的各种品牌汽车进行清洗、拆解、组装和调整。从前线运来的
车辆在莫斯科进行了改装：几辆"残缺不全的车"被改装成一辆还
不错的卡车。在革命和内战年代，合伙公司只能以这种方式进行汽
车生产。

与此同时，二月革命后，工人认为自己是时局的主人，与工人
之间的关系变得越来越紧张。根据与军事技术管理总局签订的合同
条款，军事部门有义务为莫斯科汽车制造厂预付订单金额 1/3 的钱
款，但军事部门迟迟没有兑现。1917 年 4 月，工厂董事会根据协议
再次向军事部门申请周转资金，当时工厂的建设成本约为 2200 万
卢布，但只有 15% 的机器在运行，且销售出去的产品所获的资金无
法弥补工厂的运行成本。尽管 Г. Г. 克里沃舍因少将前去说情，但
政府仍对此置之不理。工厂董事会被迫在 5 月初宣布解散工人，但

---

① ЦГИА г. Москвы, ф. 861, оп. 1, д. 67, л. 45, 58, 65 об., 8 – 88, 94 – 94 об.

这一做法引发了工人暴动。工人们用手推车将技术经理及其助手推出厂区以示抗议，因为他们决定继续在工厂工作。① 在与工厂管理层进行谈判之后，工厂正式重新开工，但开工时间很短。

6月中旬，董事会通知工厂工人，称由于没有收到约定的预付款和贷款，工厂已无法继续经营下去，它将由军事部门接管，工人的酬劳也由军事部门结算。工人们对这一决定表示不满，并根据组建的执行委员会的决议，于6月30日占领工厂，工厂所有者也因此卸下了与军事技术管理总局所签的合同责任。在军事部门的协调下，冲突得到了解决，军事部门拨出20万卢布用于工人的工资发放，所有被解雇的人都被重新雇用，工厂董事会也恢复运作。工厂组建了一个协商委员会，斯捷潘担任主席，协商委员会成功地缓和了"工人与资本"之间的对抗。

但1917年夏天，整个国家充斥着危机来临的气氛，紧张局势持续升级。9月1日，莫斯科汽车制造厂的工人在《社会民主报》上发表了一篇公开信，在信中他们坚称，工厂迟迟没有开工归因于其行政管理部门。据说，这是"里亚布申斯基公司的阴谋，他们的目的是想摆脱掉这些工人"②。十月革命时期，工人有权要求自己的权利，从11月11日起，工人代表开始参与董事会会议，并确立了对工厂行政管理部门的控制权。里亚布申斯基家族在此期间不再参加工厂董事会的会议，1918年1月，"由于谢尔盖与斯捷潘两兄弟去度假"，A. И. 库兹涅佐夫正式成为工厂董事会的负责人。离

---

① См. : Воронкова С. В. Строительство автомобильных заводов в России в годы первой мировой войны. С. 161 – 162.

② Революционное движение в России в сентябре 1917 г. Общенациональный кризис. М. , 1961. С. 261 – 262.

开家乡的莫斯科企业家们注定不会回到他们所创立的事业上来了。1918 年 3 月，工人们向苏维埃政府请愿，要求将工厂国有化，于是，从 8 月起，莫斯科汽车制造厂成为"俄罗斯苏维埃联邦社会主义共和国的财产"①。

工厂已无法正常生产汽车。1917 年 10 月，在革命前夕的彼得格勒，工厂与军事部门签订的合同发生了变更：莫斯科汽车制造厂直接承担价值 750 万卢布的汽车零部件的生产责任，参与维修 1500 辆汽车，并在汽车定价不会比外国汽车贵 20% 以上的条件下，保证再生产 1500 辆卡车。② 革命以及后来的国内战争让这个莫斯科商业帝国的计划被迫流产，该计划是想在战时为俄国提供自主制造且性能可靠的卡车，这些卡车将是战争期间和战后不可缺少的运输工具。

1917 年新年前夕，当混乱的征兆在俄国的日常生活中变得越来越明显时，在思考即将到来的混乱的同时，里亚布申斯基家族兄弟之一米哈伊尔痛苦地写道："我们正在经历一个悲剧的时代，在俄国历史上，1916 年 12 月将永远成为与祖国和政府利益对立的回忆——未来变得黑暗。"他用过人的洞察力看到了备受战争摧残的欧洲和如今极其富有的美国："美国人拿走我们的钱，使我们深陷债务之中，而美国人却变得富有起来：结算中心从伦敦搬到了纽约。在欧洲人的认识中，美国向来缺乏欧式的科学、艺术及文化。他们从战败国那里购买博物馆，以巨额的工资吸引艺术家、学者及商人，并创造自己所没有的东西。"

---

① ЦГИА г. Москвы, ф. 861, оп. 1, д. 97, л. 77, 80, 82, 86, 87 – 88.
② ЦГИА г. Москвы, ф. 861, оп. 1, д. 67, л. 95 – 95 об.

那么，"一个处境特别困难，与外部敌人作战而且人民不信任自己政府"的俄国会发生什么呢？里亚布申斯基家族为使自己的祖国在世界强国中占据应有的地位做出了巨大贡献，但引用了米哈伊尔对局势的清晰分析后并没有使人们对未来产生任何幻想。他设想了三种情况："政府做出让步，与人民一起抵御敌人；无政府状态；漠不关心。"针对第一种情况：米哈伊尔勾勒出未来的蓝图："如果没有错过命运给我们的最后期限，我深信，俄国将有机会广泛发展其生产力，使国家走上繁荣富强的广阔道路，那时我们所有的设想都一定成真。"

但必须考虑到另一种结果，这个结果必然会导致"可耻的和平"和"政治经济动荡"。以优秀人物为代表的俄国资产阶级对祖国的苦难并没有充耳不闻、视而不见，俄国可能发生的悲剧使他们非常痛心。里亚布申斯基家族没有将自己的命运与人民分开，在任何条件下他们准备随时为国家服务："在无政府状态下，我们的近期目标是尽可能保留一切幸存下来的东西，并重新开始工作。在人民都漠不关心的情况下，总会有试图说服人民接受新工作的一些人。不管怎么说，在任何情况下我们都不会袖手旁观。"①

然而，最坏的预测也被现实推翻。由于历史变化莫测，"俄国庄稼汉"的后代们梦寐以求的伟大俄国已经一去不复返了，他们的梦再也无法实现，取而代之的是苏维埃俄国，彼时，精力充沛且具才干的令全民族都引以为豪的企业家们再也不被需要了。

---

① Рябушинский М. П. Цель нашей работы. С. 632 – 633.

第三章

商人，向前进！

在 20 世纪初的俄国历史上，商业和政治这两种不同的活动，因商人阶层积极参与国家的政治生活而融合在一起。世纪之交的社会变革促使资产阶级在政治上团结起来，而在革命前的俄国，里亚布申斯基商业帝国的第三代掌门人巴维尔便是政坛的主要人物之一。这个家族企业的领袖是一位重要的社会活动家，他的事业得到了家族所有兄弟的支持，尤其是弟弟弗拉基米尔，他是巴维尔政治事业的得力助手。

在流亡海外期间，弗拉基米尔回忆道，20 世纪初俄国社会所经历的精神危机也影响到了商界。一方面，社会上出现了精神分裂的"忏悔商人"现象："虔诚的有钱人""思想老旧"，他们"天真烂漫"，尽管西方人教导说，若丢掉信仰而只剩下财富，那么就跟丢掉灵魂一样。另一方面，俄国形成了纯粹的信奉西方思想的有别于内心反省的"资本主义"阶层，这个阶层的人并不会就以下问题发问，即"我为什么这么有钱以及我这么有钱是为了什么？"诸如此类的问题不会使他们苦恼。事业和财富归根到底是这类人的幸福

（还有警察和军队负责保护他们以免使他们受到仇富者的伤害）。

不过，在商界却出现了另外一种不同的思想，巴维尔和一群志同道合的人是这种思想的践行者，他们被称为莫斯科资本家"少壮派"。与几乎不怎么关心政治的老一代商人相比，这些年轻的资本家坚持让企业家们直接参与到国家公共生活中来。青年人深信，在俄国历史上，20世纪应该是"第三等级"的世纪，如今到了他们在国家行政机构中占有一席之地的时刻了。这些"少壮派"信奉资本主义价值观，认为其所在的阶级是一个拥有源源不断的创造力的阶级。这些俄国"工业大亨"反对过时的君主专制制度，也反对试图通过开明家长制方式去拉拢基层群众。弗拉基米尔在革命前的最后几年写道："恰好在近几年，从祖辈的思想中汲取'主人翁'思想信仰的人开始站出来并强迫自己去倾听；不过，当然了，他们无法阻止雪崩，就像俄国老爷死在革命中一样，老式的俄国经济也将在革命中消失。"①

为什么在20世纪初的俄国社会中，极端主义思想盛行，而中间派的自由主义势力又不能有力地进行回击，这是一个困扰了好几代历史学家的问题。莫斯科商业帝国第三代人的政治传记让我们有很多理由来思考喜欢把自己称为"善于经营的庄稼汉"的里亚布申斯基家族在十月革命前的社会政治斗争中的作用。

1917年9月，巴维尔因被指控参与科尔尼洛夫叛乱而被捕，随后，政府首脑 A. Φ. 克伦斯基亲自下命令将其释放。在就这些事件的报纸采访中，他总结了自己政治生涯中的重大转折点："在旧政

---

① Рябушинский В. П. Судьбы русского хозяина. С. 52 – 53；подр. см.：Петров Ю. А. П. П. Рябушинский // Россия на рубеже веков. Исторические портреты. М., 1991. С. 112 – 152.

权下，我一直都是政府迫害的对象，如今，就像无法取悦旧政府那样，我依然讨不到新政府的欢心。"①

这样一个超级富豪被推上了政治斗争这条危险的道路，要知道巴维尔本可以安享生活而不用被"怎么办？"这个俄国的永恒问题所困扰。在巴维尔的个人档案中有一份令人好奇的甚至可以说是独一无二的文件，其名称为"1916 年 1 月 1 日巴维尔·巴甫洛维奇·里亚布申斯基资产负债表"②。这份文件详细记录了这个莫斯科百万富翁的收支情况。他拥有 429.66 万卢布的资产，其中包括按照汇率换算后的价值为 190.5 万卢布的莫斯科银行股份、纺织合伙公司的股票（106.6 万卢布）、里亚布申斯基印刷公司的股份（48.1 万卢布）以及位于普列齐斯金林荫大道上价值为 20 万卢布的别墅及其他财产。

1915 年，他的年收入的精确数字是 32.691335 万卢布（相比之下，沙皇政府最高官员的年收入通常是 2.5 万~3 万卢布）。他的主要收入来源是股票红利，而哈尔科夫土地银行的董事工资（2.6 万卢布）及他自己工商业公司的工资（2.85 万卢布）也是一份可观的收入。这一串干巴巴的数字描述了 1915 年这位商人兼政治家的收支情况。在 18.363361 万卢布的总支出（年收入和支出之间的差额是其财富增值）中，这位百万富翁花在自己身上的钱是 5.99 万卢布，他拨出 2.33 万卢布用于家庭开支，其中妻子伊丽莎白·格里高利耶芙娜的花销、维护别墅的费用和其他开支为 8400 卢布，1.49 万卢布用在了孩子们身上（孩子们的零花钱、为他们租用公

①　Утро России. 1917. 26 сент.

②　ГАРФ, ф. 4047, оп. 1, д. 14, л. 33 – 39.

寓的费用、家庭教师的工资、购买家具的支出等）。

巴维尔·巴甫洛维奇·里亚布申斯基的家庭开支以及其他重要信息都记录在妻子的记账簿中。[1] 伊丽莎白·格里高利耶芙娜详细记录了 1905～1912 年所有的家庭开支，小到给车夫的戈比、大到给仆人的小费等。与此同时，她还记录了以下内容：“我在瑞士和巴黎的旅行（没有任何解释）花费了几千卢布，我花了三四千卢布买了条裙子。”透过这些记录可清楚地看到 20 世纪初期这些有钱的俄国贵族的心理肖像，她们既养成了刻在骨子里的“爱惜每一戈比”的习惯，又会为了满足自己的欲望而进行过度消费。

再回到这个一家之主的资产负债表中。在支出项中，占比最多的是偿还莫斯科银行的贷款利息（2.57 万卢布），巴维尔为此支付了 1.82 万卢布的现金，随后又花费 6500 卢布购置了一辆私家车，并给弟弟尼古拉 6000 卢布用于购买画作。此外，他又为自己最热衷的消遣方式“打猎”支付了 1000 卢布（包括职业猎户的薪酬和饲养猎犬的费用）。巴维尔也会自掏腰包资助他的兄弟们。他的弟弟德米特里从他那里以 6% 的年利率借了 1.5 万卢布（我们可以看到他们兄弟间的关系是多么的商业化）。由巴维尔出资开办的《俄国晨报》也需要他不断投资。到 1915 年他已经投入了 29.2 万卢布，又支付了 3.4 万卢布用于填补 1915 年的赤字。最后一项支出则是他感兴趣的组织捐款：莫斯科军工委员会收到了 5000 卢布、里亚布申斯基兄弟医院得到了 3000 卢布、旧礼仪派杂志《教会之语》获得 1 万卢布。

巴维尔的资产负债表刻画出一个成功商人的形象，他是俄国上

---

[1] OP РГБ，Ф. 260，карт. 7，д. 2a，26.

流社会的代表人物。不过硬币都有两面，这只是其中的一面。尽管生意做得很大，但这并未激发出这位百万富翁的全部热情。在俄国还有比他更富有、更幸运的商人，但他们的名字如今却石沉大海。里亚布申斯基兄弟中的大哥巴维尔作为自己阶级利益的长久代言人之一，在俄国有着广泛的知名度。

巴维尔的社会活动始于 1900 年，在接替已故父亲的位置并掌舵家族企业后，这位 28 岁的工厂主随后便成为莫斯科交易所协会的成员。莫斯科资产阶级的重要组织执行机构——莫斯科交易所委员会——从 19 世纪 70 年代末便由 H. A. 奈焦诺夫领导，作为老一代的莫斯科知名商人代表，在自己的活动范围，他尽力将工作内容限制在纯粹的职业和等级问题上。1905 年的事件激起了交易所协会的"年轻人"与奈焦诺夫派的激烈对抗。

1905 年 1 月 9 日的"流血星期日"事件震惊了整个俄国。1 月 13 日，巴维尔签署了莫斯科市杜马发布的公开声明，其内容包括必须采取有力的措施，防止在古老的首都再次发生类似的屠杀事件。"由于担心在莫斯科会发生严重的复杂事情，有可能是圣彼得堡经历的可怕流血后果"，发表杜马公开声明的杜马成员提议立即召开杜马会议。在第二天的紧急会议上，杜马决定允许工人进行和平罢工，但执行机构莫斯科交易所委员会认为这"不能表达工业阶层的意见"。

但在城市的主人中，除了巴维尔外，还有不少商界的权威人士（如 C. T. 莫罗佐夫、H. И. 古奇科夫等），他们再次呼吁不要利用军队来镇压反抗"流血星期日"事件的罢工者。他们写道："圣彼得堡事件震惊了整个俄国，但无论事件的性质是怎样的，所流的血，特别是在自相残杀的斗争中所流的血，都会让人不由自主地感到恐慌。" 莫斯科工厂主们坚决与沙皇政府的报复性政策划清界限，沙皇政府倾向于把任何工人行动都视为暴动。"他们坚持认为，目前，在发生罢工时对工人采取的行动，往往伴随着对无辜者的杀戮和残害。"① 这会使民众陷入恐慌，并阻碍和平劳动的实现……同时，这也会不可避免地导致工厂主和工人之间关系恶化，工人们又会将他们的不幸归咎于他们的工厂主。

莫斯科工商阶层的领导人同意将和平罢工当作对当局实施屠杀的反抗手段，并对 1 月 9 日工人向沙皇递交的请愿书的内容表示赞同。他们建议莫斯科市杜马 "与最高政权交涉"：（1）修订现有的罢工法律，赋予工人在不使用暴力和不掠夺财产的情况下进行罢工的权利；（2）面向全体俄国公民，赋予工人阶级集会和组建工会的权利，并提供强大的法律保障。②

然而政府对此问题的看法则完全不同。沙皇政府对 "提供强大的法律保障" 这一政治问题避而不谈，反而认为可以通过牺牲企业主的利益来安抚对自己艰难处境心怀不满的工人。1 月 24 日财政大臣 B. H. 科科夫佐夫在一次特别会议上呼吁企业家在经济上对工人做出让步，认为这将成功平息国内罢工运动的浪潮。作为回应，包括巴维尔在内的一批工厂主提交了一份申请，他们要求进行根本的政治改革以安抚俄国民众，改革包括信仰、言论、出版、集会等自由。③

1905 年 4 月，巴维尔被选入由 B. H. 科科夫佐夫担任主席的工人问题委员会，主要 "讨论改善帝国工业企业的工人生活现状与地

---

① ГАРФ, ф. 404, оп. 1, д. 2, л. 1.

② ЦГИА г. Москвы, ф. 179, оп. 21, 1. 4958, л. 8 – 14.

③ См.: Лаверычев В. Я. По ту сторону баррикад. С. 30 – 31.

位的措施"。加入工人问题委员会的主要工厂主对委员会的能力持怀疑态度。他们向主席报告说，如果不邀请工人加入委员会，那么委员会所做的任何工作都将是徒劳的。沙皇的政要试图将问题简化，并且主要讨论工作时长的问题，但工厂主们认为这显然是不够的，因为 B. H. 科科夫佐夫提出的 10 小时工作日 "不会真的让工人们安下心来（他们已经开始表现出不安分）"。工人问题委员会成员建议讨论关于保险、医疗以及工人组织等更为紧迫的问题。①

在 "科科夫佐夫委员会" 开会的日子里，莫斯科的企业家们明确表达了他们对政治制度改革的要求。为回应主张通过经济让步来平息不满情绪的号召，莫斯科企业家领导人、工业家和最大的商人银行领导 Г. А. 克列斯托夫尼科夫表示，"必要的政治改革是能够对所有阶级的极端情绪起安抚作用的唯一手段"，这种极端情绪与爆发的日俄战争带来的灾难性后果有关。俄国军事上的失败和国内一连串的社会冲突加剧了局势的恶化。

鉴于当时政府准备召开第一届俄国国家杜马会议，企业界的激进态度变得尤为明显。6 月下旬公布的《国家杜马成立草案》成为在莫斯科召开工商业代表大会的契机。在 7 月 2 日举行的莫斯科交易所协会选举会议上，奈焦诺夫提议，即将召开的工商业代表大会应遵循一个适度的原则，"让工商业人士参与已经建立的立法咨议机构"。强加的指令遭到了巴维尔和他的商业伙伴、莫斯科商人互助信贷公司董事长、哈尔科夫土地银行监督委员会成员 A. C. 维什尼亚科夫的反对，后来，维什尼亚科夫因积极参与组建俄国第一所

---

① См.: Лаверычев В. Я. По ту сторону баррикад. С. 32 – 34; ЦГИА г. Москвы, ф. 143, оп. 1, д. 233, л. 4; д. 248, л. 7 – 8.

商业高等教育学校——莫斯科商业学院（现在的普列汉诺夫经济大学）而闻名。

位于伊利因卡大街的莫斯科证券大楼，А. С. 卡明斯基设计建造
（19 世纪 70 年代拍摄）

7月4日，在伊利因卡大街上的莫斯科交易所大楼里举办的工商业代表大会开幕式上，"少壮派"实业家们与奈焦诺夫集团最终走向分裂。莫斯科交易所委员会主席奈焦诺夫获得了组织此次会议的许可，以讨论工业家与交易所商人的经济及社会需要。然而，此次大会的事态发展很快便超出了他的控制范围。前财政大臣 С. Ю. 维特的朋友、曾任乌拉尔矿业资本家组织领导的 В. И. 科瓦列夫斯基向38家省级证券交易所代表发言。他提出了一个讨论问题的宏大方案，并首先强调了"在俄国引入立宪制度的必要性"问题。在这样一个权力不受限制的专制国家里，在公开会议上提出立宪的问题，这简直就是闻所未闻的"放肆"行为。这件事刚一发生，奈焦

诺夫便匆匆赶往圣彼得堡,向科科夫佐夫汇报了所发生的事情。不过他事先已经向莫斯科省省长上报了"大会向不适当的方向发展"的情况,根据省长的指令,工商业代表大会最后被官方禁止。

7月5日上午,前来参加第二天会议的代表发现莫斯科证券交易所被封了,政府下达了会议禁令,尽管如此,会议代表还是前往巴维尔的豪宅继续讨论,此次会议持续了两天。一部分支持奈焦诺夫的商人拒绝参加这次大会。其余的"左派"成员强烈支持在俄国引入议会制度。第二天,会议通过了一项决议,即"任何改组方案,倘若不是以代议制立法机关为原则,而只是以立法咨议机关为基础的话,都不会给人民生活带来预期的安宁"。然而,他们也没有拒绝参加立法咨议杜马的选举,"希望当选的代表能根据上述理由,尽快关注人民选派代表制度的改组问题"。

到目前为止,首要任务或许也是大会最重要的切实成果,即"通过一个明确的纲领将所有工业家联合起来,建立一个常设委员会,定期举行会议"。不过,警察行事雷厉,很快展开搜查,幸亏创建常设委员会的领导人之一、圣彼得堡钢铁厂组织领导人 M. Ф. 诺尔佩将大会通过的纲领文件带走才使其保存下来。根据文件的观点和提出的要求判断,该纲领文件体现了革命浪潮兴起时俄国自由派资本家观点的精髓。

纲领中提到,"俄国商人和实业家认为,现有的国家制度对他们的财产以及正常的商业活动,乃至他们的生活都没有合理的保障,他们不得不在政治上团结起来,以促进在俄国确立一种稳固的法律制度从而保证公民过上安宁稳定的生活"。他们为了恢复秩序提出了什么建议呢?

在公开表达了对自由主义反对派运动的同情之后,实业家们表

示要 "用一切可能的手段支持那些宣布自己有能力彻底革新俄国社会生活的政治力量"，并再次强调了向西方君主立宪制过渡的必要性（"按照立宪国家模式建立的人民代表选派制度应该具有表决权并让君主拥有西方国家惯用的否决权"）。当然，思想激进的俄国企业家的主张是带有自由主义性质的；他们对动摇专制制度的暴力革命的方式深感陌生。所以，最终的结论是 "俄国商人和实业家们强烈反对以暴力革命的方式使人民参与国家管理，坚信俄国人民的最高领袖只想为人民谋福利" ①。

企业家们准备将纲领文件的详细内容提交到 1905 年 8 月举行的例行会议上。莫斯科的会议得到了圣彼得堡工厂主的支持，他们在 7 月 19 日一致认为，"拟议召开的具有发言权的国家杜马经讨论不会令任何人感到满意，也不会平息现有的动乱"。在工商界的支持下，巴维尔和维什尼亚科夫 7 月下旬在 И. A. 莫罗佐夫的公寓召开了例会。会议的内容是，如果呼吁没有任何作用，杜马依旧是立法咨议性的该怎么办。C. И. 切特韦里科夫提出了一个激进的建议，呼吁 "切实反对根据皇室侍从长布里根改革方案组建人民选派代表制度"。

特别是，C. И. 切特韦里科夫坚持要求所有企业家拒绝参加布里根杜马，建议反对政府实行新的国内贷款政策，拒绝缴纳增加的手工业税，最重要的是 "为了举行一次声势浩大的工人运动而关闭

---

① О съезде 4 – 6 июля 1905 г. см.：Лаверычев В. Я. По ту сторону баррикад. С. 34 – 40；Шепелев Л. Е. Царизм и буржуазия в 1904 – 1914 гг. Проблемы торгово – промышленной политики. Л.，1987：ЦГИА г. Москвы，ф. 16，оп. 95，д. 69，л. 16 – 17；ГАРФ，ф. 102 ДП ОО，1905 г.，II отд.，д. 999，ч. 44，л. 4 – 6，10 – 11，13，16 – 19.

所有的工厂"。怂恿工人反对政府，以便从政府那里获得政治让步，这是俄国资产阶级与专制政府关系中绝无仅有的一步。

奇怪的是，这些最果断的措施是由莫斯科政客和商人构成的"少壮派"中最年长的人提出的。谢尔盖·伊万诺维奇·切特韦里科夫（1850～1929）是位于莫斯科郊区谢尔科沃的戈罗季谢呢绒厂厂主、"弗拉基米尔·阿列克谢耶夫"合伙公司董事长（他娶了B. C. 阿列克谢耶夫公司创始人的女儿），因在父亲去世后管理工厂而闻名于莫斯科。C. И. 切特韦里科夫亲自寻找已故父亲的债权人并还清所欠债务，19 世纪 70 年代成为俄国企业中首位实行 9 小时工作制的企业主。此外，他还第一个在西伯利亚开创了美利奴羊养殖业，在全国第一个制定了工人利润参与制度（"工人参与分红"）。与他同时代的人是这样描述他的："他是一个新型的俄国企业家，他有很高的天赋，尽管他只有一份实科中学的文凭，但他深受欧洲文化影响，不仅是一位出色的音乐家，而且是一位优秀的艺术鉴赏家。"

C. И. 切特韦里科夫对任何形式的政治压迫采取的都是零容忍的态度，他和他的年轻朋友们梦想着建立一个可以限制沙皇无限权力的宪法制度。在他的倡议下，他代表企业家们向尼古拉二世发出电报，抗议 1905 年 1 月 9 日枪杀工人事件。在 1905 年那个多事之秋，他亲自尝到哥萨克人鞭子的滋味，当时他被派去"安抚"谢尔科沃工人，不幸被工人误伤。多年后，这位曾经的法律和制度的捍卫者不得不忍受全俄肃反委员会的监禁，这位年迈的"剥削者"1917～1918 年被多次监禁，直到被迫移民。然而，"切特韦里科夫视国家利益和他一生都为之奋斗的国家荣誉为珍宝"，1927 年他想方设法从瑞士给最高国民经济委员会主席 B. B. 古比雪夫递交了一份关于恢复美利奴羊养殖的说明，该产业在俄国国内战争期间遭到破坏。他的儿子谢尔盖·谢尔盖耶维奇则留在了俄国，成为一名重要的遗传学家，他为此在"李森科事件"中饱受折磨。①

我们回到 1905 年，当时，俄国的工业家们最重要的任务莫过于遏制专制独裁和实行具有立法性的人民选派代表制度。切特韦里科夫在 7 月的会议上的讲话对于包括巴维尔在内的大多数与会者来说过于"左倾"了，巴维尔认为抵制国内贷款这一做法"过于极端"。他觉得"只有穷途末路之时"，才能出此下策。巴维尔认为，最有效的方法是在下一次工商业代表大会召开的时候提议建立一个有更多人参加的企业家协会。巴维尔在会上指出，大会应讨论包括"与具有立法咨议性质的杜马做斗争"和由切特韦里科夫建议的行动在内的其他问题。同时，巴维尔认为，有必要利用许多企业家参加下诺夫哥罗德博览会的机会，"摸清他们的心性，并为联合到尽可能多的志同道合的人做好准备"。最终，他们决定在报纸上公示在 И. А. 莫罗佐夫公寓举行的会议的结果。②

7 月 26 日，莫斯科自由派报纸《俄国消息》刊登了一封"致编辑部的信"，落款附有 15 名工厂主的签名。他们既是参加了莫罗佐夫会议的人，也是交易所协会的当选成员。信中抗议奈焦诺夫等

---

① О С. И. Четверикове см.: Астров Н. И. С. И. Четвериков // Последние новости. Париж, 1929. 26 дек.; Четвериков С. И. Безвозвратно ушедшая Русь. Берлин, 1922; Его же. Воспоминания о Городищенской суконной фабрике // Былое. 1992. № 2 – 3; Шацилло М. К. С. И. Четвериков // Политическая история России в партиях и лицах. М., 1994. С. 271 – 290.

② ГАРФ, ф. 102 ДП ОО, 1905 г., II отд., д. 999, ч. 44, л. 23 – 24; Элькина Д. Ю. Московская буржуазия и рабочий вопрос в годы первой русской революции (1905 – 1907 гг.) // Уч. зап. МГПИ им. Ленина. Т. XXXV. М., 1946.

人 7 月 8 日做出的决定，即赞同杜马的咨议属性。"由于担心该决议会被俄国社会所接受，并认定我们阶层的观点一致"，信的签署者们坚决支持立法的杜马。他们强调："一旦实施布里根草案，人民代表便不能直接与沙皇打交道，而是与沙皇的仆人打交道，即与官僚机构打交道，这就意味着一点变化都没有。"他们认为君主立宪制的理想是君主与人民的直接"统一"，尽管报纸上没有出现这一说法。杜马首先要有立法权，才能与官僚机构做斗争，否则杜马议员的意见将会被忽视。"像大多数俄国人一样"，他们总结道，"我们现在认为，俄国的专制不应该等同于沙皇的仆人有权在其行动中无视人民的意见和愿望。"

莫斯科反对派们的公开演说显然已经耗光了"沙皇仆人们"的全部耐心（我们注意到，由于沙皇仆人们的"严密监视"，关于自由派工业家们情绪的信息被保留了下来）。1905 年 8 月 12 日，B. H. 科科夫佐夫致信 Д. Ф. 特列波夫，表示"鉴于工商界代表在 7 月 4 日的会议上所表现出的不良倾向，我认为举行此会议是非常不合时宜的"①。随后，警察厅通知莫斯科市市长："拟议中的全俄工商业代表大会绝对不允许举办。"如上所述，8 月 18 日，M. Ф. 诺尔佩被搜查，7 月 4～6 日的会议资料被没收。② 政府方面已经表态，称其不会放弃惯用的警察手段镇压任何形式的反对派运动。

同时，在赋予国家杜马真正的立法机构地位的 1905 年 8 月 6 日法律颁布之后，一些实业家对政治活动的态度变得冷淡，因为他们认为自己的使命已经结束了，比如圣彼得堡夏季会议的大多数与

---

① 下一次全俄工商业代表大会定于 8 月举行——译者注。
② ГАРФ，ф. 102 ДП ОО，1905 г.，II отд.，д. 999，ч. 44，л. 31－32，34，38.

会者都有类似的情绪。此外，这些夏季会议转向寻求成立一个仅限于以纯粹经济为目标的代表联合会。1906年初成立的工商业代表大会委员会体现了这一趋势。①

此时，巴维尔更关心企业家在未来杜马中活动的问题。8月底，他参加了被警察厅官员们称为"莫斯科交易委员会自由党"代表的会议。在航行于下诺夫哥罗德博览会附近的一艘轮船上，自由派达成协议，不会让奈焦诺夫保守集团的任何一个成员进入国家杜马。在新杜马的第一届大会上自由派打算讨论一下"工人问题"，即允许在大会上讨论建立一个特殊的工人阶级（成员是被8月6日《选举法》取消选举权利的工人），并获得选举自己代表参与人民选派代表制度的权利。自由派当前的任务是提升莫斯科交易所协会的影响力，也就是通过在1906年即将举行的选举大会上，选出完全由自由派成员组成的杜马。②

不久后，巴维尔去了位于比斯开湾海岸附近、毗邻西班牙的法国贵族的度假胜地比亚里茨。在此之前，他被莫斯科市杜马推举成为首都地区选举负责人，随后他把这件事交给了他的兄弟弗拉基米尔。1905年9月，弗拉基米尔通知市自治机关："我哥哥巴维尔·里亚布申斯基要在国外待几个星期，因此由我负责提供有关国家杜马选举的参考意见。"③ 但哪怕是在休假，巴维尔也没有停止对祖国所发生的事件进行思考。10月2日，他在比亚里茨写信给圣彼得堡的 M. Ф. 诺尔佩："我现在坐在欧洲的一个角落里，束手无策，

---

① См.：Шепелев Л. Е. Царизм и буржуазия в 1904 – 1914 гг. С. 80 – 88.

② ГАРФ, ф. 102 ДП ОО, 1905 г., II отд., д. 999, ч. 44, л. 54；ЦГИА г. Москвы, ф. 16, оп. 95, д. 69, л. 23.

③ ЦГИА г. Москвы, ф. 179, оп. 21, д. 2338, л. 35.

被迫坐以待毙。里亚布申斯基家族从未放弃过建立俄国企业家政治联盟的梦想。"在读完报纸上公布的5月地方自治和城市活动家代表大会的决议后，他向记者问道："我们是否也应该在媒体上宣传一下我们曾经的会议？就我个人而言，似乎有必要给更多的实业家和商人一个适当的参考，让他们知道该往哪里去，什么想法符合整个国家的利益，特别是所在行业的利益，深刻了解其使命，然后坚持下去。"①

这位自由派实业家在《10月17日宣言》发表前夕回到了俄国。当时，莫斯科资产阶级的反抗情绪已经达到了顶峰。莫斯科市杜马发言人И. П. 维什尼亚科夫在其回忆录中描述了他所记录的关于Н. А. 奈焦诺夫的趣闻。10月17日前几天，在奈焦诺夫那儿汇集了А. С. 维什尼亚科夫（И. П. 维什尼亚科夫的侄子）和"他的老友们"——П. П. 里亚布申斯基、А. И. 古奇科夫（当时的莫斯科贴现银行总经理）、А. Д. 施莱辛格（莫斯科商人银行董事会主席）和Г. А. 克列斯托夫尼科夫。А. С. 维什尼亚科夫提议"政府应尽快着手实现政治自由"②。巴维尔加入了А. С. 维什尼亚科夫的队伍中，但是最终他们成了少数派，剩下的人同意奈焦诺夫打算向莫斯科省省长П. П. 杜尔诺沃提交关于武装保卫银行申请的意见。

1905年10月14日，"少壮派"以个人名义向莫斯科省省长致函，署名是С. И. 切特韦里科夫、Ю. П. 古容等。自由派实业家们敦促沙皇政府不要在莫斯科实行戒严令，因为这"将给时局带来巨大的灾难。毫无疑问，后果是使民众更加愤慨"。尽管发生了全国

---

①　ГАРФ, ф. 4047, оп. 1, д. 5, л. 87 – 87 об.

②　ЦГИА г. Москвы, ф. 1334, оп. 1, д. 18, л. 73 – 75.

性的政治罢工，但"少壮派"实业家坚持认为自己工厂的工人"不是暴动的煽动者，只是受大势所影响罢了"。考虑到圣彼得堡1月9日发生的惨案，他们要求当局做出一定的让步，"在人民集会完全是协商性质的情况下，军队不应对其使用武器"。政府在平息罢工的同时，应该关注大众不满的根源，即"绝大多数人希望能够根据保护自身的原则来安排其生活，避免再次回到把俄国带到死亡边缘的过去状态"①。

自由派商人带着兴奋来迎接期待已久的"完善国家制度"的宣言，他们认为这是国家实行宪政的开始。10月18日，在宪法颁布之际，自由派在莫斯科交易所大楼举行祝祷仪式后，毫不妥协的 С. И. 切特韦里科夫甚至高调赞扬沙皇，称他"把人民的利益置于维护自己的特权之上"②。1905年秋，巴维尔和自己的老朋友一起发动成立了一个"温和进步党"，该党联合了一些"少壮派"企业家参加杜马选举活动。该党对选民们说，"我们的纲领在许多问题上与立宪民主党相似"，这首先是指对土地问题的立场。在这个问题上，温和进步党允许"由国家出资，在公正的原则下使庄园主、内阁成员、寺院和私人地主让渡一定的土地，增加少地农民的土地"。

然而，与立宪民主党不同的是，巴维尔和志同道合的伙伴们提出了"俄国是个统一、完整且不可分割的国家"的口号，不赞同立宪民主党提出的自治和联邦原则。温和进步党还极力反对实行8小时工作制。在党纲中，巴维尔指出："由于我们有大量的节日③，

---

① ЦГИА г. Москвы, ф. 16, оп. 95, д. 69, л. 33 – 34.

② ГАРФ, ф. 5913, оп. 1, д. 129, л. 11.

③ 主要指宗教节日——译者注。

在我国建立 8 小时工作制是绝对不可能的，否则我们的工人将无法应对来自欧洲方面的竞争。"①

土地问题及统一俄国这两点使温和进步党同更强大的政治联盟——由 А. И. 古奇科夫 1905 年秋天组建的十月党②亲近了起来。很显然，政治纲领的相似性使得十月党的领导人吸纳了巴维尔与弗拉基米尔进入自己的党中央委员会。然而，与十月党不同，温和进步党没有广泛的社会基础，在 1906 年春天国家杜马召开后，它便不复存在了。

此外，俄国社会又出现了另外一个纯粹的商业政党，即工商党，该党在以 Г. А. 克列斯托夫尼科夫为首的莫斯科企业家的号召下于 1905 年 11 月成立。里亚布申斯基家族的两名年轻成员——弗拉基米尔和米哈伊尔加入其中。在向国家杜马的选民发出的呼吁中，该党派创始人强调，当下，"只有极端的社会与革命党团结在一起……国家处于恐慌之中，国家的生活已经停止下来，国家因为黑暗而要灭亡"。商界寻求"组建一个强大的政党，以协助政府安抚社会，在维护俄国统一的前提下实施新制度"③，由于未能吸纳包括企业家在内的其他更为广泛的群众，工商党失败的命运是注定的，1906 年春，该党正式解散。

---

① См. : Черменский Е. Д. Буржуазия и царизм в первой русской революции. 2 - е изд. М. , 1970. С. 191, 246; Иванович Б. Российские партии, союзы и лиги. Сборник программ, уставов и справочных сведений. М. , 1906. С. 25 - 28.

② 正式名称为十月十七日同盟 Союз 17 Октября，通常称为十月党——译者注。

③ Иванович Б. Российские партии, союзы и лиги. С. 75 - 77; подр. см. : Петров Ю. А. 《Третье сословие》: вхождение в политику // Полис. 1993. С. № 3. 176 - 180.

1905 年 12 月，莫斯科爆发的武装起义表明，资产阶级与愤怒的人民单独在一起是不安全的，为了保护人民，资产阶级曾求助于成为自由主义"左派"批评对象的政府。巴维尔后来对 1905 年俄国资产阶级的政治演进做了如下评价："在 10 月 17 日之前，资产阶级是反对者。但在这之后，他们认为他们的目标已经实现，于是便开始回避无产阶级，并随之站在政府一边。结果，政府被打败了，他们也做出了相应的反应，起先是有些羞愧，后来却变得毫无顾忌。"① 在革命后期，与政府的反动行为做斗争成为里亚布申斯基家族政治活动的主要焦点，但在 1905 年末，对他们来说，没有比遏制革命性的无政府状态更重要的任务了。

俄国资产阶级在为法制而奋斗时，主张消灭官僚主义，维护社会稳定，但最后他们却深陷革命和反动的泥潭。"俄国暴动"的威胁使很多人暂时忘记了"沙皇仆人"的暴行。罢工和工人的武装起义使资产阶级自由派感到震惊，更不用说保守派了。H. A. 奈焦诺夫于 1905 年 12 月 8 日，也就是莫斯科战火最激烈的时候去世了，这位莫斯科商界元老很可能是目睹了革命过程中的一些过激行为，因过度惊吓而死。关于"组织"工人运动向政府施压的号召，由此看来是如此的幼稚。

1905 年 12 月，在组织了旧礼仪派的"牧师派"（官方说法是"接受具有别洛克利尼茨旧礼仪派等级制度的神父）的会议后，巴维尔尝试着通过从父亲和祖父那里继承的宗教习俗找回失衡的心。如前所述，"牧师派"是俄罗斯帝国最受人歧视的宗教团体之一。从 20 世纪初开始，巴维尔就积极参加恢复俄国旧礼仪派权利的运

---

① Утро России. 1910. 18 мая.

动。此时，他已与公认的元老级人物——下诺夫哥罗德市市长
Д. В. 西罗特金和旧礼仪派思想家、旧礼仪派教徒领导人 М. И. 布
里安托夫平起平坐，共同成为旧礼仪派教区的领导人。在 1906 年
举行的第二届"牧师派"代表大会开幕式上，Д. В. 西罗特金特别
强调了"巴维尔的杰出工作，他出钱出力，不遗余力地为公共事业
做出了巨大贡献"。

巴维尔打心眼儿里希望团结所有的旧礼仪派成员，说服信奉旧
礼仪派的弟兄们抛弃对世俗事务的冷漠，加入争取政治和宗教自由
的斗争中。他把 20 世纪初问题的解决看作尼康改革前民族文化传
统和现代资本主义工业与公民社会的综合，看作在开明旧礼仪派教
规基础上"原始和独立的罗斯"的复兴。①

巴维尔显然有这样一个想法，即 1905 年 12 月在莫斯科召开旧
礼仪派例行代表大会，鉴于革命原因，代表大会只成功召开了一次
会议。西罗特金领导的全俄旧礼仪派大会委员会是一个常设机构，
委员会准备了讨论材料，内容直接呼应自由派实业家夏季大会的决
议。"旧礼仪派大会委员会决定，为了尽快结束暴动，有必要立即

---

① Труды седьмого Всероссийского съезда старообрядцев в Нижнем Новгороде.
2 – 5 августа 1906 г. Н. Новгород, 1906. С. 8. В 1909 г. X Всероссийский съезд
старообрядцев послал П. П. Рябушинскому приветственный адрес, в
котором отмечалась его выдающаяся роль в отстаивании прав русских
раскольников: 《 В тяжелую годину усиленных ходатайств перед
правительством о даровании прав старообрядчеству, Вы первый из
виднейших деятелей Москвы примкнули к работам Всероссийских
старообрядческих съездов..., жертвуя немало средств, необходимых для
осуществления различных предначертаний съездов 》 (ОРРГБ, ф. 260,
карт. XII, д. 8, л. 1). См. также: Дж. Вест. Буржуазия и общественность в
предреволюционной России // История СССР. 1992. № 1. С. 192 – 199.

召开杜马会议，由人民代表进行立法投票……旧礼仪派信徒们也认为有必要……与温和进步党的代表达成协议，以确保选举的顺利进行。"

会上还提出了出版属于自己的"旧礼仪派报纸"的问题。委员会领导人收到了来自大臣会议主席 С. Ю. 维特"赞许"的电报，之后与出版许可有关的手续很快得到通过。М. И. 布里安托夫成为新《人民报》编辑出版人，"只有旧礼仪派信徒"才有权参与其出版。该报于 1906 年 1 月开始发行，每周有一份副刊《旧礼仪派信徒之声》。该出版物的主要"赞助商"是巴维尔，他将报纸的编辑部设在家族的银行大楼里。然而，他的第一次出版试水并不成功。出版了几个月（直到 1906 年 10 月）的《人民报》，与它的名字相反，在广大读者中并不受欢迎。它的发行量不超过 7500 份，尽管订阅价格相对较低（每年 5 卢布），但订阅量几乎没有增长。①

这位莫斯科百万富翁按照他所信仰的旧礼仪派习俗，制订了俄国社会转型方案。1906 年 1 月，巴维尔在下诺夫哥罗德举行的旧礼仪派教徒紧急代表大会（取代未能如期举行的 12 月莫斯科代表大会）上，作为被同志们选出来的主席，他宣读了希望在国家杜马进行讨论的问题。内容包括俄国的统一和完整问题、根据杜马会议决定保留沙皇政府的问题、废除阶级特权、维护宗教自由和人身权利不受侵犯，同时，"成立一个人民可以参与的机构取代旧的官僚行政机构"，普及免费教育，"在国家对土地进行正确评估和允许合规

---

① Труды второго чрезвычайного съезда старообрядцев в Нижнем Новгороде, 2 – 5 января 1906 г. Нижний Новгород, 1906. С. 198, 199, 202, 207; Боханов А. Н. Из истории буржуазной печати, 1906 – 1912 гг. // Исторические записки. Т. 97. М., 1976. С. 266 – 268.

转让"的基础上给予农民土地，满足"工人实行与其他工业发达国家相同用工制度的愿望"。然而，8 小时工作制的要求被莫斯科企业家否定了，他们认为这有可能破坏国内工业基础。[①]

作为旧礼仪派代表的一员，巴维尔 1906 年 2 月受到尼古拉二世的接见。他第一次见到君主，期望就国家正面临的问题与其进行对话。然而，沙皇相当官方地回应了巴维尔 4 月 17 日关于宗教宽容的宣言和对 1905 年《10 月 17 日宣言》的感谢，实质上这是一句很虚伪的话："我一直在你们的爱和奉献中找到安慰。"在听取了参议院的"辩解"后的一个月，1905 年 4 月 17 日的宣言大大削减了给予旧礼仪派成员的特权。[②]

至于《10 月 17 日宣言》，革命浪潮刚一得到缓和，俄国社会部分自由主义人士就开始严重怀疑新政治制度的宪法性，1906 年 1 月 8~9 日，巴维尔参与了十月党中央委员会圣彼得堡支部和莫斯科支部成员就大臣会议主席 С. Ю. 维特在《新时代》杂志上发表的声明而举行的会议。维特在这本深受读者欢迎的杂志上说，"《10 月 17 日宣言》没有使国家制度的基础发生任何改变，皇帝仍然是具有无限权力的统治者"。十月党的领导人对此感到十分困惑，因为他们确信《宣言》宣布了要开始实行"君主立宪制"。在激烈的辩论中，巴维尔支持 А. И. 古奇科夫关于"澄清对《宣言》的理解"的建议，并强调，必须明确"十月党是以宪法为基础的"。最终，十月党的领导们就妥协方案达成一致，即保留不违背沙皇宪章

---

① Труды второго чрезвычайного съезда старообрядцев. С. 181 – 182；Мельгунов С. П. Старообрядчество и освободительное движение. М. , 1906.

② Труды второго чрезвычайного съезда старообрядцев. С. 237 – 238.

精神的"专制"称号，但会限制沙皇的无限权力。①

《人民报》以同样的方式评论了维特的声明。报纸第一期的第一篇文章呼吁政府忠实于《10月17日宣言》的宪法精神："现在是坚定地走合法道路的时候了，我们相信，无论是俄国上流社会还是广大俄国人民都不会容忍对《宣言》的背叛；我们认为，如果维特政府真的想让自己的百姓过得幸福，那么本身也不会允许这种情况发生。"②

1906年初，"少壮派"实业家在争取扩大莫斯科交易所委员会的影响方面取得了成功。Н. А. 奈焦诺夫去世后，Г. А. 克列斯托尼科夫当选主席。为了实现八月会议（1905年）的计划，巴维尔成功地将委员会成员数量从100名增加到120名，并与同时代的商人 А. Н. 奈焦诺夫（前任主席老奈焦诺夫的儿子）、А. И. 科诺瓦洛夫、А. Л. 克诺普、Л. А. 拉别涅克和坚持十月党路线的志同道合的伙伴成功地进入莫斯科交易所委员会的新核心领导圈子中。③

巴维尔与弗拉基米尔想通过创办一份内容涵盖广泛的社会政治性报纸来提升其集团在社会舆论方面的影响力。1906年5月，А. В. 莫罗佐夫就参与新报纸出版工作事宜给巴维尔写信时说道："坦白说，我不认为另创一份温和自由主义的报纸能对俄国历史进程产生翻天覆地的影响。此事已经太离谱了，我不相信资产阶级温和派政党能以此获胜。"④

---

① Черменский Е. Д. Буржуазия и царизм в первой русской революции. С. 220 и сл. ; Красный архив. 1929. Т. 4（35）. С. 161 – 162（публикация В. Рейхардта）.

② Народная газета. 1906. 15 Яна.

③ ЦГИА г. Москвы, ф. 148. , оп. 1, д. 167, л. 50 – 50 об. ; д. 243, л. 16.

④ ГАРФ, ф. 4047, оп. 1, д. 38, л. 1 – 1 об.

信的作者莫罗佐夫是著名纺织业家族的代表，他的远见卓识是不可否认的，但读完他的信后，我们就会感到，这种致命的慵懒和对历史舞台的自我逃避，正是资产阶级自由主义运动在争取国家未来的斗争中遭遇失败的主要原因之一。在俄国社会中不想让俄国这艘船随波逐流且务实和精力充沛的人太少了吗？那些与里亚布申斯基家族兄弟们一样的商业精英代表，试图让社会站在他们一边并解释他们想要什么，以及他们打算以什么方式实现他们的理想。在这方面，没有比创办一份定期和大规模发行的刊物更好的手段了。由里亚布申斯基家族建造的位于大普廷科夫巷的印刷厂是未来报纸的基地。然而，莫斯科市市长拒绝批准该报纸的发行申请，他记得巴维尔 1905 年 7 月曾参加过有"反动"倾向的工商业代表大会，因此，1906 年秋天，沙皇政府官员"拒绝了里亚布申斯基先生们的请求"①。几经波折后，报纸才得到发行许可。

在自由主义环境中，沙皇政府的做法被称为"官秩残余"，这对巴维尔所属的政党改革发挥了作用。1906 年 10 月，他参加了由 П. А. 葛伊甸伯爵领导的一些左翼十月党人在圣彼得堡举行的会议，会上决定组建新的政党中央委员会，称为"和平革新党"。葛伊甸领导和平革新党中央委员会的圣彼得堡支部，莫斯科支部由知名的地方自治工作者 Д. Н. 希洛夫领导。巴维尔与 А. С. 维什尼亚科夫等人一起要求正式加入新成立的和平革新党，该党在十月党和立宪民主党之间采取中立的政治立场。1906 年 10 月的一系列事件是左翼十月党人对党的领导 А. И. 古奇科夫政策的反应，因为同年 8 月，在社会革命党极端主义者企图杀害 П. А. 斯托雷平未遂后，古奇科

---

① ГАРФ, ф. 63, оп. 29, д. 729, л. 81 – 81 об. , 119.

夫曾公开表示赞成起用军事法庭，并认为这是"反对革命斗争的果断性举措"①。

莫斯科资产阶级自由派代表既不会接受这种革命方法，也不会与斯托雷平内阁解散第一届杜马和实行战时军事法庭审判形成的公开反动和解。党领袖之一 E. H. 特鲁别茨科伊公爵宣布和平革新党人的信条是："政党是源于对个人价值的无条件承认……"从这个角度来看，他无条件地谴责一切血腥的恐怖运动，无论是政府方还是革命方。和平改革国家的支持者认为，实行改革的途径首先是政府要严格遵守宪法规定，而这却被斯托雷平所藐视和践踏。特鲁别茨科伊说："与十月党不同，'和平革新党'是对任何反宪法的政府都毫不妥协的反对派，从这个角度来看，我们果断地拒绝支持现在的政府。"②

巴维尔曾经亲身感受到了斯托雷平的雷霆政策。1906 年 10 月，《人民报》因"有害导向"而被迫停刊，理由是该报曾对沙皇政府的一些政要提出批评。③ 促使巴维尔正式从十月党的立场转向和平革新党的决定性因素是政府停办了由他创建的旧礼仪派报纸。

巴维尔与斯托雷平制度的冲突一直持续到下一份报纸的创办。在经历长时间拖延后巴维尔获得了创刊许可，从 12 月 11 日起，他

---

① См.：Селецкий В. Н. Образование партии прогрессистов（к вопросу о политической консолидации русской буржуазии）// Вестник Моск. ун – та. Серия 9. История. 1970. № 5. С. 35；Черменский Е. Д. Буржуазия и царизм в первой русской революции. С. 336；Спирин Л. М. Крушение помещичьих и буржуазных партий в России（начало XX в. 1920 г.）. М.，1977. С. 330 – 331.

② Трубецкой Е. Н. Партия《мирного обновления》. М.，1906. С. 4 – 5.

③ См.：Боханов А. Н. Из истории буржуазной печати. С. 268.

开始出版新报纸。报纸取名为《晨报》,它的受众不仅面向旧礼仪派信徒,而且还扩展到了普通大众。该报发行量为1.7万册,达到了立宪民主党官方杂志《言语》的发行量。① 不过这个百万富翁的新事业却遭遇了与《人民报》同样的悲惨命运。政府对这些"有害"出版物采取了各种围追堵截举措。1907年1月,莫斯科书刊审查委员会起诉了《晨报》的责任编辑 H. E. 波波夫先生,因为他发表了一篇题为《1905年1月9日——俄国革命的序幕》的文章,审查员认为这篇翔实地反映了1905年1月9日大屠杀的文章目的是"激起读者对现存制度和政府领导人的仇恨"。报纸对弗拉基米尔·亚历山德罗维奇大公参与向法国辛迪加垄断集团出租俄国国家钢铁厂的报道,审查员的结论是,"这份革命报纸继续动摇群众对俄国政府的信任"。

报纸专栏作家 T. 阿尔道夫 1907年2月17日发表的文章彻底消磨了斯托雷平政府审查员的耐心。文章暗示了"上层"为黑色百人团的俄国人民同盟提供庇护,不过这在俄国也不是什么秘密。书刊审查委员会以"刊物具有极强的革命性影响"为由对刊物进行停刊处理,并到印刷厂全面销毁这一期的报纸。2月28日,该报纸又因同一作者的一篇题为《转移注意力的手段》的文章而被停刊一周,该文章对围绕圣谢拉菲姆·萨罗夫斯基的宣传进行了"亵渎性的批评",称其转移了人们对改善生活真正途径的注意力。②

4月10日,根据莫斯科市市长的命令,这份勉强存在了4个月的报纸彻底停刊了。原因是3月31日发表的一篇小品文对斯托雷

---

① См.:Боханов А. Н. Из истории буржуазной печати. С. 268.

② ЦГИА г. Москвы, ф. 31, оп. 3, д. 728, л. 2 – 3, 18 – 19, 25 – 26, 44 – 45.

平进行了挖苦讽刺——使用了独特的称谓"独裁者伊万诺夫十六世"。在报纸中，该小品文暗示了总理与黑色百人团有联系，嘲笑他想用战时军事法庭网覆盖整个俄国，并预言杜马即将解散（果然2个月后预言应验了，第二届国家杜马于1907年6月3日解散）。

不过这次，政府并不仅仅是使报纸停办。1907年4月，根据莫斯科省省长的指令，巴维尔·巴甫洛维奇·里亚布申斯基被驱逐出莫斯科，理由是"由巴维尔·里亚布申斯基资助出版的《晨报》不顾政府的命令，一而再再而三地刊登具有反政府色彩的文章"①。4月21日，德米特里给他受罚的哥哥发了电报："我们今天得知你遭受了严厉的行政处罚，但是我们对你坚定而崇高的行为深表敬意。"②

这个失宠的百万富翁在被流放后不久，1907年9月初又开始创办第三份也是最著名的报纸《俄国晨报》。它生动地反映了从十月主义过渡到所谓的进步党人主张上来的部分俄国资产阶级自由派的思想转变。在第三届国家杜马中"进步党"是进步党人政见的组织形式，并成为和平革新党的继承者。"进步党"的资本家们与十月党人站在一起，共同反对10月17日联盟领导人过于迁就政府的策略，呼吁即便是在斯托雷平的专制统治下，也要巩固社会生活的宪法基础。

在这份新报纸的第一期中，出版商说："我们打算为俄国创建一份新型的政治文化报纸，坚信只有强大的文化工作才能巩固我们所取得的政治成果……政治工作必须与一般文化工作有机地联系在

---

① ГАРФ, ф. 102 ДП 6 д-во, 1913 г., д. 16, т. 1, л. 107.
② ГАРФ, ф. 4047, оп. 1, д. 43, л. 4.

一起，在影响文化工作的同时，从文化工作中汲取营养，使一般文化工作成为我们能抵抗如此之多的政治变化无常的源泉。"① 然而，《俄国晨报》刚出版一个月就被迫停刊了，当局称，该报纸"比巴维尔·里亚布申斯基创办的第一份报纸更具革命性"（也就是《晨报》）②。"革命性"首先表现在对十月党及其领导人的尖锐批评上，后来十月党领导正式成为斯托雷平政府的支持者。在《俄国晨报》被迫停刊前不久，十月党领袖 А. И. 古奇科夫和他的兄弟莫斯科市市长 Н. И. 古奇科夫甚至对巴维尔提起诉讼，指控他"诽谤"十月党。③ 然而，此案并未开庭审理。

尽管受到惩罚，或者更确切地说，多亏了惩罚，巴维尔在商界的影响力越来越大，地位也越来越高。1908～1909 年他被选为工商业代表大会委员会委员、莫斯科交易所协会主席、所得税委员会主席、林业委员会主席、扩大棉花种植委员会主席以及其他一系列委员会（棉花委员会、关于工厂立法问题委员会、法律委员会等）的成员。他还是 1909 年成立的纺织委员会成员，即棉花制造商分会成员。④

里亚布申斯基家族的名字在教育界也广为流传，这与所谓的"经济座谈会"有关，自 1908 年起，该座谈会在巴维尔位于普列奇金林荫大道上的豪宅以及在其政治盟友 А. И. 科诺瓦洛夫位于大尼基茨基的住宅里举行。在著名自由派人士 П. Б. 斯特鲁维的密切参与下，巴维尔组织的"经济座谈会"旨在将商界人士与主要的知识

① Утро России. 1907. 16 сент.
② См.: Боханов А. Н. Из истории буржуазной печати. С. 269 - 270.
③ Голос Москвы. 1907. 13 окт.
④ ЦГИА г. Москвы, ф. 143, оп. 1, д. 245, л. 16 - 43; д. 35, л. 1; д. 266, л. 23.

分子聚集在一起，制订国家经济发展方案。П. А. 布里根回忆，会议由 С. А. 科特利亚列夫斯基教授主持，经过挑选后主要邀请可以参与讨论的人出席，科技界的代表人数不多，但工商界的代表人数却很多。①

1908 年 11 月，斯特鲁维宣布会议开幕，并发表了一篇题为"国民经济和知识分子"的演讲。斯特鲁维的著名格言是，"我们承认我们缺乏文化，所以才要学习资本主义"，他曾是一个马克思主义者，如今成为私人资本主义热情的倡议者，他选择了俄国知识分子作为宣讲的对象，因为他们对资本主义和资本家持否定和偏见的态度，在他们的世界观中，"分配"原则优于"生产"原则。他呼吁知识分子要学会欣赏高级生产力和现代经济文化。在讨论的过程中，斯特鲁维还劝说商人和实业家超越狭隘的阶级利益，从国家的角度思考问题。正如研究斯特鲁维政治生涯的研究员 P. 鲍伊斯所评价的那样，斯特鲁维的观点完全符合会谈组织者的期望，巴维尔本人也受到自由知识分子的影响（在我们看来，斯特鲁维与巴维尔的出发点有相似性并逐渐走向一致）。②

科诺瓦洛夫还为资本主义经济需要与国家利益一致的论点进行了辩护。他在一次公开演讲中说，"就像空气一样，平稳、和谐的政治生活对工业是必需的，而确保个人财产和利益不受侵犯，需要坚定的法律、法制和广泛的义务教育。因此，先生们，俄国工业的直接利益与整个俄国社会的渴望是一致的……"而国内实业家要想参与社会活动，就要得到知识分子的支持。"经济座谈会"是这种

---

① Бурышкин П. А. Москва купеческая. С. 191.

② Pipes R. Struve, *Liberal on the Right* 1905 – 1944, Cambridge, 1980, p. 182, 184.

相互影响的形式之一。在经常参加会议的学者中，经济学家兼莫斯科大学校长 A. A. 马努伊洛夫、社会学家 M. M. 科瓦列夫斯基、中世纪史专家 П. Г. 维诺格拉多夫、经济学家和神学家 C. H. 布尔加科夫都是应该提及的。斯特鲁维自己从圣彼得堡来到莫斯科，并出席了在巴维尔家举行的例行会议，他扮演的是"第一小提琴手"的角色（起主导作用）。每月一次，知识分子和商业界的代表聚集在巴维尔家里，讨论经济发展和国家战略问题。巴维尔和弗拉基米尔定期就即将举行的会议主题与斯特鲁维互通信件。①

　　会议在"巴维尔家高雅、巧克力色的大厅里举行，彩绘的天花板下是摆满糖果和水果的桌子"②。"经济座谈会"一直持续到1912 年，并成为团结自由派的基础。"知识分子与百万富翁"和解的真正成果是两卷本《伟大的俄罗斯——军事和社会问题文集》的出版，该书于 1911 年至 1912 年出版，编辑出版商是弗拉基米尔，他的思想启蒙者是 П. Б. 斯特鲁维，П. А. 特鲁别茨科伊公爵也积极参与其中。这本书的书名与斯托雷平的名言（"……我需要一个伟大的俄罗斯"）相呼应，但两者含义完全不同。

　　1908 年，斯特鲁维发表了一篇名为《伟大的俄罗斯》的文章，在文章中他与斯托雷平进行了论战，他认为斯托雷平提出的口号不是对古老的俄罗斯的呼唤，更不是对恢复曾经伟大的俄罗斯的呐喊，恰恰相反，这是一个全新的俄国国家观念。这位政治家在两年后发表的《两种民族主义》一文中揭示了国家观念的本质，他将有

① Отдел рукописей Российской национальной библиотеки（ОР РНБ），архив Дома Плеханова》，ф. 753，№ 94，95，96；ГАРФ，ф. 4047，оп. 1，д. 43，л. 28 – 29.

② Речь. 1912. 3 марта.

明显误导性的官方民族主义与符合国家根本利益的富有成效的人民民族主义进行了对比。斯特鲁维写道："亲手创造了强大国家的伟大民族不仅在道德上具有合理性，而且这种开放、勇敢、具有开拓性且宣传民族自由竞争关系的民族主义符合伟大民族的健康利益。"① 这种"人民民族主义"精神与斯托雷平倡导的民族主义精神有着很大的不同，它旨在颂扬一个焕然一新的、法制的俄国，而且这种思想渗透到由弗拉基米尔出资出版的文集中。

由于担心日俄战争后俄国作为军事大国的威望会有所下降，文集的作者们呼吁俄国社会重振国家军事力量，并认为这是整个俄国社会复兴的关键和保证。在该出版物第一卷的序言中，弗拉基米尔就指出："有一些东西如同一根红线贯穿始终，那便是对祖国、军队和文化的热爱。俄国军事力量的崛起与它的文化繁荣密不可分。对祖国的热爱也意味着对军队的热爱。"斯特鲁维更明确地将国家的经济状况与其战备状态联系起来。他在《伟大俄罗斯的经济问题》一文中写道："就俄国的军备情况而言，没有比加强俄国的经济地位更紧迫的任务了……解决这个问题只能是私人倡议和国家政策友好并行实施的结果。"②

借助自己辩护人的喉舌，资产阶级对传统上归属专制政府负责的军事建设计划提出了要求。为了共同利益并考虑到商界的立场，沙皇政府被敦促遵守其原则。巴维尔在一次工商阶层的团体会议上说："这不仅是资本的问题，资本终将会被创造，但如今的情况是

---

① Струве П. Б. Patriotica. Политика，культура，религия，социализм. Сборник статей за пять лет（1905 – 1910）. СПБ.，1911. C. 73 – 75，303.

② Великая Россия. Сборник статей по военным и общественным вопросам. T. 1. M.，1911. C. VI – VII；T. II. M.，1912. C. 152 – 153.

政府抑制商业、社会和个人的能动性，以至于实业家对所有商业的胃口变小了，欲望消失了。"①

除了为企业家和科学界创造一个共同的平台外，"经济座谈会"还有一个明显的结果。开发国家自然资源的想法一直萦绕在巴维尔的脑海中，难怪他在位于普列奇斯金林荫大道上的豪宅里装饰了一个巨大的浮雕地球，这象征着沉睡着的俄国财富。在第一次世界大战前夕，这位莫斯科百万富翁资助了一个在俄国寻找镭矿床的探测队。由玛丽亚·斯克沃多夫斯卡娅·居里发现的这种稀有元素作为治疗肿瘤的一个前景方法而备受国际科学界关注。1909 年，伟大的俄国科学家 В. И. 维尔纳茨基首次提出了寻找俄国国内镭矿床的问题，因为在国外镭的价格是非常昂贵的（世界市场上每 100 毫克的镭估计要 6 万卢布）。

因为缺乏必要的资金，探测镭矿床一事受到阻碍。此次探测镭需要 77 万卢布资金，而政府只为其提供 1.4 万卢布。维尔纳茨基联系了许多政府机构和社会组织，其中就包括莫斯科市杜马，但都无法为其提供必备的勘探资金，直到他与巴维尔会面。1913 年秋天，维尔纳茨基在巴维尔的豪宅里为商业精英们宣读了一份题为《关于镭及其可能在俄国的矿床》的报告。这份报告给了这位百万富翁很大的启发，他决定组织自己的"莫斯科寻镭探险队"，并吸引到 40 多位莫斯科工商企业家的资助，其中包括 Г. И. 马利佐夫、П. А. 莫罗佐夫、Н. И. 杰尔别涅夫等有影响力的人。②

---

① Цит. по：Берлин П. А. Русская буржуазия в старое и новое время. М.，1922. С. 96 – 297.

② ЦГИА г. Москвы，ф. 179，оп. 21，д. 3235，л. 1 – 1 об.，8，12 об.；ОПИ ГИМ，ф. 10，оп. 1，д. 63，л. 24 – 25.

考察时间定在 1914 年的春夏两季，地点则选在两个极具前景的放射性元素矿藏区——外贝加尔地区和费尔干纳盆地。年轻的科学家 M. H. 索勃列夫毕业于莫斯科大学，曾在巴黎大学居里实验室工作过几年，如今受邀来指导实地工作。根据协议，勘探队所发现的矿藏将以巴维尔的名义登记，所收集的岩石样本、矿物学收藏品以及所有其他考察材料和工作报告也都要交给他。巴维尔规定勘探队不得与圣彼得堡科学院的勘探队进行接触，但维尔纳茨基还是设法"突破"了这支勘探队。勘探队在 1914 年春天出发前往西伯利亚和中亚，由于第一次世界大战的爆发，勘探队的活动受到了限制，因此寻找稀有元素的工作推迟了许多年。①

俄国企业家巴维尔越来越多地在社会舞台上展示自己，"经济座谈会"有助于拓宽商人的视野，强化"第三等级"的信念，正是他们，并非过时的贵族，起着历史先锋作用。他们为知识分子提供了很大的帮助，传统上知识分子对他们这些"奸商"充满质疑。但在座谈举办过程中，知识界开始相信企业家的主动性和创造性。新闻界广泛报道的"经济座谈会"在俄国社会产生了巨大反响。对此，政府和社会主义左翼激进派对企业家们充满敌视不是没有原因的，前者对莫斯科大亨们参与制定国家经济政策感到不满，后者则担心资产阶级在社会上越来越受欢迎。

参与"经济座谈会"的人在巴维尔家里讨论的主要议题之一是工业垄断（在俄国被称为辛迪加）。20 世纪初，俄国重工业的主要部门都涉及工业垄断问题。虽然与会者承认辛迪加和托拉斯是经济发展的自然产物，但他们又制定一系列措施，以防止对消费者的垄

---

① ОПИ ГИМ. ф. 10, оп. 1, д. 63, л. 27 – 29, 34, 37 – 37 об.

断。英国金融界提出的波斯铁路项目也引发了热烈讨论。这条铁路将穿过波斯（根据 1907 年的《英俄条约》，波斯北部被划为俄国的势力范围），然后将印度的铁路网与俄国的铁路网连接起来。

在巴维尔家中举办的会议上讨论了这个项目的莫斯科商人代表发现了英国人的阴谋："修建波斯铁路是为了方便印度和英国工厂的产品进入波斯北部，面包和盐组合在一起，但烟草除外……英国与俄国的旧式盲斗仍在继续，因为闯入别人家的花园并不会被视为一种恶行。"① 拒绝该项目的莫斯科实业家的反对态度对该项目的命运起到了决定性作用："俄国政府采取了另一种方案，即在波斯北部延伸俄国铁路网，并逐步向南发展。"②

与德国的贸易条约也引起了激烈的讨论，因为该条约将于 1914 年到期。在 1912 ~ 1913 年的会议上，与会者认为，在俄国迅速实现工业化的口号下，与德国重新谈判贸易条件和改变俄国对外贸易结构的时机已经成熟。据推算，工业的迅速发展将为俄国农业提供广阔的国内市场，从而可以使俄国农业摆脱对外部市场，尤其是对德国市场的依赖。俄国工业家们没有像对出口农产品感兴趣的地主们所建议的那样，要求俄国的主要外贸伙伴降低从俄国进口粮食的关税，而是认为应该通过发展工业来创造国内市场，进而摆脱不得不寻找外国市场来销售粮食的困境。③

根据巴维尔及其伙伴所设想的，在新条约中应该修改条款，即

① Рябушинский Вл. Купечество московское. С. 179.

② См. : Бестужев И. В. Борьба с Россией по вопросам внешней политики накануне первой мировой войны（1910 – 1914）// Исторические записки. Т. 75. М. , 1965. С. 45, 47.

③ Русские ведомости. 1912. 28 февр.

将改变德国从俄国进口农产品（俄国出口的主要产品）和向俄国出口其工业产品及机械时享受优惠关税的状况。巴维尔认为他们这些企业家作为俄国的"工业领袖"——本应能够保护自己免受经济更发达的邻国工业扩张的影响，并能集中精力提高其企业的生产能力。不过，在知识分子中他们的观点并不总是能引起共鸣。因此，主持修改贸易条约会议的 A. A. 马努伊洛夫主张在修改条约时首先维护俄国农业的利益，"俄国工业化进程的速度和结果是预测性的，在缔结条约时以这些预测为出发点显然为时过早"①。

不过，1914 年春天通过的条约最后草案，还是考虑到了工业家的实际诉求。条约中提高了对某些商品的退税额，这更有利于俄国纺织品制造商在与德国、奥匈帝国争夺巴尔干国家和土耳其市场时获利。② 巴维尔积极参与与德国签订新条约的准备工作，提升了他在商界的声望，并由此获得了"反德斗士"的称号，这为他在第一次世界大战期间政治生涯的开启奠定了良好的基础，这一点将在下文讨论。

由巴维尔创办的《俄国晨报》于 1909 年秋复刊，这给了他更多在政治和经济领域公开表达企业家诉求的机会。十月党人非常嫉妒地注视着他的一举一动。1909 年费奥多尔·古奇科夫在给弟弟亚历山大的信中写道："在未来，《晨报》（也就是《俄国晨报》——作者注）将在工商阶级中起着新半官方刊物的作用。"③ 起初，该

① Русские ведомости. 3 марта.

② См. : Аветян А. С. Русско-германские дипломатические отношения накануне первой мировой войны. 1910 – 1914. м. , 1985. С. 63；Субботин Ю. Ф. Россия и Германия：партнеры и противники（торговые отношения в конце XIX в. – 1914 г. ）. М. , 1996. С. 196 – 208.

③ ГАРФ, ф. 555, оп. 1, д. 681, л. 10.

报纸由大普廷科夫巷的印刷厂主人巴维尔一人独资设立。该报纸内容新颖且敢于公开表达反对派的情绪从而吸引了大批读者，在革命前的俄国，该报纸每一期的发行量达到 3 万~4 万份。不过报纸并不能赢利，甚至每年还有几万卢布的赤字。为了请其他政治伙伴共同承担成本，后来，巴维尔申请将公司改组为里亚布申斯基印刷厂股份公司，并于 1913 年 4 月获得批准。同时，他又签署了关于继续出版的合同，根据合同，股份公司的成员（А. И. 科诺瓦洛夫、С. Н. 特列季亚科夫、В. П. 里亚布申斯基、Н. Д. 莫罗佐夫等）要共同负担之前发生的 7.5 万卢布亏损，并为后续发展再提供 35 万卢布的资金支持。①

在赞助商们的大力资助下，《俄国晨报》得以继续办下去，并真正成为莫斯科"进步"资本家的喉舌。巴维尔的手稿得以保留下来，手稿中记录着报纸的宗旨："1. 报纸的总的发展方向是进步的；2. 要持有资本主义观点；3. 关于劳工问题，要尽可能地改善劳动环境；4. 维护社会生产阶级的利益：主要是企业家和农民；5. 允许组建大型工商业组织（托拉斯等）；6. 讨论村社逐渐解体的可行性；7. 讨论国有经济企业的不可行性；8. 贸易保护主义。"②

如手稿内容所示，出版商的观点以资本主义工业的进步为基础。"总的发展方向"基本上与资产阶级广泛理解的利益相一致，村社的解体符合这种利益，村社的解体是资产阶级个人主义原则战胜农业制度的结果。巴维尔没有把贵族阶级归入社会生产阶级范

① ОПИ ГИМ, ф. 10, оп. 1, д. 9, л. 5; ЦГИА г. Москвы, ф. 303, оп. 1, д. 106, л. 13. См. также: Лаверычев В. Я. По ту сторону баррикад. С. 66; Боханов А. Н. Из истории буржуазной печати. С. 272.

② ГАРФ, ф. 4047, оп. 1, д. 12, л. 1.

畴，他也不支持在俄国获得巨大发展的国有经济部门。同时，商人希望保留与私营工业有关的贸易保护主义制度，捍卫其建立垄断联盟的权利，并在可行的范围内解决劳工问题。

再次探究《俄国晨报》创始人的意图，可以明确地看出这位莫斯科百万富翁既定的"资产阶级式"的世界观。在《俄国晨报》中，他所宣扬的思想最鲜明地体现在正在开展的诋毁土地贵族和官僚机构的运动中。之前所创办刊物经历的停刊教训并未使商人们放弃犀利的表达风格和鲜明的立场。该报强调了俄国"主人"与人民之间的天然联系的同时，并证实资产阶级作为一支新生的社会力量"不会与无孔不入的警察监视和解，并不断寻求人民的解放"，"农民从来不是商人的敌人，但地主和官员却是"[1]。巴维尔本人经常以笔名"B. 斯捷科尔希科夫"发表许多类似言论。而资产阶级与占据统治地位的贵族官僚的对立问题成为巴维尔发表一系列公开言论的主题。

在俄国，报刊出版机构一直面临着严重阻碍，阻力便是普希金口中的"呆板的老傻瓜——俄国书刊检查制度"。在1905年的革命浪潮中，影响了几代俄国出版商的预先审查制度被废除了，不过警察以出版审查人的身份始终死死地盯着新闻出版业。报刊一经印刷完毕，就被移交至审查员手里，然后由他们定夺是否可以发行，如若不合格，这些报刊将全部被销毁。此外，审查员还有权对期刊编辑部门进行制裁（罚款、起诉等）。

《俄国晨报》中的一期对新闻出版业与政府审查员之间的关系进行了这样的描述："六年来，新闻业以坚韧不拔的毅力沉着地应

---

[1] Утро России. 1910. 16 мая.

对着‘中世纪’桎梏般的政府负担，在俄罗斯帝国根本就不存在不被没收的报纸的情况，甚至不存在无行政处罚和不起诉编辑的情况。"① 值得注意的是，这篇在读者看来毫不起眼的文章，却被审查员认为"散布了关于政府新闻政策运作情况的虚假信息"。审查员们甚至试图查封含有"煽动性"文章的报纸，但地区法院驳回了他们的起诉，同时驳回了审查委员会逮捕相关人员的要求。②

根据莫斯科新闻事业委员会 1909 年的资料，11 月中旬复刊的《俄国晨报》当年即被罚了两次，罚款共计 1000 卢布；而 1910 年，被罚了 6 次，罚款共计 2100 卢布。更有甚者，责任编辑 С. Ф. 普列瓦科也被处罚，他是莫斯科著名律师的儿子，原因是他在 3 月 25 日发表了一篇名为《向君主主义联盟致谢》的文章（其中提到了尼古拉二世公开向属于黑色百人团的俄国人民同盟致谢）。审查员的眼睛注视着一切：《俄国晨报》刊登了关于对免服兵役者征税的信息（1910 年 1 月 4 日），随后便被冠以"对政府不满罪"并遭到处罚；同年 1 月 10 日，又因报道了政府的禁酒措施而再次受到处罚，因为该报道"激起了大众对政府的敌对态度"。该报还不得不为《城市电车职工的骚乱》（1910 年 12 月 2 日）一文缴纳罚款，因为审查员认为该报报道了城市电车工人即将举行罢工，传播了"虚假信息，在群众中制造了恐慌情绪"。

我们的出版商本人也没有逃脱被处罚的命运，他在 1910 年 5 月 18 日的报纸上发表了《布贩子与书吏》一文，审查员认为该文充斥着反对贵族的情绪，因此"对政府充满敌意"。实际上，只有

---

① Утро России. 1912. 27 янв.

② ЦГИА г. Москвы, ф. 31, оп. 3, д. 1503, л. 1, 6.

在这种情况下，审查机构才有理由感到不满，因为署名"B. 斯捷科尔希科夫"的文章确实表露了反对政府的意见。这篇文章因为立宪愿望已经落空，于是代表俄国资产阶级向政府提出控诉："1905年，资产阶级帮助旧政权镇压人民革命，但现在，政府的反动像无政府主义一样野蛮，这首先引起了资产阶级的反对。"俄国企业家通过巴维尔之口公开警告政府，他们不喜欢这种倒退的镇压运动，甚至反对这种运动，同时他们也会想办法让政府官员"成为政府文员和办事职员，而不是领导者"。

尽管被罚款（当然，对于这个坐拥巨额财富的出版商来说，这点罚款就像被针扎了一下而已），该报仍继续明确其反斯托雷平路线。在"俄国俾斯麦"斯托雷平遇刺后，《俄国晨报》开始总结他的政治生涯，之前的作家 T. 阿尔道夫 1911 年 10 月 9 日发表了一篇题为《尸体与复活》的文章，正如莫斯科新闻事业委员会所定性的，这篇文章"言语不当，极端且不成体统"。该文通篇斥责古奇科夫和已故总理斯托雷平的政策。斯托雷平的坚定追随者古奇科夫指责维特欲谋划反对部长会议主席，维特反驳说，不是斯托雷平创造了"新制度"，而正是他维特根据 1905 年《10 月 17 日宣言》制定了"新制度"。这位伯爵并没有过度谦虚，他并没有停留在把自己继任者斯托雷平的制度与"用假乔康达取代莱昂纳多的真正作品"的对比上。

《俄国晨报》专栏作家同意维特的观点，他认为斯托雷平的"新制度"是《10 月 17 日宣言》的尸体，并提醒人们注意，维特自己开始破坏《宣言》，邀请 П. Н. 杜尔诺沃这样不受人欢迎的人担任内务部大臣，并拒绝将自由派代表纳入内阁。《俄国晨报》强调，"斯托雷平只是完成了别人已经开始做的事情"。在俄国，真正需要的不是"新制度"，而是新制度的尸体，无论是谁制造了这个死尸，最重要的是，"快把尸体移走，把活着的、有生命的、最终能使可怜的俄国复活的东西还给我们，并在 10 月 17 日完全归还"。由于这篇文章，该报被查封，大部分报纸被销毁。《10 月 17 日宣言》在反对派圈子中被称为"落寞的文化"，俄国政商两界的优秀成员们抗拒政府的政策，因为他们觉得政府的政策很少符合宪法准则，而且他们的怨恨和失望情绪也越积越深。

国内资产阶级政治成熟的里程碑事件之一是 1911 年 2 月包括《俄国晨报》在内的一些首都报纸联合发表了一封公开信，抗议人民教育部大臣 Л. А. 卡索对莫斯科大学学生和教师的镇压政策。在与教育部大臣的冲突中，许多知名学者被迫离开大学，其中包括校长 А. А. 马努伊洛夫教授，他因参与"经济座谈会"而在商界享有盛名。А. И. 科诺瓦洛夫是商界反对官僚主义专制的直接发起人。在这份抗议书上，商界、工业界和金融界的 66 位主要人物进行了签名①，巴维尔和德米特里就在其中。

提交抗议书的人强调，他们并不同情学生罢课，但不能因为罢课而"毁掉整个高校"，把大学变成"报复的对象"。莫斯科的"奸商们"公开反对政府的镇压政策，并警告斯托雷平，他的政策不会有支持者："处于精神涣散状态下的社会用沉默让当局有理由认为这是对国家道德的支持，社会给政府和国家正在提供的服务难以令人满意。"② 当时的莫斯科交易所委员会主席 Г. А. 克列斯托夫尼科夫试图否定 А. И. 科诺瓦洛夫等人的意见，他并不认同年轻同

---

① 后被称为"第 66 号公函"——译者注。
② Утро России. 1911. 11 февр.

僚的政治立场。在莫斯科的报纸上，他发表了反驳意见，基本观点可以归结为：在"签名者"中，只有30人是莫斯科交易所协会的成员，所以他们的抗议不能被认为是整个莫斯科工商界的意见。尽管如此，在俄国"第66号公函"还是被所有人全盘接受了，即政府习惯性地认为大型企业阶层是其可靠的支柱，不过在这个阶层内部已经出现了"左倾"倾向。

巴维尔在一次公开演讲中提出了"商人，向前进！"的响亮口号。1912年5月，在圣彼得堡举行的第五次工商业代表大会上，里亚布申斯基家族的领袖巴维尔在资产阶级面前极其坦率地提出了一种新的处世方法。大会就第三届杜马代表提出的将粮食事务交由国家管理，即国家垄断粮食的提案进行了讨论。在讨论中，巴维尔原则性地拒绝了这一提案，这也暴露了部分受过教育的俄国人有着国家利益至上的心理。他对该提案的态度是："想要实行国家垄断的人完全依赖政府的组织才能，他们不指望私人经济活动的丰富成果，而是认为财富的全部来源在于国有经济……"他继续说，"然而，在俄国历史甚至世界历史中，在经济领域没有国家经济超过私营经济的任何先例。相反，国家生产力的发展总是与私营企业的主动性联系在一起。俄国已经落后于其他欧洲国家，对它来说，最紧迫的任务莫过于在尽可能短的时间内走上与西方同样的道路"。

巴维尔解释说，"比起其他方面，在规范和完善贸易规则的过程中，商人的重要性更能凸显出来。只有商人才能建立和发展他所习惯的和他所擅长的事业。也许是我们从前的生活条件延缓了商人阶层的出现和发展，我们深知，俄国商人经历了一个漫长且痛苦的蜕变：从最底层的人民中脱颖而出，经过长期努力，从小商贩变成了大商人。如果我们的生活条件是另一个样，也许早就有更多这样的商人、这样的工商业组织出现，为俄国的一般贸易，特别是粮食贸易创造更好的条件，那样俄国在全球市场上对外国中间商的依赖就会减弱。这是条我们应该踏上的路……但我们感觉到，当下时代在变，我可以肯定地说：商人来了"①。

1912 年是巴维尔政治生涯的巅峰，当时，他对自己的阶级充满自豪感，对他所承担的历史使命充满信心。鉴于要筹备第四次杜马选举，所以 2 月初巴维尔组织召开了旧礼仪派信徒例行大会。当选大会主席的巴维尔在会上说，旧礼仪派信徒们应该把选票投给那些承诺捍卫他们的权利和倡导宗教宽容的人。一个出席大会的暗探在报告中说："以前旧礼仪派信徒把票投给了十月党人，但如今他们变得非常'左倾'……"②

对十月党人"左倾"反应的表现是在莫斯科成立了一个无党派的进步团体，其核心成员是与巴维尔关系密切的企业家和政治家。③ П. П. 里亚布申斯基、В. П. 里亚布申斯基、А. И. 科诺瓦洛夫、С. Н. 特列季亚科夫在 3 月 17 日召开的大会上为即将到来的选举活动加入了该进步团体。巴维尔本人在自己的报纸上强调，这个团体可以组成一个新的政党，其核心是具有雄厚资本的商人，"它不仅可以，而且必须发挥相应的政治影响"④。

1912 年 4 月 4 日，在 Г. А. 克列斯托夫尼科夫为欢迎访问莫斯

---

① ЦГИА г. Москвы, ф. 143, оп. 1, д. 256, л. 239 – 242.

② ГАРФ, ф. 102 ДП ОО, 1912 г., д. 104, л. 35, 38；ДП 4 д – во, 1912 г., д. 130, ч. 42, л. 2 – 2 об.

③ ГАРФ, ф. 102 ДП 4 д – во, 1912 г., д. 130, ч. 42, л. 1 – 17 об.；Селецкий В. Н. Прогрессисты. С. 267 – 270；Лаверычев В. Я. По ту сторону баррикад. С. 89.

④ Утро России. 1912. 4 апр.

科的总理兼财政大臣 B. И. 科科夫佐夫而举办的晚宴上，巴维尔的一番言论引起了特殊的反应。在抱怨由于选举法存在缺陷导致企业家无法以"足够的数量"进入杜马之后，莫斯科交易所协会的领导呼吁，"政府首脑应该关注工商业的发展，不要向大地主屈服，要确保工业的活动空间，消除过度的形式主义，消除阻碍社会进步的各种势力"。有意思的是，演讲者在发出了"不是为政府，而是为俄国人民'干杯'"这句祝酒词后，听众变得十分尴尬。①

这番言论引起了十月党人的强烈不满。莫斯科市市长 Н. И. 古奇科夫震怒说道："巴维尔·里亚布申斯基？他就是这个世界上前所未有的恶棍和无赖！在这样一个私密的圈子里，在这样一个温馨的房间里，他竟然对大臣会议主席这样说三道四？"难怪 B. H. 科科夫佐夫以前在圣彼得堡谈到巴维尔时说："每个人都对革命眨眼和讨好，这不是没有道理的。1905 年的大火还没将这些商人烧够，他们还没有清醒过来。相反的是，我们的贵族却是另一种情况，他们受到了相当大的打击，所以他们清醒了过来"②。

对于这位"愚蠢的"企业家的讲话，他的同伴给予了不同的评价。Ю. П. 古容写道："我现在正在阅读你与弗拉基米尔·尼古拉耶维奇（科科夫佐夫——作者注）的对话，你是唯一一个抛开商人身份从国家角度去阐述事实的人……我相信你会吸引到大批追随者。如今时机已到。"③ 总体上看，商界对此的态度是十分积极的。据一个暗探报告，"他的演讲，也就是他在大臣会议主席面前的那

---

① Утро России. 1912. 6 апр.；Коковцов В. Н. Из моего прошлого. Т. II. Париж，1933. С. 59.

② ЦГИА г. Москвы，ф. 1334，оп. 1，д. 19，л. 336 об. –337.

③ ГАРФ，ф. 4047，оп. 1，д. 23，л. 3.

番言论，使他的知名度有了很大的提升，并且引起了社会广泛讨论"①。

同年 4 月发生的与"勒拿金矿枪击案"相关的事件加速了十月党人与进步资产阶级间的分裂。监督自由派工业家的警察厅发出诏令称，这些人大部分是激进派。在就"勒拿金矿枪击案"所召开的一系列会议中，出现了两股不可调和的势力：一股是十月党派，他们主张不要给那些参加抗议活动的工人发放工资，对罢工者罚款，解雇那些闹事的工人；另一股则是以巴维尔为首的党派。在一次会议上，他说："不仅不能打击抗议枪杀勒拿工人的罢工，相反，它应作为目前最为可取的政治因素来得到道义上的支持。"他号召工厂主履行公民义务，承诺不会缩减工人罢工时长。警察报告的作者惊恐地总结道，"大多数人站在'少壮派'一边，他们非常激进"②。

在选举前发生斗争的背景下，巴维尔第一次开始被视为一个重要的政治人物。1912 年 5 月，他与 H. H. 利沃夫公爵、H. B. 达维多夫一起，以进步团体的名义向选民呼吁抵制急欲恢复旧制度的反动势力占领新杜马。为了消除这个危险，宣言提到，成立了一个以"巩固俄国宪法制度"为目标的由进步人士组成的无党派团体。通过对这位离经叛道的银行家的细致观察，警察局的例行报告写道："知名百万富翁巴维尔正变得越来越受欢迎，从而获得了更多的机会"……他在忠于古奇科夫的十月党群众中引起了恐慌。③ 莫斯科

① ГАРФ, Картотека Московского охранного отделения. Агентурная записка агента《Блондинка》от 15. 04. 1912.

② ГАРФ, ф. 102 ДП 4 д - во. 1912 г. , д. 130, ч. 42, л. 21 об. – 22 об.

③ ГАРФ, ф. 102 ДП 4 д – во. 1912 г. , д. 130, ч. 42, л. 53 об. ; Утро России. 1912. 19 мая.

安保局局长报告称："绝大多数选民是倾向于反对派的，尤其是在第一教区的选民中这种倾向非常明显，要知道，他们曾经可是十月党人坚强的后盾，但最近一段时间，特别是以工商业资产阶级为代表，在该地区却明显地倾向于新的政治集团——进步党。"①

同时，进步党其中的一个领导人很明白，他无法与亚历山大·伊万诺维奇·古奇科夫公开竞争，因为十月党领袖的强者光环实在是耀眼。此外，巴维尔的严厉措辞也引起一些温和派商人的恐惧。因此，警察有理由相信，"他的声望并没有高到可以与古奇科夫相抗衡，同时他在商界也没有那么受欢迎，而且还被人戏称为大嘴巴和新贵"。莫斯科市杜马元老级议员 Н. П. 维什尼亚科夫对他的侄子 А. С. 维什尼亚科夫及他的"少壮派"朋友们——这些进步党——的行为持质疑态度。"巴维尔是我侄子的分身。一方面，他是一个立宪民主党员、颓废派分子和革命者；另一方面，他又是一个坚毅的百万富翁，当然也是一个吝啬鬼。俄国文化引人注目的一个现代类型是它融合了不相容的东西。"② 这个评价反映了在保守的商业环境中人们所持有的观点，尽管巴维尔本人既不是颓废派分子，也不是立宪民主党人，更不是革命者。

在杜马选举前夕，巴维尔在社会活动伙伴 А. И. 科诺瓦洛夫公司的百年庆典上再次成为瞩目的焦点。1912 年 9 月，А. И. 科诺瓦诺夫在莫斯科埃尔米塔什餐厅举行了庆典宴会，巴维尔又发表了一次"犀利"的演讲。据警方称，这次演讲是"对商人的颂扬和对贵族的羞辱……在宴会上令人震惊。假如他（如他们所说）提出了

① ГАРФ, ф. 102 ДП 4 д - во, 1912, д. 130, ч. 42, л. 63 - 64.
② ГАРФ, ф. 102 ДП 4 д - во, 1912, д. 130, ч. 42, л. 67 - 67 об.；ЦГИА г. Москвы, ф. 1334, оп. 1, д. 16, л. 33.

自己的候选资格要求，那么'与贵族做斗争'的口号可能会保证巴维尔·里亚布申斯基在莫斯科的民主派（无党派）圈子里取得一些成功……"① 警察眼线还报告称，在宴会结束后的小范围谈话中，巴维尔的态度相当明确："有必要努力加速贵族的瓦解，有必要以一切可能的方式剥夺贵族的土地——在这个方向上努力的任何商人，无疑都会对俄国的进步做出贡献。"巴维尔还对政府进行了抨击，他提出了新的行动方案。"必须发声，必须提出要求，发出威胁，而不是请求，就像我们迄今为止所做的那样，我们要让政府自省。"

不过最后，他还是放弃了杜马参选，进步党和立宪民主党的共同候选人 M. B. 切尔诺科夫作为莫斯科一等选民进入新一届杜马。尽管如此，主要目标——打倒古奇科夫——还是实现了，莫斯科的工商阶级不再信任十月党人的领袖。在杜马选举的前一天，具有"进步"倾向的自由主义者大会在圣彼得堡召开，会议的目的是"促进进步党成员的团结，以便在第四届杜马选举中与反对派进行斗争"。出席会议的巴维尔和弗拉基米尔被选进已成立的进步党中央委员会莫斯科分会。他们活动的主要诉求，同时也是目标，是"建立一个君主立宪制国家，大臣对人民代表负责"。他们要求根据宪法规则改革国家机构：废除《关于加强安全和紧急安全措施条例》，废除行政当局的专制统治，并在国家生活中建立法律秩序，他们坚持废除 1907 年 6 月 3 日关于国家杜马选举的规定，并要求制定一项新的选举法，扩大俄国议会的权力等。② 在 1912 年那个多

① ГАРФ, ф. 102 ДП ОО, 1912 г. , д. 27, ч. 46, л. 31 – 32 об.
② Съезд прогрессистов 11, 12 и 13 ноября 1912 г. СПБ. , 1913. С. 2 – 3, 22 – 23；Лаверычев В. Я. По ту сторону баррикад. С. 92 – 93.

事之秋，巴维尔在商界的地位更上一层楼。由于 А. И. 科诺瓦洛夫从科斯特罗马省参选杜马，他便从莫斯科交易所委员会副主席的位置上退下来。因为生病，自 1910 年起，他实际上不再参与该委员会的工作了，他的工作也由巴维尔临时接替。1912 年 12 月，巴维尔当选为副主席，成为 Г. А. 克列斯托尼科夫的"右手"（确切地说应该是"左手"），并作为"莫斯科商人杰出代表"出席罗曼诺夫王朝建立 300 周年庆祝仪式。1913 年 2 月 21 日，作为代表团一员，他与 Г. А. 克列斯托尼科夫及 А. Л. 克诺普一起在"罗曼诺夫王朝建立 300 周年庆祝仪式上向沙皇致以最崇高的敬意"①。

第一次世界大战前夕，在政治领域，里亚布申斯基家族与进步党交往最为密切。1913 年 1 月，巴维尔被选为进步党莫斯科委员会主席，该委员会的主要活动是为杜马奠定广泛的群众基础。然而，在杜马之外，进步党并没有特别明显的影响力。1914 年初，科科夫佐夫的辞职和 И. Л. 戈列梅金新内阁公开的反动路线，促使"少壮派"企业家们加紧了他们的活动。1914 年 3 月 3 ~ 4 日，巴维尔与 А. И. 科诺瓦洛夫在宅邸多次召开了进步党、立宪民主党、"左派"十月党、社会民主党（主要指布尔什维克和孟什维克）以及社会革命党代表会议。А. И. 科诺瓦洛夫向与会者提议建立联合反对派，以迫使政府做出让步。他解释了自己的意图，"政府如今变得如此傲慢无礼，是因为政府官员认为国内已经没人反对他们了，并确信这个国家已经沉睡了。如今只要出现两三个带有革命性质的突发事件，政府就会立即表现出其一贯的懦弱和混乱"。

---

① 79 ЦГИА г. Москвы, ф. 143, оп. 1, д. 216, л. 24 – 25, 28, 30; д. 335, л. 28; д. 374, л. 10; д. 489, л. 1 об.

在会议上，А. И. 科诺瓦洛夫与布尔什维克党代表 И. И. 斯科沃佐夫－斯特潘诺夫交谈时直言，"1905 年，资产阶级过早地认为他们已经取得了胜利，因而抛弃了工人阶级"。当然，政治上天真的进步党这样盘算，他们希望在社会民主党的影响下的"工人阶级"为资产阶级火中取栗，即发动革命性暴动，进步党可以借此机会向戈列梅金政府内阁施压。但是务实的布尔什维克党则想通过这次会议澄清他们对自由派的反对程度，并希望能得到富有企业家给予他们的资金支持，以此资助当时正在筹备的俄国社会民主工党第六次代表大会。В. И. 列宁就谈判问题给斯科沃佐夫－斯特潘诺夫的信中谈道："无法从那个人（指科诺瓦洛夫——作者注）手里搞到钱吗？我们非常需要钱，而且不少于 1 万卢布。"

会议的组织者 А. И. 科诺瓦洛夫显然与巴维尔一起向社会民主党人许诺资助 2 万卢布；讨论的结果是成立一个信息委员会，委员包括巴维尔和斯科沃佐夫－斯特潘诺夫。然而，这个委员会并没有持续多久：布尔什维克没有收到任何钱，1914 年 4 月 22 日以后，当"左派"在杜马中对 И. Л. 戈列梅金起哄时，而进步党却拒绝支持左派，信息委员会也解体了。①

这里我们必须为被列宁和斯科沃佐夫－斯特潘诺夫在通信中轻蔑地称为"那个人"的人说几句话。当然，很难指望社会民主党人以平等方式对待一个与其敌对的资本世界的代表，但他们还是毫不犹豫地要求从该代表那里获得资金援助。如果提及 20 世纪初资助布尔什维克的"红色制造商"萨瓦·莫罗佐夫，那么他们提出如此

---

① Ленин В. И. Полн. собр. соч. Т. 48. С. 276；Исторический архив. 1959. № 2. С. 13 – 14；Лаверычев В. Я. По ту сторону баррикад. С. 103 – 104.

希望并非毫无根据。А. И. 科诺瓦洛夫属于有政治理想的一类商人，他和萨瓦·莫罗佐夫、巴维尔一样，清醒地意识到，国家的命运是在政治抉择中被决定的。他在莫斯科大学和德国的纺织学校接受教育，22 岁时从父亲手中接管了家族企业——科诺瓦洛夫父子公司，该公司在科斯特罗马省拥有一家棉花厂。他审时度势地认为他的主要关注点是理顺与工人的关系，并在短时间内取得了令人印象深刻的成果：6000 名工人每天只工作 9 小时，而不是通常的每天 10 ~ 11 小时；公司出资建造了设备齐全的工厂城（免费医院、学校、图书馆和阅览室、托儿所、单身公寓和为有家室的工人提供单独的住房等）。20 世纪初的罢工浪潮绕过了 А. И. 科诺瓦洛夫的工厂，这不是没有原因的，工人们尊重他们的年轻老板，因为他设法为工人做了很多事情，并给予了他们切身、真正的尊重。

А. И. 科诺瓦洛夫在不同的人类活动领域都有很高的天赋（例如，他是一位优秀的钢琴家，据米留科夫说，他的音乐演奏非常纯熟，并能举行独奏会），在第一次俄国革命之后，他越来越多地参与到政治生活中，赞同以巴维尔为首的"少壮派"资本家的观点。政治最终成为他生活的主要部分。1912 年，这位 37 岁的制造商被选入第四届国家杜马，在那里他扮演了经济政策和工人问题首席专家的角色。他还参加了保护妇女和未成年人劳动、建造工人公寓、残疾人和养老保险法案及草案的起草工作，其中一些法案已经实施。作为进步党成员，А. И. 科诺瓦洛夫曾一度担任杜马荣誉副主席职务。

在发现自己处于政治事件的旋涡中后，这位科斯特罗马实业家成了自由主义反对派运动领袖小圈子的正式成员。在革命后移民国外期间，与 А. И. 科诺瓦洛夫关系密切的尼娜·贝尔贝罗娃说，从

1912 年起，他与其他杜马成员一样属于共济会①组织——俄国人民大会。然而，关于这个"人民大会"是否有政治背景，革命前的共济会是不是未来二月革命领导人的政治孵化器的问题，尽管有许多猜测和假设，但迄今为止还没有找到佐证结论的证据。多次尝试将自己的谈话引到共济会话题上来的贝尔贝罗娃始终未能解释清楚任何事情。② 在我们看来，А. И. 科诺瓦洛夫和当时其他政治人物活动中的"共济会痕迹"被无限地夸大了（根据尼娜·贝尔贝罗娃的说法，巴维尔也是共济会成员，尽管他有旧礼仪派信仰，原则上不可能参加这种神秘的宗教团体）。这位自由派商人很快发现自己所在的杜马团体几乎不需要共济会的光环，因为该团体本身就是一个政治俱乐部，联合了反对专制的各派代表。

在 1915 年成立的杜马进步同盟中，А. И. 科诺瓦洛夫和巴维尔政治立场的相似性得到了体现，当时已经成为中央军工委员会领导人之一的 А. И. 科诺瓦洛夫在杜马进步同盟中发挥了重要作用。他认为，专制政权使国家陷入僵局，想打破这个僵局就要成立一个有广泛社会基础的组织，而这必然要将工厂工人纳入进来，在他看来，工人运动需要被引导到一个具有普遍自由主义的反对派潮流中来。这一想法在一战前夕已经成熟（它是 1914 年 3 月召开各党派代表会议的驱动力），并在战争的影响下最终形成。"在和平后的第二天"，А. И. 科诺瓦洛夫预测了 1916 年政治局势的发展，"我们将有一场血腥的内部战争。这将是无政府主义，将是一场暴动，将是痛苦的群众恐怖的爆发……在第一次革命爆发时，政府最终将变得

---

① 资本家的一个共同体联盟——译者注。

② См. : Берберова Н. Курсив мой. Автобиография. Мюнхен，1972. С. 360 – 363.

混乱，并将俄国社会完全扔给命运来安排……生路在于，一方面依靠我们自己的组织，另一方面需要交给工人组织"①。

不过他搞错了时间，风暴提前来临了，甚至在一战结束前。1917 年 3 月 3 日，А. И. 科诺瓦洛夫参与了杜马领导人与米哈伊尔·亚历山德罗维奇大公的历史性会晤，米哈伊尔大公拒绝了其兄长尼古拉二世传给他的王冠。在第一届临时政府中，А. И. 科诺瓦洛夫担任贸易和工业部部长。他承认工人有罢工的权利，但认为应该引导处于无政府状态的工人运动"转为合法的阶级斗争"。他劝革命阵营的反对者说："如果企业主不能成为企业的真正拥有者，那么企业就无法正常经营，经济就会不可避免地陷入僵局。"② 不过，随着事态的逐渐失控，他于 1917 年 5 月辞职，但在 9 月克伦斯基的最后一届内阁中又重新在贸易和工业部任职，担任贸易和工业部部长的副手。10 月 26 日晚上，在克伦斯基临时政府召开的最后一次会议上，А. И. 科诺瓦洛夫和其他的部长们一起被捕，后被关押在彼得要塞的监狱中。在监狱中他成功地将一封代表临时政府向制宪会议移交国家权力的信件转交给苏俄政府。

1918 年，А. И. 科诺瓦洛夫获释，随后他移民到了法国。在此之前的 1917 年夏天他加入了立宪民主党。因此，在流亡期间，他与立宪民主党领导人 П. Н. 米留科夫交好，同时用自己的威信支持这位立宪民主党元老提出的"新策略"，这些"新策略"是为了在

---

① ГАРФ, ф. 102 ДП ОО, 1916 г., д. 343 зс, т. III, л. 241–241 об.

② Цит. по: Волобуев П. В. Экономическая политика Временного правительства. М., 1962. С. 69; о Коновалове подр. см.: Петров Ю. А. А. И. Коновалов // Политическая история России в партиях и лицах. М., 1994. С. 248–270.

布尔什维克宣布"新经济政策"的背景下使苏俄的制度发生内部蜕化。1924～1940年，他担任由 П. Н. 米留科夫在巴黎创办的《最新消息》的编辑部主任，这本杂志在当年深受俄国侨民喜爱。在希特勒入侵巴黎后，他便辗转来到美国，并长眠于美国。在欧洲，А. И. 科诺瓦洛夫之所以出名，主要得益于他的儿子——谢尔盖·亚历山德罗维奇（1899～1978），他是剑桥大学历史学教授，是研究17～18世纪俄英关系的专家。

作为巴维尔的同路人，科诺瓦洛夫、切特韦里科夫、特列季亚科夫命运都极为相似，他们希望自己的祖国在个人首创精神和国家社会生活的宪法准则的发展道路上繁荣昌盛。为了管理社会经济生活和整个国家，这些优秀代表所处的工商阶层在20世纪初逐渐成熟起来，但由于1917年社会的崩溃，这个阶层的精英几乎都处于流亡状态。国家失去了那些由几代商业帝国培养出来的真正有天赋、有能力、受过欧式专业培训的人，而他们正是能让俄国走上工业化道路所迫切需要的人才。类似的命运也等待着我们的主人公们，在这段题外话后，我们将继续回到他们身上。

在第一次世界大战前夕，巴维尔高呼自己是商界的"左翼"政治领袖，并对政府日益变本加厉的违宪行为表示不满。他在大企业组织中的"声誉"正在稳步提升。1914年5月，在圣彼得堡举行的第八届工商业代表大会上，这位莫斯科商业帝国的领袖被选为包括 Э. Л. 诺贝尔、А. А. 波布林斯基伯爵等人在内的俄国企业家大联盟主席 Н. С. 阿夫达科夫的副手。在大会的发言中，他继续斥责"幼稚地"管理国家的政府，并呼吁自己的同僚和当权者"尽快实现国民生活的工业化发展，否则俄国将落后于世界强国"，他用一句在社会上引起广泛共鸣的话总结了商业界的普遍感受："人们希望我们伟大的国家能够设法超越那渺小的政府。"①

三个月后爆发的对德战争，暂时平息了政府和自由党派之间的冲突。战争初期，巴维尔身处军队，同时管理西北战线第 19 军团总部的医院事宜，该医院是由莫斯科交易所委员会和商人协会出资建立的，主要收治流动伤员。此时，里亚布申斯基兄弟开始用自己的资金组建医院。为了给前线提供医疗救助，巴维尔与创建全俄地方自治联合会（Г. Е. 利沃夫公爵）和全俄城市联合会的领导人（М. В. 切尔科诺夫）的关系变得亲近起来。1914 年 12 月，他和他们在莫斯科一起受到了尼古拉二世的接见，这些社会活动家们与沙皇分享了为前线提供卫生服务的组织情况。由于他的爱国主义工作，1916 年，巴维尔被授予三级安娜勋章和二级斯坦尼斯拉夫勋章。②

巴维尔的关系网不断扩大，甚至到了后来，这位百万富翁还与在俄国的协约国代表进行会晤。1915 年初，他与来访的英国顾问伯纳德·皮尔斯、利沃夫公爵和当时担任莫斯科市市长一职的 М. В. 切尔诺科夫一起制定了一份致英国政府的提案，其中包含一项建议，即成立一个特别委员会，监督俄国从盟国获得的武器分配情况。③ 该委员会的权力包括审查关于当局压迫俄国社会组织的投诉。俄国的自由党派与英国驻俄国大使乔治·布坎南建立了友好关系，1916 年根据 М. В. 切尔诺科夫的提议布坎南当选为莫斯科荣誉

---

① ЦГИА г. Москвы, ф. 143, оп. 1, д. 444а, л. 290 – 291, 320 – 322.

② ЦГИА г. Москвы, ф. 143, оп. 1, д. 573, л. 31; Спиридович А. И. Великая война и Февральская революция. Т. 1. Нью – Йорк, 1960. С. 77.

③ Бьюкенен Дж. Моя миссия в России. Воспоминания дипломата. Т. II. Берлин, 1924. С. 10 – 13; Алексеева И. В. Агония сердечного согласия. Царизм, буржуазия и их союзники по Антанте. 1914 – 1917. л. , 1990. С. 62.

公民，这主要是为了表达俄国对伟大而英勇的英国人民的尊重。据莫斯科市副市长 Н. И. 阿斯特洛夫说，当时，社会各界认为这一行为是政府对"德国朋友"的明智回应，自由主义者怀疑政府准备与德国单独媾和。巴维尔还是英国友好协会理事会的成员，该协会成立于 1915 年，目的是与欧洲最古老的民主国家实现"经济与文化和睦"，要借助英国的威望反抗俄国政府反动派。该协会汇聚了政治、科学和艺术界的杰出代表，其理事成员包括 П. Н. 米留科夫、Н. И. 瓦维洛夫、И. А. 布宁等人。①

巴维尔当时经常从前线回莫斯科，他在战争期间最关心的是保障军队医院顺利运行。1915 年 5 月 15 日，他在米塔瓦（现在拉脱维亚的耶尔加瓦）收到了来自莫斯科的电报，А. И. 库兹涅佐夫和 Н. Д. 莫罗佐夫报告称，"选民大会提议 Г. А. 克列斯托夫尼科夫、А. И. 科诺瓦洛夫和您作为莫斯科交易所委员会主席的候选人，Г. А. 克列斯托夫尼科夫病重，而且昨天刚做了手术，因此放弃了竞选。最后的选举已推迟到 6 月 10 日。您的出席对此次大会极为重要……"② 这封电报反映出了莫斯科资产阶级最大的代表组织所处的严峻形势。

事实上，在 1915 年春天发起的"抗击德国入侵"的运动中，Г. А. 克列斯托夫尼科夫主席被一些民选激进分子指责为"莫斯科德国人"提供庇护。"莫斯科德国人"是对那些祖先来自德国的商人的称呼。尽管莫斯科德国人的后代，例如某些公司，像在棉花行业发挥关键作用的 А. Л. 克诺普商行老板，或者沃高公司旗下拥有

---

① ЦГИА г. Москвы, ф. 179, оп. 21, д. 4751, д. 3 об. ; ГАРФ, ф. 4047, оп. 1, д. 6, л. 3 – 5, 6 – 7.

② ГАРФ, ф. 4047, оп. 1, д. 29, л. 1.

资本 5000 万卢布的康采恩巨头，他们加入俄国国籍并积极参与莫斯科的商业和社会生活，但无论如何在当时的商业环境中对许多人来说他们仍然是异类。战争加剧了俄国人对德国人长期以来的敌意，Г. А. 克列斯托夫尼科夫为在这场斗争中不被打倒做着努力，并呼吁不要把任何拥有外国名字的人都视为俄国的敌人，但他仍成为狂热思想的牺牲品。4 月底，"莫斯科德国人"的代表（包括巴维尔的熟人 А. Л. 克诺普和 Л. А. 拉别涅克）被踢出莫斯科交易所委员会后，Г. А. 克列斯托夫尼科夫辞去了莫斯科交易所委员会主席的职务。尽管大多数莫斯科交易所协会的主管和民选委员都支持 Г. А. 克里斯托夫尼科夫参选候选人，但他坚决拒绝参加新的选举。当然，疾病本身也起了作用，就像巴维尔在 5 月 15 日的官方电报中被告知的那样。①

从这一刻起，里亚布申斯基家族领袖的政治生涯出现了新的转机。在莫斯科的时候，巴维尔收到了一封来自彼得格勒的电报，内容是他被选为第九次工商业代表大会的主席。5 月 27 日，他从前线直接赶来，因为对国家的军事失败印象深刻，对军队武器和弹药的严重缺乏以及前线普遍存在的混乱感到失望，他发表了一番观点鲜明的讲话，其主要目的是动员私营企业为解决上述问题共同建立一个特殊的组织——军工委员会。他在大会上宣称，俄国仅靠空间是无法抵御战争的。工商阶层必须团结起来才能取得胜利。巴维尔感叹道："我们必须将战争进行到底，坚持到最后一个士兵，最后一颗子弹，最后一辆马车。"这次演讲给人留下了深刻的印象，在他的影响下，大会暂缓之前的议程，决定"为了给军队提供弹药而将

---

① ОПИ ГИМ, ф. 10, оп. 1, д. 10, л. 113, 130.

整个工业联合起来"，建立一个具有地区机构网络的中央军事工业委员会。①

尽管报刊在转载巴维尔的演讲时对内容进行了诸多的审查删减，但我们从中还是感受到了他所具有的饱满情感，当他演讲时，米塔瓦附近的阵地正遭到 6 英寸口径大炮的轰击。巴维尔饱含激情地向商业精英们呼吁道："当你觉得自己站在生死的边缘时，你会特别想去体验一切，给自己的过去一个交代……我们不能再做我们的日常事务。至于每家公司、每家工厂，我们所有人如今能做的就是去抵御战争这股邪恶势力……只有拥有那种可怕的、令人难以置信的、超人的精神，才能打败我们的宿敌。我们必须清楚，如果战争失败，我们无法像我们现在讨论的这件事一样来心平气和地讨论事情。"

出席大会的《股票公报》记者对该公开演讲做出了一个有趣的评价。该报对巴维尔演说方式的描述使我们能够想象出，当俄国已经没有军事时运时，这个人在国家命运的生死存亡时刻所显露的形象。"这位莫斯科百万富翁古怪却又独特。他是旧礼仪派信徒和英式商人的结合体。他面容严肃，声音严厉。站在演讲台上，他语调抑扬顿挫、充满激情，甚至还有点可怕，口气不容置疑。在充满愤怒的语调中，人们可以感受到他真实的痛苦和内心的苦涩。但最痛苦的话还未说出口，颤抖的声音转为低语，他紧张地用拳头敲打着讲台。在报纸刊登的演讲中，结尾一段话真正地敲响了警钟：'先生们，重点不是重复我们已经感受到的和正在感受到的……我们必须敲碎这条从头到脚、从内到外纠缠我们的多头德国蛇（在响彻整

---

① Новое время. 1915. 28, 29 мая.

个会议大厅的掌声中情绪激动的巴维尔离去了）'。"①

他曾经的一位莫斯科志同道合的同伴、莫斯科工厂主协会领导人Ю. И. 波普拉夫斯基指出，"巴维尔·里亚布申斯基在上一次工商业代表大会上的激情演讲，成为动员整个国内工业界的主要推动力"。他从彼得格勒抵达莫斯科后，在6月2日举行的莫斯科交易所协会选举会议上，就前线局势和彼得格勒会议的决议做了报告，向莫斯科商人发出了"与其他阶级一起积极行动起来保卫俄国"的呼吁。在巴维尔的建议下，会议决定建立莫斯科军事工业委员会（简称莫斯科军工委员会，俄语缩写为 МВПК），由12个中部省份的26个工业生产部门的代表组成。

莫斯科军工委员会成立的目的是"满足陆、海军对武器、弹药、军服、食品和交通运输的需求"。而其近期目标则是"促使中央工业区工厂开始为军队制造枪炮、弹药和其他物资等"。巴维尔成为莫斯科军工委员会主席，А. И. 科诺瓦洛夫（来自中央军工委员会）和来自全俄地方自治和城市联盟的 Г. В. 利沃夫公爵当选副主席。几天后还举行了莫斯科交易所委员会领导人选举，巴维尔在选举中获得了65票，超过了他的盟友 А. И. 科诺瓦洛夫，成为莫斯科商界当之无愧的领袖。②

莫斯科交易所协会引起了整个俄国的关注，因为在巴维尔发表了5月讲话之后，正如报纸上所写的那样，很明显，"莫斯科交易所委员会要成为广泛动员后方的中心组织"。报纸上发表了大量关

---

① Биржевые ведомости. 1915. 28 мая.
② ЦГИА г. Москвы, ф. 143, оп. 1, д. 571, л. 53–56；Деятельность Московского областного военно-промышленного комитета и его отделений по 31 января 1916 г. М., б/г. С. V；Биржевые ведомости. 1915. 11 июня.

于这位拥有百万资产的富翁政治家成为"伊利因卡大街第一公民"（莫斯科"中国城"的主要街道，既是工商业和金融服务的中心，也是莫斯科交易所大楼所在地）的评论。俄国最权威且消息灵通的商业报纸《股票公报》刊登了一封来自莫斯科的署名为 C. 苏尔塔诺夫的信件，其标题很有特色，叫《商人来了!》。①

《商人来了!》的作者回顾了巴维尔在战前提出的口号，强调"从来没有人如此直接且大胆地允许'第三等级'对俄国所有陈旧、过时的力量发起挑战"。文章作者最后总结道，像里亚布申斯基家族这样的企业家与人民之间存在着牢不可破的联系："巴维尔一直被深受迫害的旧礼仪派信徒的反抗意志所熏陶，他勤奋且持之以恒，他对巩固物质权力有着执着和渴望，而物质权力是旧信仰者留下来的唯一遗产，最终他拥有了向旧圣像秘密祈祷并用二指画十字来保佑自己的权利。祖父与土地的联系，不仅造就了他全面的性格，还让他获得了带有民族情怀的纯洁品质，并敢于把商人的权利与人民的利益结合在一起。"

文章强调，随着巴维尔当选为莫斯科交易所委员会和莫斯科军工委员会主席，俄国资产阶级的新时代正在到来。可以说，"商人已经来了"，这位信奉旧礼仪派的莫斯科百万富翁的形象与他宣称的关于资产阶级在国家生活中起特殊作用的口号相当吻合。《股票公报》向读者介绍了这位俄国政治舞台上的"新星"的世界观，"巴维尔·里亚布申斯基是一位纯粹的政治家，他认为工商业阶级是这个国家的核心。他没有双重人格也不是一个踌躇的商人，在商人阶级心理学上他是一个完整的人……巴维尔·里亚布申斯基以出

---

① Биржевые ведомости. 1915. 15 июня.

色的组织能力、过人的商业头脑以及超强的工作能力，超过了当地的任何人。而且，他还能把事业利益与政治诉求有机地结合起来"。

巴维尔很快证明了他没有辜负大家对他的期待。根据巴维尔的提议，莫斯科商人决定用通过认购到的资金建造一个炮弹厂。从前线赶来的弗拉基米尔也坚定地支持哥哥开创的事业。战争爆发后，弗拉基米尔自愿前往德国前线，在一个陆军总部组织了一个机动通讯小队。他因参战被授予4级圣格奥尔基军官勋章并被提升为军官。1915年夏天，在俄国军队撤退时，他受了重伤，但在康复后，他又回到了前线，一直战斗到1917年。前线参战的经验使他了解到军队弹药严重短缺，他向企业家们保证"商人阶层签字建造工厂的事情被军队看作对整个国家关心的表现"。

此外，弗拉基米尔一直向哥哥巴维尔提供前线的情报。战争时期他与巴维尔的一些通信被保存在巴维尔的个人档案中。1916年8月，康复后的弗拉基米尔打算再次奔赴前线作战，在给哥哥的信中写到俄国需要发展迫击炮、信号弹、重型炮弹和手榴弹的生产以突破敌军的铁丝网围栏，而且俄军迫切需要在前线修建道路和永久性火力点，并扩建机场。第一次世界大战在人类历史上也是一场机器战争，这位莫斯科工业家和银行家敏锐地意识到了这一点。他痛斥俄军高级将领："军队最大的灾难就是任用了这些无用的将军，特别是在第四军……有了优秀的将领、属于我们的迫击炮和畅通的公路线便会有优秀的战绩；反之，把设备给了那些白痴，后果也可想而知。"

战争生活也引起了弗拉基米尔对战后俄国的未来、经济复兴的前景以及企业阶层自身状况的思考。1916年秋天，弗拉基米尔在给巴维尔的信中写道："我认为，战争在全国范围内不可逆转地发展起来了，一方面，不管是自由知识分子还是未受多少教育的群众都认为有必要建立属于自己的工业；另一方面，一个极其重要的又非常可悲的事实就是广大群众对商人和工业家有着明显的憎恨。原因是一些商品价格过高，还存在很多投机行为等。"①

俄国商人中最优秀的一部分，尽管人数不多，但他们试图尽自己最大的努力造福于国家。在巴维尔和弗拉基米尔倡议下建立的炮弹工厂发展成功。到 1915 年 9 月，工厂已经筹集了 450 万卢布，兄弟二人在莫斯科购置了两间已停工的机械车间，配备了从里加运输过来的机床（还从瑞典和美国订购了金属切削机床），修建了一条通往车间的铁路支线，三个月后工厂开始生产第一批炮弹。工厂的生产设计容量是每天生产 1000 枚大口径和 3000 枚 3 英寸口径的炮弹。②

在巴维尔的领导下，莫斯科军工委员会的主要职责是向联合企业分配军事订单。中央区工业的特殊作用体现在生产军装（包括靴子）、运输设备和工兵器械等方面。家族的其他兄弟也积极参加了委员会的工作：谢尔盖负责生产军靴和弹药装备，斯捷潘负责生产棉织品。

莫斯科军工委员会自成立以来，就与其他自由主义社会团体——全俄地方自治联合会和城市联合会——保持联系。1915 年 7 月底，莫斯科军工委员会下设了订货分配局，除了巴维尔之外，进入莫斯科军工委员会订货分配局的还有来自中央军事工业委员会的 А. И. 科诺瓦洛夫、地方自治联合会的 Г. Е. 利沃夫公爵以及城市联

① ГАРФ. Ф. 4047, оп. 1, д. 43, л. 8 – 12, 13 – 14, 15 – 23.
② ЦГИА г. Москвы, ф. 143, оп. 1, д. 571, л. 288 – 289; д. 797, л. 14 – 24, 28 – 29, 64 – 68; д. 575, л. 10.

合会的 M. B. 切尔诺科夫。① 1915 年春夏两季的俄军军事失败和沙皇政府对已建立的社会团体的歧视态度，为资产阶级自由派展开联合政治行动创造了有利条件。随着 7 月 19 日杜马会议的开幕，沙皇政府与社会民众之间的矛盾变得愈发不可调和。

7 月 25 ~ 27 日，在彼得格勒举行的中央军事工业委员会代表大会上，A. И. 古奇科夫当选为委员会主席，A. И. 科诺瓦洛夫为副主席。莫斯科军工委员会主席巴维尔公开表示了对政府的不信任，认为政府"僵死的处境""可能会置我们于死地"。巴维尔希望随着事态的发展会迫使政府号召资产阶级参加"最高沙皇会议"。他一次又一次地呼吁政府与资产阶级共同努力拯救国家。巴维尔发表演讲说："俄国的工业有一定的经验积累，我想说，我们已经成熟起来，现在能明显地感觉到俄国所面临的危险，所以我们意识到，如果将所有准备反对我们的力量团结起来，那么我们能拯救俄国，我们将做成一件伟大的事情。但要做到这一点，先生们，需要政府来帮助我们。政府必须重新审视自己，如果有任何迟疑，它就会削弱自己，或者，当它向我们发出呼吁时，就太晚了。"在暗示政府高层与德国媾和的阴谋时，莫斯科资产阶级领导人果断宣称要继续战斗，"即使我们不得不跨越乌拉尔山脉作战"②。

资产阶级寄希望于当局能拥有清醒的认识并与其合作抵御外敌，然而这一希望很快破灭了。取而代之的是另一种社会情绪，即通过向政府部门施压迫使其考虑自由派的诉求。8 月初，巴维尔与古奇科

---

① ЦГИА г. Москвы, ф. 1082, оп. 1, д. 5, л. 1 – 1 об., 580; ГАРФ, ф. 102 ДП ОО, 1915 г., д. 343 зс, т. 1, л. 69 – 70.

② Труды съездов представителей военно - промышленных комитетов. 25 – 27 июля 1915 г. Пг., 1915. С. 35 – 37; Утро России. 1915. 25 июля.

夫、利沃夫、切尔诺科夫和科诺瓦洛夫出席了一系列会议，在会上讨论了各地军工委员会的活动以及两个委员会面临的社会政治问题。与会者在会上表明，他们在尝试寻求与政府机构合作时普遍有"沮丧感"，抱怨声此起彼伏，抱怨军事部门的无能，抱怨"委员会工作的每一步都遇到阻碍"，抱怨"政府人员无力组织人民取得胜利"。最激进的会议组织者甚至建议由他们"全面接管国家行政和立法权力"[1]。

接管国家权力的主张体现在国家杜马中的各个政治派别建立"进步同盟"的行动上，该进步同盟于 1915 年夏天在进步党领导人科诺瓦洛夫和 И. Н. 叶夫列莫夫的倡议下组建。8 月 16 日，莫斯科军工委员会领导人出席了由科诺瓦洛夫组织的会议，此次会议在莫斯科大尼基茨基街科诺瓦洛夫的公馆中进行，会上讨论了建立一个对国家负责并得到杜马多数成员支持的"国防内阁"。根据科诺瓦洛夫的计划，即将成立的"联盟委员会"将成为进步同人的规划领路人。巴维尔是联盟委员会的核心成员，他也是向沙皇进言的代表团成员的候选人，该代表团将被派去传达进步党的要求。[2]

与会成员决定观察社会民众对其初步行动的反应。8 月 13 日，在科诺瓦洛夫召开会议前夕，《俄国晨报》刊登了一篇具有试探意味的文章，即公布了拟议中的"国防内阁"的成员。П. И. 米留科夫回忆说，报纸公布的名单是在巴维尔的别墅里准备的。名单上唯一的政要是农业大臣 А. В. 克里沃舍因，他与莫斯科纺织业的莫罗

---

① См.: Буржуазия накануне Февральской революции. Сборник документов под ред. Б. Б. Граве. М.; Л., 1927. С. 20 – 22; ГАРФ, ф. 102 ДП ОО, 1915 г., д. 343 зс, т. 1, л. 107 – 109.

② ГАРФ, ф. 102 ДП 4 д-во, 1915 г., д. 42, т. 9, л. 61; ДП ОО, 1915 г., д. 42, т. 9, л. 61. ДП ОО, 1915 г., д. 343 зс, т. 1, л. 128.

佐夫家族有亲戚关系，军事大臣 A. A. 波利瓦诺夫和教育大臣 П. H. 伊格纳季耶夫则是自由主义反对派。A. B. 克里沃舍因特别受欢迎，因为他在 1915 年 10 月辞职，而巴维尔的报纸对"我们所期待的君主立宪派大臣"的行为给予了最高的评价。未来"国防内阁"其余成员是杜马和其他社会组织的领导人，他们打算从沙皇官僚机构手中夺取权力。①

杜马成员的建议得到了 M. B. 切尔诺科夫的支持。与科诺瓦洛夫会面两天后，1915 年 8 月 18 日，在莫斯科市杜马成员参加的紧急会议上，在切尔诺科夫的建议下，决定给沙皇和最高统帅尼古拉·尼古拉耶维奇大公发一份电报，电报决议内容如下："取得胜利的关键是人民选派代表制度与国家的统一。我们相信，国家杜马能够在这个遭遇考验的时刻传达国家的真正精神……国家目前面临的任务是组建一个公信度高且万众一心的政府。领导者必须是一个国家所信任的人。"二月革命之后，莫斯科的资产阶级的半呼吁、半警告被自由主义者视为"对旧政权代表的打击"。这是预言之钟发出的撞击声，传遍了整个俄国，预示着不可避免的结局即将到来。②

1915 年 8 月，局势异常紧张，沙皇模棱两可地回应了自由主义反对派针对自己的抨击，但所有自由派都对此感到不满。8 月 25 日，在从最高统帅部发出的电报中，尼古拉二世告知莫斯科市杜马："我完全同意这样的想法，如今，应该团结一切力量只为实现一个目标——打败敌人，沙皇及其政府和人民的团结统一是非常必

---

① См. : Милюков П. Н. Воспоминания. 1859 – 1917. Т. 2. Нью – Йорк, 1955. С. 273; Кривошеин К. А. А. В. Кривошеин（1857 – 1923）. Его значение в истории России начала XX в. Париж, 1973. С. 347 – 348; Утро России. 1915. 28 окт.

② ЦГИА г. Москвы, ф. 179, оп. 21, д. 4312, л. 1 – 1 об. ; д. 4751, л. 3 об.

要的。"① 各种事实都表明"等待是没有意义的"，组建政府的权力完全掌握在沙皇手中，但他不会听从任何人的意见。

后来发生的事情也证实了自由主义反对派最深的顾虑，那就是专制政府没有做出任何让步或采取分权举措。8月19日，巴维尔代表莫斯科交易所委员会向沙皇递交了一份请愿书，要求在赋予拥有较高公信力的人充分权力的前提下将"其吸纳进政府"，随后为了可能进行的谈判巴维尔前往彼得格勒。然而，作为对请愿书的回应，莫斯科的商人们收到了来自政府最高级别的信函，这让商人们陷入了困境。据一名警探称，巴维尔带着"满腔怒火"回到了莫斯科，并于8月25日召开了莫斯科军工委员会紧急会议。他在会议开幕前说："我们不会再给沙皇政府发电报了"，随后建议把讨论通过的决议将直接刊登在报纸上。②

在来自地方军工委员会的一百多名代表面前，他呼吁"通过向中央政府施加压力使社会力量参与国家治理"。莫斯科商人领袖鼓励参会者，"我们没有什么好怕的，我们要面临一股强大的力量，因为我们的军队正在敌人面前逃窜"。临时会议所通过的决议特别要求"立即征召肩负国家希望的新成员加入大臣会议中"。经济座谈会的参与者对从彼得格勒收到的关于换掉尼古拉·尼古拉耶维奇大公由沙皇本人担任最高统帅的消息感到困惑。许多人从这一行为中看到了亲德派势力的阴谋，他们正在把沙皇推向单独媾和的深渊。警察厅就此事报告说："关于军队最高司令部内部变化动机的各种荒谬和恶意的谣言在社会各界中流传开来……这件事被描述成与德国单独

---

① ЦГИА г. Москвы, ф. 179, оп. 21, д. 3873, л. 179.

② Утро России. 1915. 20 авг.；ГАРФ, ф. 102 ДП ОО, 1915 г., д. 343 зс, т. 1, л. 161 – 161 об.

媾和的手段，似乎，彼得格勒上层人士对此非常感兴趣。"① 当然，这些怀疑没有任何实际依据（因为尼古拉二世决心将战争进行到底，他已经明确地表达了这一观点），但种种猜疑也的确说明了俄国政府与社会各阶层之间的矛盾是不可调和的，不仅是沙皇的大臣，还有"举行过涂油登基仪式的君主"本人都处于旋涡之中。

在同一天，当巴维尔召集各地军工委员会代表时，"进步同盟"的声明被公开，其中包括一个要求，即在内阁中增加自由派代表。巴维尔举行会议的目的显然是要给人留下杜马得到了广泛支持的印象，并向沙皇政府施加"和平压力"。据推测，8 月 23～24 日在莫斯科召开的旧礼仪派信徒大会仔细研究了上述要求，在会上，在无所不能的巴维尔的建议下，一项决议得以通过，"旧礼仪派信徒们相信，只有由被国家信任的人组成的新政府才能拯救俄国"②。

8 月 28 日，在 M. B. 切尔诺科夫那里举行了就进步同盟与戈列梅金内阁的谈判的"公众人物"会议，在会议上巴维尔使他的政治伙伴们相信，"政府之所以没有废除杜马，是为了维持一种体面，以此证明俄国是一个文明的国家，但一旦得到了外国资金的支持，便会立即改变对杜马的态度"（这是针对财政大臣 П. Л. 巴尔克就英法为其提供战争贷款事宜进行的评价——作者注）。现状则更加令人匪夷所思。

9 月 1 日，巴维尔和 M. B. 切尔诺科夫前往彼得格勒，"协调自己的行动计划，以防政府在不接受'进步同盟'提出的条件下解散

---

① Буржуазия накануне Февральской революции. С. 24－26；ГАРФ, ф. 102 ДП ОО, 1915 г., д. 343 зс, т. 1, л. 166, 188－189；ДП 4 д-во, 1915 г., д. 108, т. 42, л. 16 об. －17；Утро России. 1915. 26 авг.

② Утро России. 1915. 25 авг.

杜马"①。但是，谈判无果而终，一天后他们回到莫斯科，并在报纸上看到了沙皇解散杜马的命令，而且没有宣布召开下一届杜马会议的日期。俄国自由主义反对派发动的"请愿式攻击"失败了。值得注意的是，沙皇的警察对巴维尔及其盟友的活动和计划非常了解。警察厅的档案保存了绰号为"巴甫洛夫"的一个暗探的许多情报，他渗透到莫斯科军工委员会领导层，并与主席保持密切联系，"最有能力的机构"连巴维尔等人最私密的谈话内容都能在极短的时间内知晓一二。②

---

① Буржуазия накануне Февральской революции. С. 29 – 32；ГАРФ, ф. 102 ДП ОО, 1915 г., д. 343 зс, т. 1, л. 208 – 211, 239.

② Этим агентом, как удалось установить при любезном содействии начальника отдела материалов ГАРФ по истории общественного и революционного движения в России З. И. Перегудовой, являлся секретарь бюро МВПК некий А. М. Кошкарев, уроженец г. Вятки, из мещан, сравнительно молодой человек (1887 года рождения), но уже с изрядным полицейским стажем. С 1909 г. под кличкой 《Викторов》 он был секретным агентом Вятского губернского жандармского управления по партии эсеров, затем перешел на службу в Московское охранное отделение и внедрен в окружение Рябушинского. По должности секретаря Кошкарев вел заседания МВПК и ведал всей корреспонденцией комитета, получая помимо официального жалованья еще 200 рублей от охранки ежемесячно за свои ценные услуги. Множество донесений этого субъекта, отложившиеся в фондах охранного отделения и Департамента полиции, предоставляют историку редкую возможность исчерпывающе осветить деятельность его подопечного в переломные месяцы 1915 года. Имел 《Павлов》 доступ и к личной переписке Павла Рябушинского. Препровождая 15 февраля 1916 г. 《добытое мною совершенно агентурным путем》 письмо Рябушинского военному министру А. А. Поливанову, начальник московской охранки предупреждал, что послание 《при своем использовании требует крайней осторожности ввиду особой близости моей агентуры к комитету и лично к П. П. Рябушинскому》 (ГАРФ, ф. 102 ДП ОО, 1916 г., д. 343 зс, т. 1, л. 78).

9月5日，暗探"巴甫洛夫"说，解散杜马的法令"令委员会的成员们感到沮丧，但没有引发任何讨论"。该暗探报告，巴维尔和伙伴们"建议发出最后通牒，要求政府立即接受'进步同盟'的提案，如果政府拒绝，则暂停所有为军队服务的社会机构的活动"①。

然而，莫斯科资产阶级领导人缺乏与沙皇政府公开对抗的决心。他仅在自家报纸《俄国晨报》上刊登了一篇名为《俄国自由资产阶级政治意识形态》的社论。为了守护"俄国的伟业"，巴维尔认为有必要"建立一个合乎宪法的政权取代现有政权"，这将为"资产阶级争取建立自由主义政府提供强有力的支持"。根据编辑的解释，发表这篇文章是为了"阐明一个问题，进步同盟如果继续扮演它所发起的运动的领导人角色，它会将俄国引向何处"②。为防止君主专制，资产阶级虽然撤退了，但他们已经不折不扣地赢得了胜利。

他们仍旧保留了一丝希望，希望与沙皇进行私人会谈。8月16日，在科诺瓦洛夫主持召开的会议上，资产阶级首次做出向尼古拉二世派遣代表团的决定，最终该提案在9月7～9日举行的莫斯科地方和城市自治代表大会上获得通过。巴维尔获得了与利沃夫公爵、莫斯科市副市长 Н. И. 阿斯特洛夫一样的资格，成为代表团的一员，他将觐见并准备向君主进言提出对"责任内阁"问题的看法。然而，整件事却以尴尬收尾：9月20日，内务大臣 Н. Б. 谢尔巴托夫接待了切尔诺科夫和利沃夫等人，并转告他们沙皇拒绝与他

---

① ГАРФ, ф. 102 ДП ОО, 1915 г., д. 343 зс, т. 1, л. 251 – 254.

② Утро России. 1915. 3 сент.

们会面。被拒绝的代表们在利沃夫公爵的公寓中开会,得出的结论是:"虽然召开新的全俄地方自治和城市联盟大会来回击尼古拉二世的专断是合适的,但考虑到不应该再次激化国内矛盾,决定取消代表大会。"① 他们做的唯一的事是在巴维尔的印刷厂印刷了一本解释觐见因何未能成行的小册子,但根据警察令,这300本印刷品被全部没收了。

代表团的事情使巴维尔在预期的会议前夕的内心状态变得清晰。事情是这样的,这位莫斯科金融大亨将他想向沙皇进言的话写在了他下榻的彼得格勒欧洲大酒店的信笺上,这份进言稿被保存了下来。进言稿以向"最仁慈的君主"发起呼吁开始,巴维尔然后在"仁慈的君主"面前描述了一个惨淡的政治局势:"在您的治下有一个团结的国家和不愿真切了解自己国家的政府,造成这一可怕结果的一个原因便是您受少数人的蛊惑,然后使您与您的子民分离……在经历了严重的失败后,如今大家都得出了一个毋庸置疑的结论,即不能再这样下去了,为了实现最终的胜利必须要更换现有的政府。"为了让沙皇接受自己的建议,巴维尔解释说:"我们都不需要隐瞒,许多人说,该说的都已经讲完了,向最高权力机构上诉不会有任何结果。我们怀着真诚的信念捍卫最高权力,并希望权力所有者承担应有的责任。伟大的国王,我们满怀希望、带着无可辩驳的建议来到您面前,我们是被全俄地方自治和城市联盟大会选出来的。"这些话的主旨是呼吁沙皇与人民真正团结在一起,"您呼吁我们,通过相互理解和通过号召国家赋予重任的权威人物来拯救俄

---

① Буржуазия накануне Февральской революции. С. 58;ГАРФ, ф. 102 ДП ОО, 1915 г. , д. 343 зс, т. II, л. 330.

国。为了俄国，请让国家杜马立即重新召开会议，不要把我们真诚的言辞看作只是为了削弱您的权威，这是我们对俄国的爱"①。

很难说，这位莫斯科政治家是否真的希望与专制君主的私人谈话能取得一定的成果。前不久向"最高统治者"发送的电报的经历似乎打破了这种幻想。可以肯定的是，杜马的解散和沙皇拒绝觐见的做法使巴维尔感到震惊。在夏季的各种政治抗议活动频发之际，巴维尔的活动却随之减少。当时自由派与反对派普遍的态度是将与当局的恩怨推迟到战后解决。此后，巴维尔与 А. И. 古奇科夫一起当选国务会议成员，这是对他们政治活动失利的一个小小的安慰。

在统治阶层眼中，这位反叛的银行家早已声誉扫地，而他与尼古拉二世的"死敌"——А. И. 古奇科夫的合作，正如沙皇本人所宣称的那样，只会火上浇油。根据 П. А. 布里根所说的，在与巴维尔关系密切的圈子里，"国家上层领导无法容忍巴维尔·里亚布申斯基，这已经不是什么秘密了"②。在 1915 年 9 月 17 日写给"尼卡"的私人信件中，皇后亚历山德拉·费多罗芙娜无法抑制自己对新当选的国务会议成员的憎恶："事与愿违，古奇科夫、里亚布申斯基③、温施坦因（可能是真正的犹太人）等人被一些畜生选入国务会议！与他们合作真的是'太快乐了'……"④

批评的声音回荡在商界。1915 年 9 月，著名的书籍出版商 И. Д. 瑟京对巴维尔做出了一个明显带有偏见、极主观的评价：

---

① ГАРФ，ф. 4047，оп 1，д 5，л. 131 – 132.

② ЦГИА г. Москвы，ф. 143，оп. 1，д. 573，л. 24.

③ 指巴维尔——译者注。

④ Переписка Николая и Александры Романовых. Т. III. 1914 – 1915 гг. М.；Пг.，1923. С. 361.

"他有着平平无奇的个性，是当代的豺狼，就像所有商人一样，大发国难财。"① 巴维尔作为一名百万富翁，其资产已经够他平稳度过一生，但他仍然热衷于政事，可以说他跻身政界的目的并不是致富。他的政治活动在 1915 年秋天经历了一个关键时期。他试图强化与协约国的联系，并寻求与"英法国家议员"建立直接的联系以利用他们的影响力来影响自己的政府。按照军工委员会主席交办的任务，编写并提交给了乔治·布坎南一份关于军工委员会活动的特别说明，但事情就此结束，并无下文。②

除此之外，受人喜爱的《俄国晨报》处境也不断恶化，经营持续出现大幅亏损。在由巴维尔主持召开的决定印刷厂命运的特别会议上一个事实得以确认，"在六年中共花费了高达 77 万卢布现金来出版《俄国晨报》。这伙人最后得出结论，这些开销已经超出了巴维尔承受的范围，因为尽管他为《俄国晨报》提供了大量的资金支持，但《俄国晨报》的编辑部还是欠了 28 万卢布外债"。尽管如此，莫斯科的工业家们还是决定继续支持该出版物，"晨报从一开始就坚持走政治路线经实践证明是有道理的，并且现在已经联合了工商阶层的很大一部分人"③。在著名的纺织厂工厂主 M. H. 巴尔迪金主持下成立的出版委员会决定继续出版，当时该报纸的发行量为 3 万份，在填补了当前的全部债务亏空后，出版委员会决定成立莫斯科出版和印刷股份公司，公司固定资本为 150 万卢布（尽管成立新公司需要很长时间，但主要目标——向该报提供资金援助——已经实现）。

---

①　Цит. по：Аврех А. Я. Распад третьеиюньской системы. М.，1985. C. 190.

②　ГАРФ，ф. 102 ДП ОО，1915 г.，д. 343 зс，т. III，л. 25 – 29.

③　ЦГИА г. Москвы，ф. 143，оп. 1，д. 54，л. 69 – 74.

此时，还有另外一件喜事，那就是莫斯科军工委员会下设了一个"工人团体"。让工人参与莫斯科军工委员会是莫斯科商界传统的家长式作风的延续，并试图将工人运动引向社会自由主义的方向上来。在1916年编制的"工人团体史"的说明中，莫斯科安保局负责人一针见血地指出，邀请工人加入莫斯科军工委员会这一想法主要源于自由派分子要求参与国家管理。说明中提到，很多人认为，通过这种方式可以获得工人阶级的好感，通过与他们密切接触可以将其作为斗争的工具，并在必要情况下对政府产生实质性的影响。[1] 1915年夏天，科诺瓦洛夫首次在彼得格勒进行了这样的尝试，但工人拒绝加入中央军事工业委员会。

相比之下，巴维尔的尝试更为成功。1915年11月，莫斯科军工委员会举行了工人选举大会。委员会主席在向选民发表讲话时敦促他们忘记"党派争斗和算计，把一切都推迟到战争结束"。据警方称，巴维尔尽一切努力确保"选举顺利进行"。然而，冲突未能避免。工人们不顾这位百万富翁的自尊心，把他赶出了会议室，然后单独讨论加入委员会的问题。最后，一群布尔什维克与会者（出席的90人中有15人）拒绝加入并离开了会议。大多数人赞成加入莫斯科军工委员会，并向重新回到会场的巴维尔宣布了这一点。

在巴维尔的建议下，选举大会通过了一项决议，即决定召开全俄工人代表大会，正如工厂主所设想的那样，在军工委员会的主持下，该代表大会将工人团结了起来。[2] 在向前进的同时，我们说胜利其实是虚幻的：密切监视自由派社会组织"颠覆"运动的沙皇警

---

① ГАРФ, ф. 102 ДП ОО, 1916 г. , д. 347, л. 321－322.

② ГАРФ, ф. 102 ДП ОО, 1916 г. , д. 347, л. 13－14；Утро России. , 1915. 16 нояб.

察最终破坏了工人代表大会的召开，在二月革命发生前夕逮捕了参加莫斯科和中央军工委员会的工人小组成员。

同时，工人团体的活动经常与"企业家活动"发生冲突。莫斯科军工委员会的领导层认为，新成立的"工人小组"所负责的工作应主要是改善工人的工作条件。工人们受孟什维克社会民主党的鼓动，坚持要求更广泛的权利，认为他们只是有条件地与莫斯科军工委员会联系在一起，并警告"工厂主"，"我们只是暂时走在一起，但以后我们会分道扬镳"。1915 年 11 月 30 日通过的莫斯科军工委员会"工人小组"宣言强调，"失去了自己组织的工人准备参加莫斯科军工委员会的活动，以便团结工业和技术力量，保卫祖国"。然而，他们警告里亚布申斯基的公司①，"为了执行这项任务，我们必须有最低限度的自主权，这是解决战时条件下工人群众状况问题所必需的"。工人们成功地捍卫了自己的自主权。工人们成功地坚持了自治，但早已不是最初设想的在莫斯科军工委员会下由 C. H. 特列季亚科夫领导工业劳动动员部门，而是建立一个相对独立的"工人小组"②。

与此同时，政府继续对自由主义反对派表现出蔑视的态度：原定于 1915 年 11 月举行的军工委员会、全俄地方自治与城市联合会代表大会被勒令禁止。在此时召开的一次会议上，巴维尔呼吁未召开的代表大会的参与者自行解散所有组织，但没有得到支持。③

1916 年初，莫斯科商业帝国的掌门人（指巴维尔）不幸患上了肺结核，这个病已经将他的弟弟费奥多尔带进了坟墓。莫斯科安

---

① 指巴维尔的公司——译者注。

② ЦГИА г. Москвы, ф. 1082, оп. 1, д. 5, л. 11 – 13 об.；д. 165, л. 1 – 3.

③ См.：Лаверычев В. Я. По ту сторону баррикад. С. 131 – 132.

保局局长 1916 年 2 月 25 日说："最近，莫斯科军事工业委员会主席巴维尔的病情（肺结核）已经恶化到了不仅无法亲自参加社会机构的活动，而且他虚弱的身体状况和持续咳血也使他无法离开莫斯科。然而，他还是坚持以书信方式管理相关事务。"①

事实上，在能力允许的范围内，这位莫斯科军工委员会主席还是尝试为自己的组织机构制定了一条发展战略路线。因此，1916 年 2 月 22 日，委员会办事处收到了他的信函，并按照他在信中列出的春季和夏季的措施（鉴于运输危机，强调为军队生产所需物资、进行重载铁路货运管控等）来执行。3 月，他又就同样的问题准备了两封信，指出在让商业代表参与军队食品供应的同时，再让莫斯科军工委员会出版一份杂志，研究国家的经济和财政状况。②

由于无法亲自参加 2 月在彼得格勒召开的第二次中央军工委员会大会，巴维尔向大会发了一封问候电报。其中，他希望"中央军工委员会克服政府方面强烈反对的压力，因为政府没有能力也不愿意联合社会力量"③。

他特别希望将商业阶级联合成一个工商联盟（这个想法可以追溯到 1905 年），在以个人名义发出的许多通函中，他阐述了这样做的必要性。在全俄城市联盟三月的大会上决定建立一个中央委员会，将全俄地方自治和城市联合会、军工委员会、未来的合作组织

① ГАРФ，ф. 102 ДП ОО，1916 г.，д. 343 зс，т. 1，л. 113.

② ЦГИА г. Москвы，ф. 1082，оп. 1，д. 15，л. 193 - 194，222，263 - 264.

③ Второй Всероссийский съезд представителей военно - промышленных комитетов 26 - 29 февраля 1916 г. в Петрограде. Приветственные телеграммы и резолюции. Пг.，1916. С. 13.

（全俄工商联盟）、工商业阶层、工人和农民联合起来。C. H. 特列季亚科夫、А. И. 科诺瓦洛夫和 А. И. 古奇科夫也参与了工商联盟的筹备工作，直到 1916 年秋，他们的付出没有得到回报。[1]

1916 年春天，巴维尔去克里米亚治病，并在克里米亚继续从事各项活动，特别是制订了战后俄国金融和经济发展计划。在一封从阿卢普卡寄给哈尔科夫土地银行经理 Е. И. 拉普金的信中，巴维尔从"不合理的纯粹的大地主农业活动"[2] 的角度出发要求提供有关贵族土地所有权的材料（他这辈子对地方贵族怀有深深的敌意），这封信被保存了下来。

莫斯科军工委员会的领导人继续指示工作，并贡献自己的智慧。军事审查部门截获了巴维尔 1916 年 5 月 2 日写给弟弟斯捷潘的一封信，信中写有关于通过莫斯科军工委员会的炮弹部门获得新订单的建议。军事审查部门将这封信的副本转交给了警察厅，该部门认为这代表了"莫斯科军工委员会活动家们特有的态度，他们感兴趣的不是满足军需，而是以此来实现其他的政治目标"。信中交流的内容十分丰富，"通过莫斯科军工委员会炮弹部门快速获得新订单，这对我们来说意义特殊，因为这会提高莫斯科军工委员会的业务量……为使我们的敌人不再有扎根的土壤，对于阐明商人阶层的活动而言这显得很重要"[3]。由此可见，巴维尔谈到了不能给政府中各个军工委员会的反对者以借口来指责资产阶级组织缺乏主动性。然而，警察和军方官员严肃地认为，类似莫斯科军工委员会这

---

① Буржуазия накануне Февральской революции. С. 97；ГАРФ，ф. 102 ДП ОО，1916 г. ，д. 347，л. 112 – 114.

② ГАХО，ф. 71，оп. 1，д. 31，л. 23 – 25.

③ ГАРФ，ф. 102 ДП ОО，1916 г. ，д. 343 зс，т. 11，л. 104 – 105.

样的组织是企业家为了反对国家而设立的。

碰巧莫斯科军工委员会成立周年召开庆典之际，委员会主席巴维尔在贺电中表达了坚定的信心，"我们不断增强的社会工作能力将使'不吝惜任何一发炮弹'的口号不至沦为笑谈"。1916 年 9 月，巴维尔确定了一个项目，即在前线直接成立一个隶属于莫斯科军工委员会的部门，为修理厂、仓储等部门服务。因巴维尔缺席而主持委员会工作的 C. A. 斯米尔诺夫在克里米亚探望他后，发现"巴维尔的健康有了明显的改善，预计在 11 月 1 日前能回到莫斯科，并回归社会活动"①。

回到莫斯科后，巴维尔放弃了对莫斯科军工委员会和莫斯科交易所委员会的直接领导。C. A. 斯米尔诺夫接替他主持莫斯科军工委员会主席团工作。在 1916 年 11 月 25 日写给副主席 C. H. 特列季亚科夫的信中，巴维尔正式辞去了莫斯科交易所委员会主席的职务，信中提到"基于我现在的情况，我将辞去主席的职务"②。事实上，正是主席的"战友"C. H. 特列季亚科夫和 A. H. 奈焦诺夫将事情推到了这一步。尚未完全康复的巴维尔作为主席团成员抵达莫斯科后，在巴维尔位于普列奇斯金林荫大道上的豪宅里 C. H. 特列季亚科夫说："在如此重要的时刻，莫斯科交易所委员会主席的长期缺席引起了很多不必要的猜测。"痛心疾首的巴维尔反驳说，他并不追求名望，并同意如果莫斯科交易所委员会坚持要求他辞职，他便会离开。③ 由于感觉到情况的尴尬，其他候选人在主席辞职后没有参加选举，这导致莫斯科资产阶级的主要官方组织直到

---

① ЦГИА г. Москвы, ф. 1082, оп 1, д. 5, л. 41; д. 16, л. 47 – 47 об.

② ЦГИА г. Москвы, ф. 143, оп. 1, д. 573, л. 2.

③ Коммерческий телеграф. 1916. 29 нояб.

1917 年 10 月都没有正式的领导人（担任"代理主席"的是 C. H. 特列季亚科夫）。

莫斯科交易所协会的委员们为巴维尔准备了一份欢送致辞，对他的功绩进行了高度赞扬："在你的身上，巴维尔·里亚布申斯基，俄国工商阶层找到了缓解自己的担忧和反抗国内即将到来的威胁的忠诚朋友。你表达清晰且明确，我们所有人都有强烈的感觉，我们不能再这样生活下去了。无论我们多么相信我们英勇的军队，没有内部的和平，光靠外部的和平是不会使俄国走上光荣道路的。"他的同行们着重指出，"这位莫斯科的百万富翁和政治家的活动对企业家形成个人意识形态和建立自己的政治路线具有特别重要的意义"。致辞还说道，"你的活动是为了使商人阶层具有更强烈的国家意识，并保证该阶层在建设祖国的事业中占据应有的地位……"[1]

这位莫斯科商业帝国的领袖至死都未放弃他生命中的这一重要事业，他的辞职并不意味着他政治生涯的结束。很快，巴维尔又有了新的计划，他把主要精力放在筹备工商组织上，早在 1905 年他就有此梦想。在 1917 年新年前夕，在普列奇斯金林荫大道上的家里，巴维尔召开了莫斯科和各省商业界代表会议。随后，会议备忘录被打印出来并送到了全国各大商业组织中。[2] 会议议程包括两个主要问题：一是建立一个工商组织；二是工商组织参与农业大臣 A. A. 里蒂希为解决粮食问题采取的相关措施——旨在减少私人粮食贸易，并在粮食分配和固定价格的基础上用粮食采购取代私人粮食贸易。

与会者一致决定在 1917 年 1 月底召开工商业代表大会，会上

---

① Русские ведомости. 1916. 23 дек.

② ЦГИА г. Москвы, ф. 1082, оп. 1, д. 602, л. 18 – 21.

将成立一个"由工商业阶级组成"的联合组织。在即将召开的工商业代表大会上，他们还打算公开宣布"粮食问题只有在工商阶级的广泛参与下才能解决"，由于政府的政策，"国家的经济正走向崩溃，政府正在把国家引向毁灭，并预测民众的愤怒可能随时爆发"。

会议选举巴维尔为筹备大会组织委员会成员，在1月上旬召开的一系列会议上计划于1月25日会议开幕。但是，警察部门采取了报复性措施。1月18日，莫斯科市市长告诉 C. H. 特列季亚科夫，莫斯科军区司令 И. И. 穆罗佐夫斯基将军"不仅禁止举办大会，甚至禁止在私人公寓里召开有特定目的的会议。因此，拟议中的大会与会者没有必要去莫斯科"①。

直到最后一天，专制政府对任何反对派的表现都是零容忍的。C. A. 斯米尔诺夫在二月革命后很快发表表明："旧政府视军工委员会为革命的温床，而视我们这些被动员起来的工业活动家为阴谋家、罪犯……"② 巴维尔的倡议被政府高层认为是试图培育另一个"革命温床"。被密探赋予"钱袋子"绰号且怀着"阴谋"的银行家受到了所谓的"外部监视"。1月25日，也就是大会开幕的那一天，监视普列齐斯金林荫大道上豪宅的密探向自己的上级报告："中午12点30分，他从自己的公寓出去，到院子里溜达了45分钟，随后离开宅邸。下午3点30分，不明身份的人开始聚集在巴维尔的豪宅里，到5点时已经聚集了24人。下午5点30分，市长助理纳赞斯基上校来到他家，他停留了15分钟后乘车离开。这些身份不明的人一直待到晚上7点45分，然后开始散去。"其中，有

① ЦГИА г. Москвы，ф. 1082，оп. 1，д. 602，л. 38.

② ЦГИА г. Москвы，ф. 1082，оп. 1，д. 424，л. 35.

几个人被带去审问。同一天，监视人员还留意了位于大烟囱街 11 号的 C. H. 特列季亚科夫的家，"外部监视日志"记录了以下信息："上午 11 点出了家门，根据传言，他开车去了位于伊利因卡大街的家，之后就再也没回来。"凌晨 4 点 30 分，监视人员从 C. H. 特列季亚科夫的住宅转移到普列奇斯金林荫大道 6 号的住宅进行监视，那里正在开会，但没有看到 C. H. 特列季亚科夫在那里。①

尽管有官方禁令，巴维尔还是邀请了一些省级交易所委员会和其他企业组织的代表来到他家。但是，一个宪兵上校的突然闯入使客人们大惊失色，并要求在场的人都要交出一张名片。巴维尔不得不解释说，"他们的聚会与被禁的大会无关"，但气氛完全被破坏了，又继续谈了两个小时后，客人们没有通过任何决议就离开了巴维尔的家。②

警察的行动反倒成了对巴维尔在那次会议上的谈话内容的独特肯定，巴维尔表示："正是出于对俄国的深切热爱，才能让我每天忍受着早已失去良知的当局的侮辱。"警察厅的资料显示，出席会议的暗探说，巴维尔声称，"无论政府如何调动宪兵和警察，这都不会对自己有所帮助"。来自"与巴维尔非常亲近"的圈子中的密探（显然，就是同一个"巴甫洛夫"）补充说道，巴维尔打算"不迟于 2 月在莫斯科召开一次代表大会"③。

① ГАРФ, ф. 63, оп. 28, д. 6749, л. 3; д. 6766, л. 2.
② ГАРФ, ф. 102 ДП ОО, 1917 г., д. 343 зс, ч. 47, л. 14.
③ ГАРФ, ф. 102 ДП ОО, 1917 г., д. 343 зс, ч. 47, л. 29 – 34; д. 307, л. 36 – 37; Всероссийский союз торговли и промышленности. 137 Первый Всероссийский торгово - промышленный съезд в Москве 19 – 22 марта 1917 г. Стенографический отчет и резолюции. М., 1918. С. 4 – 6 (в сборнике опубликован отчет о заседании у Рябушинского 25 января 1917 г.).

通过暴力手段来镇压社会运动，只能证明垂死挣扎的政府的无能。借着会议解散的影响，巴维尔趁热打铁，在 1 月 28 日会见英法军事政治使团代表时向盟国发出呼吁："当俄国人民从心底与政府决裂时，你们也看到了俄国人民所遭遇的巨大不幸。我在此希望你们在倾听俄国政府意见的同时，更应该去了解俄国群众的意愿。"①

政府高层的镇压政策旨在阻止反对派团体的联合并公开表达对政府政策的不满，这也促使自由派诉诸非法形式去斗争。不排除巴维尔真的参与了一起反对派策划的阴谋，或者至少知道它的存在。在流亡期间，C. A. 斯米尔诺夫——莫斯科军工委员会主席巴维尔的副手，在米留科夫家族创办的《最新消息》上发表了一篇回忆录，题为《一个阴谋事件》。② 该文涉及自由派策划过的一次宫廷政变计划。C. A. 斯米尔诺夫证实，1916 年 12 月，在地方自治和城市联盟活动家代表大会开幕前夕（由于警察的禁令，大会未举行），Г. И. 利沃夫公爵召开了一次秘密会议。

在其参与者中，C. A. 斯米尔诺夫提到了 M. B. 切尔诺科夫、立宪民主党领袖及大企业家 M. M. 费多罗夫、第比利斯市市长 A. И. 哈提索夫和另一个姓名只标有首字母"П. П."的人。计划是派 A. И. 哈提索夫去找高加索战线的指挥官尼古拉·尼古拉耶维奇大公，就罢免尼古拉二世进行谈判。这一冒险的计划最终未被大公采纳，导致阴谋家们的想法只停留在纸上。C. A. 斯米尔诺夫说，他从"有关方面"直接获得了关于这一阴谋的信息。这一消息应该

---

① ГАРФ, ф. 102 ДП ОО, 1917 г., д. 307а, л. 36 – 37.

② Последние новости. Париж, 1928. 22 апр.

来源于最近死在法国的"П.П."，即巴维尔·巴甫洛维奇·里亚布申斯基，由于某种原因 C.A. 斯米尔诺夫没有提到他的全名。无论如何，与巴维尔关系密切的利沃夫和切尔诺科夫的名字出现都表明，他们可能已经将他们的计划告知莫斯科军工委员会主席。当然，鉴于他当时的健康状况，除了试探性的交流外，无法证明他积极参与了阴谋策划。

事件持续发酵，最终导致了革命的爆发，而这是自由派和与之发生冲突的政府都不希望看到的。政府的危机越来越严重，它试图通过"武力"来摆脱这种状况。巴维尔的出版机构也遭受到了破坏。《俄国晨报》编辑部在 2 月 14 日这一期的报纸上通知读者："从今天起，根据莫斯科军区司令的命令，对本报进行临时审查。所有打算出版的材料都必须提交给军事审查机构审查……"2 月 14日，国家杜马会议召开，当局一直提防着，要对可能变成尖锐敏感的有关杜马争论的信息进行预先审查。

其中，杜马会议要讨论的问题之一便是禁止召开莫斯科工商业代表大会。来自彼得格勒的立宪民主党人 А.И. 申加廖夫通过电话请求巴维尔就此问题提供必要的信息，同时为调查国内警察的暴行准备材料。然而，应该指出的是，设想建立一个广泛的工商联盟的莫斯科企业家的倡议，在立宪民主党那里却受到了冷落。人民自由党认为，工商业分子在玩两面派的游戏："如果答案的天平向第一个方向倾斜，那么工商联盟将立即成立。但如果政府赢了，那么所有的知名商人都会顺从地跟随它。"① 然而，这种评论并不能说明巴维尔的意图，我们也没有理由去怀疑他将最初的事业进行到底的

---

① ГАРФ, ф. ДП ОО, 1917 г., д. 343 зс, ч. 47, л. 28, 29 – 34.

诚意和决心，相反，恰恰说明米留科夫党派领导人的立场，按照俄国知识界的传统，他们觉得自己是"宇宙的中心"，不信任"黑暗王国"的代表。

2月15日，全俄工商联盟（未来组织的名称）组织委员会发出通知函，称在1月25日的会议上决定"着手组建工商联盟，作为联合全国主要贸易和工业机构的中央组织"，并将在不久召开大会，为了筹备大会，他们成立了以巴维尔为首的组织委员会主席团。①

在那些日子里，巴维尔去了彼得格勒，在那里他得到了工商业代表大会理事会的支持。然而，政府一方，正如巴维尔回来后向主席团报告的那样，"政府并不支持他们"。当然，未来的全俄工商联盟的领导人以不同寻常的热情接受了2月底在彼得格勒爆发的事件。2月27日，组织委员会决定"支持国家杜马反对旧政府的斗争"。同一天晚上，来自各个社会组织的150名代表齐聚莫斯科市杜马，切尔诺科夫和巴维尔在杜马成员面前报告了彼得格勒发生的情况。会议决定立即在莫斯科成立一个由城市自治、全俄地方自治和城市联盟、商业协会、地方合作社的代表组成的社会组织委员会，该委员会将从已经垮台的政府手中接管权力。3月1日中午，甚至在尼古拉二世正式宣布退位之前，莫斯科工商组织的成员就通过了一份由巴维尔等人签署的倡议书，其中明确指出，"为了拯救国家，必须废除旧政权"②。

3月4日，全俄工商联盟组委会决定3月19日在莫斯科召开全

---

① ЦГИА г. Москвы, ф. 143, оп. 1, д. 602, л. 86 – 87.

② ЦГИА г. Москвы, ф. 3, оп. 4, д. 4671, л. 25 – 25 об.

俄工商业代表大会。看来，随着临时政府的成立，在 Г. Е. 利沃夫公爵的主持下，包括 А. И. 古奇科夫和 А. И. 诺瓦洛夫在内的资产阶级部长进入第一届政府内阁，可以松一口气了，权力终于落入了1915 年莫斯科资产阶级领导人所关心的那些"人民信任的人"手中。但是，即使人们沉浸在沙皇政权垮台的热烈气氛中，巴维尔也没有失去判断力，资产阶级有了一个比过时的专制政权更危险的对手。1917 年前夕，巴维尔所说的"由于民众的愤怒而导致失控"的局面发生了，而且后果未卜。

因此，在 3 月 19 日的大会上，为迎接解决国家未来问题的制宪会议的召开，新联盟的领导人一开始便呼吁"所有的社会力量要团结起来"。临时政府承诺"合理地立法"，而巴维尔警告"敏感民众"说，不要过早地期望实现社会化、土地国有化等。他非常坚决地认为社会主义对俄国来说是不合时宜的，摆在俄国面前的通往世界文明的道路是漫长而艰难的。

他不仅希望自己的同僚们听到这些话，还希望广泛的民主阶层能听到，他铿锵有力地阐释了自己的立场："作为有实际经验的人我们都很清楚，过去最大的问题是压抑个人的主观能动性，压制个人自由。现在还没轮到我们必须逆转经济生活的时候。广大群众应该认识到，我们都要像人一样生活，像其他国家的人民那样生活，过我们从未有过的生活……但是想想，我们能够改变一切，从一些人那里夺走一切，再将这一切交到另一些人手中，可这是个只会产生破坏并会导致严重困难的幻想。从这个意义上说，俄国还没有准备好，因此，我们还是要走发挥个人主观能动性的道路。"

巴维尔引用当时越来越流行的马克思主义理论来为自己佐证，他说："我想到了恩格斯的一句话，他是这样说的：当企业被建立起来时，便到了除去它们的时候了。如今我们还未将企业建立起来就要过早地除去它们。"他还拒绝了 8 小时工作制的要求，因为他认为在战争条件下这是一种"奢侈"①。代表大会通过的关于政治问题的决议强化了全俄工商联盟领导人的立场，特别是该决议包括一条内容，宣布"在现有的和平经济条件下，除了资本主义外，在俄国不可能存在其他经济制度"。因此，哪怕某些企业有限地进行社会主义尝试无疑都是有害的。②

商界代表欣喜若狂地接受了自己领袖的讲话，但对"敏感民众"来说，这位百万富翁的劝说毫无效果。这就是俄国资产阶级的悲剧，一个饱受战争蹂躏、认为社会主义理想是"隧道尽头的光明"的民族不想暂缓社会主义的到来。战争的苦难加剧了俄国的社会对立。③ 难怪大会上出现了"人民对工商业阶级的愤怒"的声音。有钱人没有足够的社会基础以致无法安心地掌权，巴维尔清楚地认识到了这一点。

大会结束后的第二天，在由选举产生的联盟委员会参加的会议上，在巴维尔的领导下，决定设立一个展开宣传工作的政治部门（举办讲座、印发宣传册等），"对民众进行政治教育"，强化"底层民众的公民责任感和人民支持临时政府与无政府主义做斗争的必要性的信念"④。从 6 月起，该政治部门开始出版《民权》杂志，

---

① Утро России. 1917. 2 марта; Первый Всероссийский торгово – промышленный съезд в Москве. С. 7 – 19.

② ЦГИА г. Москвы, ф. 143, оп. 1, д. 637, л. 12. См. также: Лаверычев В. Я. Всероссийский союз торговли и промышленности // Исторические записки. Т. 70. М., 1961. С. 35 – 60.

③ Первый Всероссийский торгово – промышленный съезд в Москве. С. 188.

④ ЦГИА г. Москвы, ф. 3, оп. 4, д. 4671, л. 42, 44 – 44 об.

并吸引了俄国著名哲学家 H. A. 别尔嘉耶夫。该杂志持着与巴维尔相同的观点，那就是"日益壮大的无政府主义会将俄国拖向深渊"，此时的俄国缺乏建立"社会主义组织"的必要条件等。①

按照领袖的标准，把马克思本人作为盟友（曾经的马克思主义者 H. A. 别尔嘉耶夫当然知道马克思的作品）后，杂志编辑部向读者发出呼吁："在社会关系领域，我们建议不要忘记马克思主义的真正内涵，他教导说，'任何一个社会形态在没有发展出它所能提供的全部生产力时，那么这个社会形态就不会消亡'。在不考虑一般经济和社会条件时，建议人民立刻通过夺取生产工具的方式来建立社会主义国家，我们认为这是对人民的愚弄。"该杂志是在巴维尔的印刷厂印刷出版的，是为广大读者准备的，在读者中他试图宣扬自己的口号"一直战斗到胜利，一直与无政府主义做斗争，保留俄国国家制度"②。

H. A. 别尔嘉耶夫发表了一整套言论，由立宪民主党人 H. M. 约尔丹斯基从激烈地反布尔什维克的立场出发做了部分"内部评论"，B. Π. 维舍斯拉夫采夫也对时事进行了评论，A. M. 列米佐夫、B. И. 伊万诺夫、A. H. 托尔斯泰等人在《民权》杂志上发表了小说作品。尽管出版商和工作人员付出了很大的努力，但是该杂志并不受欢迎，整个俄国只有 7000 名订阅者。直到 1918 年 2 月，杂志由于批判布尔什维克与德国和谈而被停刊。全俄工商联盟政治部门在 1917 年春夏之交，除了出版《民权》杂志外，还印刷了 20本小册子，在莫斯科和军区举办了讲座，并计划成立一个"无党派

---

① Народоправство. 1917. № 1. С. 3, 67；ЦГИА г. Москвы, ф. 143, оп. 1, д. 630, л. 13 – 14.

② ЦГИА г. Москвы, ф. 143, оп. 1, д. 621, л. 4 об；д. 630, л. 13 – 14.

俱乐部"，把知识分子代表和人民群众结合起来。①

　　巴维尔试图利用他在旧礼仪派信徒中的影响力在群众中宣传他的思想，1917 年 5 月成立了一个以支持临时政府为原则的"旧礼仪派团结"委员会。② 然而，自由派资产阶级的政治鼓动并没有产生实际效果。彼得格勒七月事件使社会矛盾达到了顶峰，这导致人们对这种"教育"人民的方法感到失望。

　　鉴于七月危机以及和 A. Ф. 克伦斯基就立宪民主党及商业资产阶级代表加入新政府的谈判，巴维尔召开了全俄工商联盟委员会会议，会议通过的对临时政府的宣言发表在《俄国晨报》上。③ 该宣言严厉地批评了由"社会主义政党代表占主导地位"的内阁。"隶属社会党人的部长"被指责为将真正的权力让给了工人和士兵代表苏维埃。声明列举了国家日益严重的危机后（"我们的军队正在溃败，工业正在堕落，企业被摧毁，人民受到饥饿的威胁"），巴维尔一派人呼吁结束本国的双重权力："只有与将俄国推上衰败之路的苏维埃政权彻底决裂，才能拯救俄国。如果不这样做，俄国将走向灭亡，更换任何内阁部长都无济于事。" 俄国企业家阶层领袖认为

---

①　Народоправство. 1917. № 4. C. 19 – 20.

②　См.: Лаверычев В. Я. По ту сторону баррикад. C. 193.

③　Утро России. 1917. 19 июля. Примерно в те же дни Рябушинский обратился с личным письмом к А. Ф. Керенскому, убеждая его опереться в деле разрешения продовольственного кризиса на предпринимательский класс. Петрограду, писал он, угрожает голод из - за неспособности правительственных продовольственных органов; кабинет Керенского должен просить торгово - промышленный класс закупить хлеб и доставить его к местам распределения, но не по введенным хлебной монополией твердым ценам, а по новым, повышенным (см.: Октябрьское вооруженное восстание. 1917 - й год в Петрограде. Л., 1967. Кн. 1. C. 429). Обращение осталось, однако, без ответа.

政治解决方案是建立一个"坚定的、铁一般的民族救亡政府，它将获得行动的自由和独立"。

然而，关于 C. H. 特列季亚科夫参加克伦斯基内阁的谈判无果而终（总理不同意商界提出的将社会革命党人 B. M. 切尔诺科夫从政府中除名的要求）。部分原因是，1917 年 8 月 3 日，巴维尔在第二届全俄工商业代表大会开幕式上的讲话带有悲观主义色彩。首先，他坚持有必要保留资本主义制度这一论点，并向克伦斯基的新内阁成员和苏维埃领导层讲话，试图向他们证明："目前存在的资产阶级秩序仍然是不可避免的，既然它是不可避免的，那么就完全能得出符合逻辑的结论。管理国家的人必须有资产阶级的思维和行动方式。"

但又必须面对一个可悲的现实：演讲人断定，政府不愿"引进有经验的人来应对当时糟糕的经济社会情况"，因此，商人阶层在当前"无法说服任何人或影响决策者"。巴维尔讲话的内容主要是批评临时政府的经济活动，特别是 3 月 25 日实行的粮食垄断政策（该法令规定将粮食销售完全交给国家粮食机构，由其制定一个固定的价格）。因此，私人贸易在粮食销售这一关键环节受到损害。巴维尔对这一垄断政策持否定态度，他认为垄断不创造任何价值，"只能摧毁商业制度"。

巴维尔认为，出于对经济实验的兴趣而去削弱私营企业，这将给俄国带来严重的后果。他说，"我们知道，生命会按照自身的规律自然发展下去，而且不幸的是，它会严厉处罚那些违反经济发展规律的人"。正是在这次的讲话中诞生了一个著名的说法"饱受饥寒的瘦骨嶙峋的双手"，在苏联时期，这一说法被描述为俄国资产阶级反人民政策的生动例证，即俄国资产阶级为了维护其统治地位，不惜犯下任何罪行。事实上，这句话所表达的是另一种意思。

在总结对临时政府经济政策的看法时，巴维尔的说法如下："因此，先生们，我们不得不等待：这场灾难、这场金融和经济危机对俄国来说将是不可避免的，如果我们不是已经在灾难面前的话，当灾难对所有人而言变得显而易见的时候，大家才会觉得我们已经走错了路……我们感觉，我所说的是不可避免的。但是，不幸的是，要想扼住人民的假朋友、各委员会和理事会成员的咽喉，让他们清醒过来，就需要饱受饥寒的群众的瘦骨嶙峋的双手。"①

当"瘦骨嶙峋的双手"能迫使人们放弃反资本主义的试验时，排斥商人阶层的经济活动、实行经济国有化与社会化都能造成灾难性的局面，这一具有警示作用的格言被左翼政党视为资产阶级要在全国范围内制造一场饥荒。巴维尔的演讲充满了对未来的担忧，给与会者留下了深刻的印象，他们用"雷鸣般的掌声"护送演讲者离开。一个听众在表达了基本的印象时指出，"现场气氛非常'反革命'"，他在自己的日记中写道："从本质上讲，这次演讲的观点是非常正确的，随着时间的流逝，一切变得更加清晰，在俄罗斯人，甚至在先进阶层中没有如巴维尔所说的'国家首脑'。巴维尔·里亚布申斯基做得很好：他说得透彻、清楚、尖锐、大胆且很到位。"②

革命阵营的代表用另一种方式接受了来自政敌的公开挑战。早在8月5日，《社会民主报》（俄国社会民主工党莫斯科组织的机关

① Экономическое положение России накануне Великой Октябрьской социалистической революции. Документы и материалы. Март – октябрь 1917 г. М. ; л. , 1957. ч. 1. С. 196 – 201（публикация речи П. П. Рябущинского）.
② Окунев Н. П. Дневник москвича（1917 – 1924）. Париж，1990. С. 254. Автор воспоминаний，изданных в серии основанной А. И. Солженицыным Всероссийской мемуарной библиотеки，в 1917 г. служил агентом пароходной кампании《Самолет》и являлся официальным делегатом съезда.

报）就指出，巴维尔在讲话中谈到了"瘦骨嶙峋的双手"，并"充满期待地希望苏维埃被迫与权力分离"。第二天，彼得格勒布尔什维克的报纸《工人与士兵》上发表了署名为 K. 斯大林的题为《资本家想要什么》的文章，对资产阶级想要在国内制造饥荒表示强烈谴责。党内评论员引用了巴维尔讲话中的一句话（不准确且有删减），向读者发出呼吁："你们听到了：需要饥饿的瘦骨嶙峋的双手和人民的贫困……里亚布申斯基先生们，似乎是，为了扼住民主苏维埃和委员会的咽喉，不反对用'饥饿'和'贫困'来奖励俄罗斯。似乎是，为提前挑起战争和成功压制工人和农民，他们不反对关闭工厂、制造失业和饥饿。"

继斯大林之后，又有一个党的诡辩选手做出了回应。8 月 16 日，格里高利·季诺维也夫在《无产者报》上发表了一篇带有愤怒和咆哮情绪的文章，标题很有特点：《饱受饥寒的瘦骨嶙峋的双手》。作者对"向巴维尔·里亚布申斯基这样傲慢无礼的百万富翁商人表示感谢，他们有时会对自己的阶级说出愤世嫉俗的真相"。这个真相是什么？季诺维也夫认为，"资本家正在尽一切可能增加饥荒受害者的数量，通过延长战争和停工时间，加速饥荒和瘦骨嶙峋的双手的到来"。作者意味深长地警告资产阶级，这双手也可以扼住他们自己的喉咙。"我们将努力使'饱受饥寒的瘦骨嶙峋的双手'来反对劳动人民和饱受饥寒的人民的真正敌人。"

几天后 K. 斯大林在《一连串的挑衅》一文中（《无产阶级》，1917 年 8 月 22 日）写了一些众所周知的事情，"最近巴维尔当着全体俄国人民的面公开威胁道，在极端的情况下，资产阶级会不用'饱受饥寒的瘦骨嶙峋的双手'来'减少'工人和农民阶级"。伴随社会民主政论家炮制的"不简单的手"，可怕的"瘦骨嶙峋的双手”成为巴维尔作为资本世界化身不可或缺的属性，他已准备好利用自己的资本对人民进行种族灭绝。将造成实际生活困难的责任推卸给政治对手这一“惯用”伎俩再次奏效。

事实上，全俄工商联盟领导人在 8 月的讲话中所表现出的情绪并非带着挑衅意味，而是持观望态度。巴维尔呼吁听众保持克制和井然有序，在克伦斯基政府联合内阁的经济政策即将崩溃的时候，让“我们的机构处于最有利的位置”。实质上，这是在呼吁等待，直到被日益增长的困难所吓倒的社会主义者再次请求资产阶级进行合作。巴维尔有充分的理由期待这样的发展态势。

克伦斯基政府在坚持沙皇政府实行的主要政策的同时，确定了固定粮食价格，但粮食垄断政策并没有扩展到用于农村的工业品上。结果，到了1917 年夏天，1 普特粮食还不及 1 块马蹄铁贵。自然而然地，农民们开始囤积粮食，不再拿到市场上出售，商界对临时政府这一做法的态度从一开始就比较克制。在 3 月工商业代表大会的决议中，有经验的粮商在预见到这种复杂情况的同时，呼吁利沃夫内阁“放弃实行粮食垄断的危险计划”，取而代之的是“恢复在战时遭到破坏的自由贸易”。然而，考虑到在战争条件下，自由市场已经经历了相当大的改变（“自由”定价可能导致价格涨至意想不到的地步），企业家们准备接受这一垄断政策，但接受的条件是私营贸易机构将作为购买粮食的主要专员。①

---

① См. : Первый Всероссийский торгово - промышленный съезд. С. 230 – 231；Лаверычев В. Я. Крупная буржуазия и продовольственный вопрос в 1917 г. // Исторические записки. Т. 99. М. , 1977. С. 312 – 321；Вахромеев В. А. Советы и продовольственный вопрос в 1917 г. （март – октябрь）// Исторические записки. Т. 116. М. , 1988. С. 5 – 42.

　　然而，事态越发展，人们就越清楚地看到，在国家危机日益严重的情况下，国家垄断与私营企业之间到了水火不容的地步。因此，巴维尔对政府实施的粮食政策的结果和前景持悲观态度，这被他的政治对手们解释为是在响应制造饥饿的"组织"。俄国的经济已经失去了控制，尽管克伦斯基疯狂地试图"调整"垄断价格，但已无法挽救局面。8月27日，克伦斯基政府为了使粮食固定价格接近工业品价格，将粮食的定价翻了一番，而这再次抬高了工业品价格，并在穷人中引起了爆炸性的愤怒，他们的愤怒主要针对私营企业主和小铺子老板。巴维尔单纯地相信私营企业的创造力，而且私营企业在革命前的俄国经济发展中确实功不可没，但不幸的是，在民族危机严重的时刻，人民把他们与发战争财的反革命集团和从人民的苦难中获利的投机倒把者联系在一起。

　　日益加重的社会孤立给商业界造成的危害不比目光短浅的政府所造成的危害小，甚至更严重，这些对于巴维尔及其商业圈子的同人来说早已不是什么秘密。在8月的大会上，C.H.特列季亚科夫向与会者传达了他与克伦斯基政府就加入内阁问题谈判失败的情况后，他和比自己年长的政坛同僚们一样，鉴于日益严重的经济危机，坚信在政府中不会缺少"有丰富经验的人"，尽管社会对他们普遍存在不信任和敌意。他向代表们坦言，"我们需要做好随时为祖国效力的准备，尽管我们现在没有得到任何支持，相反，还被各方敌视"①。

　　8月中旬，在莫斯科举行的一次国家会议上，属于孟什维克党

① Второй Всероссийский торгово - промышленный съезд в Москве, 3 - 5 августа 1917 г. М. , 1917. С. 13 - 14.

的粮食部部长 C. H. 普罗科波维奇似乎是为了回应巴维尔谈及的政府将企业家从粮食贸易中清除出去的说法，他直接指出，"法律没有限制私营企业参与粮食贸易"。然而，他解释说，在大多数情况下，他之所以没有启用地方的粮食贸易机构，是因为"当地居民对商人阶层有一种强烈的不信任感，甚至持赤裸裸的敌视态度"，这是由于"在战争期间，商人以投机者和掠夺者的形象唤起了民众心中的仇恨"。

作为工商业代表的巴维尔为自己的阶级挺身而出，他坚持认为政府的政策是所有弊病的根源："一切已经表明，各个地方存在的不信任迫使我们的贸易放弃民生事业。但我要说，政府在走错了路的同时，助长了贸易的消亡……现在，俄国正被无法实现的幻想、蛊惑式的宣传和无知所统治。"[①]

9 月初，粮食固定价格上调后，全俄工商联盟的领导层就吸收贸易企业参与粮食经营活动的事宜再次与克伦斯基政府交涉，坚持要求获得"以自由价格购买粮食"的权利。10 月初提交的一份特别"报告说明"强调，伴随着沙皇大臣 A. A. 里蒂希试图调整粮食市场，商人阶层从一开始就坚决反对国家干预粮食贸易和面粉加工业。虽然，原则上他们不拒绝在发生战争等紧急情况下实施"国家管理"，但他们坚持认为，粮食业务应该从无能的"粮食委员会"和地方自治管理局转移到"有粮食贸易经验的特别授权人员"手中。粮食的购买应该按照当地的市场价格执行，并转给"合作社、面粉厂、粮食供应商联盟、私营粮食公司"经营。[②] 然而，所有这

---

① Государственное совещание. М. ; Л. , 1930. C. 25 – 26, 76 – 77.

② ОПИ ГИМ, ф. 10, оп. 1, д. 41, л. 71 ; д. 42, л. 45 – 46.

些建议都停留在纸面上，这与不久之后在彼得格勒发生的事件有关……

值得注意的是，1917年，当俄国社会所有人对无良店主和投机者将粮食价格哄抬到离谱的地步表现出极度的愤怒时，巴维尔在1917年7月提出建议，"鉴于给整个工商业阶层蒙上了阴影的个别企业家的不诚实行为，要把他们带到荣誉法庭上接受审判，这将使工商业阶层免于因个别成员的罪行而受到不公平和不应有的指责"①。但是，仍然不能忽视资产阶级越来越不受欢迎的情况。

整个事件的发展变化使巴维尔产生了应该在俄国建立军事独裁政权的想法。他以自己"出身人民"为荣，多年来为建立宪政体制而奔走呼号，在与当时吸引俄国自由派加入且唯一能够抵御革命党的社会主义宣传的"强硬政权"有过短暂碰撞后，最终成为科尔尼洛夫将军的拥护者。

工商业代表大会结束后，在自由派阵营主要政治领导人的参与下，工商业阶层立即召开了由 M. B. 罗江科担任会议主席的"社会活动家会议"。在巴维尔直接领导下，会议由一群"莫斯科人"（C. H. 特列季亚科夫、A. И. 科诺瓦洛夫以及 M. B. 切尔诺科夫等）准备，7月底在公寓里举行了会议。会议发起者认为他们的任务是"在社会各阶层的阶级壁垒之外团结起来，为了国家义务和拯救祖国而团结起来"②。

8月8~10日，在莫斯科举行的一次会议上，俄国政治神坛公认的人物巴维尔当选为全俄工商联盟常设理事会成员。代表近400

---

① ОПИ ГИМ, ф. 10, оп. 1, д. 42, л. 9.

② Русское слово. 1917. 29, 30 июля.

名参会者向科尔尼洛夫发出了一封欢迎电报，"公众人物"巴维尔在电报中直言不讳地呼吁军队最高总司令领导国家行政机构："在危难时刻，已经陷入沉思的俄国满怀希望和信心地看着您。愿上帝帮助您重建一支强大的军队进而拯救俄国。"巴维尔出席了抵达莫斯科参加国家会议的科尔尼洛夫将军的迎接仪式；他与其他主要金融家（А. И. 普梯洛夫、А. И. 维舍格罗茨基等）一起受邀参加 М. В. 罗江科为尊贵的客人而举行的晚宴。巴维尔预计在国务会议上科尔尼洛夫会接管权力，会议结束时，他向自己人宣布，"被推迟的东西不会被抛弃"，希望尽快建立一个独裁政权。①

这位莫斯科百万富翁在公开演讲时思想变得更加激进。8 月 22日，在莫斯科罗戈任公墓召开的旧礼仪派信徒大会上，巴维尔劝说信徒们"在保卫国家时只能用武力去反抗"并资助亲科尔尼洛夫军官联盟的成员。② 据 А. И. 杰尼金说，在少数被选中的政治人物（包括 М. В. 罗江科、利沃夫公爵和米留科夫）中，商人和政治家受邀到科尔尼洛夫的总部参加定于 8 月 29 日举行的讨论"政府建设"问题的会议。③ 截至指定的日期，政变已经全面展开，但会议

---

① Отчет о Московском совещании общественных деятелей 8 – 10 августа 1917 г. М. , 1917. С. 59. Верховский А. И. На трудном перевале. М. , 1959. С. 310, 316.

② Утро России. 1917. 9, 11, 22 авг. Лаверычев В. Я. Русские монополисты и заговор Корнилова // Вопросы истории. 1964. № 4.

③ Деникин А. И. Очерки русской смуты. Борьба генерала Корнилова. Август 1917 – апрель 1918. Берлин, 1922. С. 42. Деникин приводит характерное свидетельство члена Союза офицеров Рясянского, относящееся к кануну военного мятежа: 《 Русские общественные круги, в частности кадеты, обещали нам свою поддержку. Мы были у Милюкова и Рябушинского, и та и другая группа обещали поддержку у союзников, В правительстве, печати и деньгами》 (там же, С. 33) .

并没有如期举行。

在科尔尼洛夫叛乱发生时，无人知道出席晚宴的巴维尔身在何处。叛乱被镇压后不久，巴维尔以"共谋罪"在克里米亚自己的别墅里被逮捕，幸亏 C. H. 特列季亚科夫和 C. A. 斯米尔诺夫在其中周旋他才得以脱身。当时，他们二人正在彼得格勒就加入克伦斯基新内阁的问题进行谈判，在政府首脑那里得知伙伴被捕的消息后，两人亲自斡旋才让身患重病（肺结核病再次加重）的巴维尔得以获释。尽管他们不能改变什么，但与克伦斯基政府的谈判是成功的，C. H. 特列季亚科夫成为经济委员会主席，C. A. 斯米尔诺夫成为国家监察官，不过一个月后，他们及同伴都被关进彼得要塞的监狱里。

获释之际，巴维尔给莫斯科发去一封电报："因莫须有罪名被捕的我如今已被释放。非常感谢大家对我的关心。现在我们只能悲哀地看着我们的国家再次陷入专断与暴力的泥潭，我们始终没有得到我们想要的真正的自由。"① 无政府主义的阴霾几乎将整个俄国笼罩其中，这反映在当时司空见惯且与巴维尔有关的一个插曲中。当普列奇斯金林荫大道上的别墅主人巴维尔在克里米亚接受治疗时，他的房子遭到了抢劫。两名搜刮贵重物品的暴徒爬进空荡荡的别墅里（由于主人的离开，房子里仆人的数量缩减到最低限度），翻箱倒柜地寻找着值钱的物品，恰巧晚些时候，里亚布申斯基家的一个女性亲戚偶然间来探访，暴徒们抛出早已备好的绳子，从窗户逃走。② 显然，巴维尔从此再也没有踏进过自己家门口半步……

---

① Утро России. 1917. 19 сент.
② Утро России. 1917. 26 сент.

人们对巴维尔在十月革命前夕和革命之后的生活轨迹知之甚少。十月初，他向莫斯科的朋友发电报，目的是向工商业联盟各组织建议"紧急筹备制宪会议选举"。在他的倡议下，在发出告商界代表"当前选举"呼吁书中，建议在竞选活动中提名自己人为候选人，或者，如果不能这样做，"将选票投给人民自由党，因为该党的理念最接近自己的同盟"。呼吁书的发出者们忧心忡忡，"如果国家中有独立见解的人对竞选活动持消极态度，制宪会议就会落入布尔什维克和其他类似无政府主义分子的手中"。最终，全俄工商联盟领导人的名字出现在 1917 年 11 月选举的候选人名单上，代表一个独立的工商业集团。然而，选举结果证实了企业家不受欢迎：在莫斯科市区，该工商业集团只获得 0.35% 的选票，而布尔什维克党的得票率为 48%，立宪民主党的得票率为 34%。

当然，巴维尔不可能没有意识到，十月革命后，制宪会议获取胜利的希望（即使与立宪民主党结盟）变得越来越渺茫。1917 年 11 月，他以全俄工商联盟的名义发出了告人民书，其中解释说，布尔什维克夺取政权"使俄国面临城市饥荒、军队对峙和无政府状态的威胁，这种状态最终将演化成兄弟自相残杀的内战……正当俄国处在制宪会议选举的前夕时，正当俄国在不可动摇的原则基础上准备建立一个真正自由和民主的国家时"。企业家们打算"团结起来，共同抵抗抢劫犯"。要求"恢复合法秩序和给予制宪会议选举充分自由"，不过，显然新政府是不会理会这种呼吁的。①

在对 20 世纪初俄国社会中立场最坚定、态度最鲜明的资产阶

---

① Знаменский О. Н. Всероссийское Учредительное собрание. История созыва и политического крушения Л., 1976. С. 291, 358；ОПИ ГИМ, ф. 10, оп. 1, д. 41, л. 148, 149, 153；д. 42, л. 43, 39 – 40.

级思想表达者之一的政治传记进行总结时，人们不禁再次问起折磨巴维尔本人的那个"该死的"问题：为什么资产阶级在 1917 年的大对抗中屈服了？

在 1920 年的一次俄国侨民代表大会上，这位俄国私营企业的辩护人在回顾第一次世界大战和俄国的革命事件时，对资产阶级历史性的失败原因做了如下总结："我们中的许多人早就预见到了震动整个欧洲的灾难；我们了解俄国无法避免内部的动荡，且命运攸关，但在评价事件的广度和深度方面我们错了，我们与全世界都错了。"

"俄国资产阶级在人数上处于弱势，无法作为阻止国家走上歧路的调节力量……过去的所有条件都不利于我们的统一，在 1917 年的决定性时刻，生命的自发浪潮将我们所有人卷起，揉作一团，然后将我们丢在一旁，击溃我们。"[1] 忏悔是痛苦而坦诚的。俄国资产阶级在国家危机的时刻发现自己处在社会孤立状态之中，缺少这位莫斯科百万富翁引以为豪且与之有着天然联系的底层人民的支持，使俄国国内的资本主义替代方案最终陷入瘫痪，这也给分享自己阶级历史的里亚布申斯基家族的命运增添了一抹悲剧色彩。

---

① Совещание русских торгово – промышленных деятелей в Константинополе. Информационный бюллетень. 1920. Нояб. С. 2.

第四章
财富的义务与文化的传承

　　20 世纪初，俄国文化之所以能蓬勃发展，很大程度上是因为商人们无私的赞助活动，如今，他们的名字早已变得家喻户晓：如巴维尔·米哈伊洛维奇·特列季亚科夫、萨瓦·伊万诺维奇·马蒙托夫、科兹马·捷连季耶维奇·索尔达坚科夫、尤里·斯捷潘诺维奇·涅恰耶夫－马尔采夫等。他们和许多开明的艺术鉴赏家一同创造了一种独特的精神氛围，正是在这样的氛围中，俄国国内最优秀的艺术人才得以施展自己的才华。商人在受教育阶层中被视为"黑暗王国"的化身，他们取代了日渐衰落的贵族进而成为艺术赞助人和艺术珍品收藏家。在企业家的心目中，慈善事业与赞助人密切相关，慈善事业的基础是基督教的慈悲心怀。

　　如果说在早期商界中广为流传的慈善事业主要是商人自己出资建造教堂并在教堂门廊处向穷人布施，那么从 19 世纪末开始，就如弗拉基米尔所说的那样。"名门望族之间的主要竞争是谁能为人民做更多的事。"① П. А. 布里根证实了他的说法，"正是在商业环

---

① 　Рябушинский Вл. Купечество московское. С. 180.

境下，慈善事业和艺术赞助获得了非比寻常的发展，人们会把参与慈善事业与进行艺术赞助视为完成了某种更高层次的使命"①。

里亚布申斯基家族不仅对"孤儿和贫民"有着悲天悯人的胸怀，这种情感在旧礼仪派中表现得尤为强烈，而且在俄国企业家对自己的国家、人民和祖国文化的命运所担负的责任中增添了纯粹的商人意识。家族的一个成员写道，"此时，要套用法语中的一个词——贵族的义务，我们的哥哥巴维尔·里亚布申斯基经常教育我们：财富即义务（原文中是法语 Rischesse oblige）"②。一个商人既然承担了保护民族、捍卫国家利益的重任，那么就不应该只做一个食利者。钱不是目的，而是完成商人阶级历史使命的手段——这便是这句箴言的含义。应该使商人阶级在国家政权中占有一席之地，资本应该是国民经济发展的源泉，应该使商人进入国家官僚体制中，但最后是按照商人人数并非根据其重要性来实行的，同时，资本也应该促进国家文化的繁荣。

里亚布申斯基家族的成员们在不同领域都具有非常高的天赋。科学与艺术是其主要活动领域，并深深吸引着家族第三代的所有代表人物。而且有些人，比如巴维尔、谢尔盖、斯捷潘、弗拉基米尔以及米哈伊尔，他们积极地将艺术资助、收藏与活跃的商业、社会活动结合起来。不过对于费奥多尔、尼古拉、德米特里以及叶芙菲米娅来说，艺术与知识世界则成为他们毕生的事业。不过，在艺术科学领域，这个大家族的知名度不高，他们的名字并未出现在俄国艺术赞助者和文化人士的名单中，尽管他们配得上。值得欣慰的

---

① Бурышкин П. А. Москва купеческая. С. 100.

② Рябушинский Вл. Купечество московское. С. 180.

是，不久前 Н. Г. 杜莫娃出版了一本关于莫斯科艺术赞助者的书，其中一章专门讲述了该家族中的一个成员——尼古拉·里亚布申斯基。①

谢尔盖·巴甫洛维奇·里亚布申斯基
（20 世纪初拍摄）

该家族对美的迷恋源自他们的父亲巴维尔·米哈伊洛维奇，他是一个音乐爱好者和狂热的戏剧迷，他对艺术的热爱也影响了他的孩子。"戏剧是莫斯科的特色，所有莫斯科人或多或少都对戏剧感兴趣。"多年后，他的一个儿子回忆："我记得，当时父亲满心欢喜地说，他偶遇了著名演员莫恰洛夫。"② 在俄罗斯国家博物馆的馆

---

① См. : Думова Н. Г. Московские меценаты. М. , 1992.
② Рябушинский Вл. Купечество московское. С. 182.

藏中，有一幅未署名的里亚布申斯基家族成员的"肖像"。经确认，这幅肖像是画家 A. 敦克尔 19 世纪 80 年代初的作品，描绘的是"家族的灵魂人物"——巴维尔·米哈伊洛维奇本人。他穿着得体，手持雪茄，丝毫不比小剧院中他所喜爱的首席作家奥斯特洛夫斯基剧本中的人物差。商人已经觉得自己是一个"大人物"了，而且不逊色于"第一等级"阶层。

回忆录作者弗拉基米尔捕捉到了一个时代特有的标志："莫斯科商人觉得自己是'人上人'。他所在的这个阶层建造了教堂、医院、救济院、公共食堂、剧院，收集了画作、书籍、圣像，在城市杜马中发挥了重要作用，并在戏剧首演、赛跑和赛马活动中占据了优势。"① 父亲的爱好及对莫斯科社会文化生活的热爱无疑对年轻一代的里亚布申斯基家族成员的品位和爱好产生了深远影响。

当然，从父亲那里继承的品质在每个后代身上都有不同的表现。长子巴维尔将全部精力投入商业和社会事业中，他喜欢在闲暇时间研究复杂的数学问题（他的档案中有许多写有计算公式的草稿）。他拥有"数学式"的理性思维方式，对艺术创造生活之美也并不陌生。他的弟弟尼古拉是一位绘画鉴赏家，他为自己在普列奇斯金林荫大道上的豪宅购置了画作，Π. A. 布里根回忆说，"他并非一味地追求华丽，而是把家布置得很有品位"②。在莫斯科近郊的"亚历山大"庄园里，巴维尔收藏了俄国艺术家的一小批油画。1920 年，A. Π. 安特罗波夫于 1763 年完成的两件作品——《Д. Π. 布图尔林肖像》和《A. B. 布图尔琳娜肖像》从庄园被转移到了特

---

① Рябушинский Вл. Купечество московское. С. 175.

② Бурышкин П. А. Москва купеческая. С. 191：ГАРФ, ф. 4047, оп. 1, д. 14, л. 37.

弗拉基米尔·巴甫洛维奇·里亚布申斯基
（20 世纪初拍摄）

列季亚科夫画廊。①

　　作为一家之主，巴维尔也是由父亲创办的公共食堂和巴维尔收
容所的负责人、莫斯科商学院和奥斯托仁旧礼仪派信徒团体委员会
的成员、莫斯科罗戈任公墓旧礼仪派团体和全俄旧礼仪派信徒大会
理事会的副主席。尽管身兼数职并承担着大量的工作，他仍然保留
了一个真正的商人所不可缺少的品质——慧眼识人和培养人才。有
一个典型的例子，当时在巴维尔家从事维修工作的一个电气修理工
与顺便看了他的工作的巴维尔交谈，巴维尔发现这名修理工对电气

---

① Государственная Третьяковская галерея. Каталог живописи XVIII – начала XX
в. （до 1917 г.）. М., 1984. С. 24, 25.

工作有非常深刻的认识，于是便送他到德国学习，难能可贵地培养了一名电力工程师。

苏联著名历史学家 M. H. 季霍米罗夫院士的传记中记载了与里亚布申斯基家族有关的一段往事。第一次世界大战前夕，M. H. 季霍米罗夫从圣彼得堡商业学校毕业后，在位于中国城的里亚布申斯基家族企业的办事处当文员，当时的工资相当可观——每月 40 卢布，攒下钱后，他得以在莫斯科大学继续深造。①

谢尔盖在家族兄弟中排行老二，作为家族纺织厂的主管人，谢尔盖长期居住在上沃洛乔克，他作为"厂经理"的宅邸保留至今。他是一位技艺高超的专业人员（毕业于德国的一所专门的纺织和染色学校），也是一位天才的动物雕塑家。根据当时人们的评价，他在自己精美的驯鹿和熊的雕塑中巧妙地传达了"兽形艺术风格"的神韵。1911 年，И. E. 列宾本人向承办巡回画展的公司董事会提出申请，请求这位天才雕塑家的作品与已经很有名气的画家特鲁别茨科伊的作品一同参展。②

这位来自上沃洛乔克市的收藏者还收藏了一些大型艺术品，其中包括古董家具。1914 年 5 月，他写信给在巴黎开古董店的兄弟尼古拉："感谢你提供的雕塑藏品，我对它们非常感兴趣，尤其是它们那古色古香的质感……最近我从圣彼得堡的旧物商人那里买了几件有趣的彼得和叶卡捷琳娜时期的家具上的物件。"这些都是若尔托夫斯基（俄国和苏联著名建筑师，与谢尔盖的妹妹伊丽莎白结

---

① 　См. : Шмидт С. О. И краевед и академик. Михаил Николаевич Тихомиров. 1893 – 1965 // Краеведы Москвы. Вып. 1. М. , 1991. С. 221 – 222.

② 　Всероссийское музейное объединение Государственная Третьяковская галерея, Отдел рукописей（ВМО ГТГ. ОР）, ф. 65, д. 180, л. 1.

婚——作者注）帮我搜寻到的。①

　　部分藏品收藏在谢尔盖位于莫斯科西弗采夫·弗拉日科路30号的家里，谢尔盖只是因公司业务去莫斯科出差时才住在那里。1917年秋，一伙占领了豪宅的无政府主义者把这些藏品洗劫一空。一份有趣的文件被保留了下来，它记录了谢尔盖这些藏品的命运。1918年3月3日（俄历16日），艺术家 С. Ю. 茹科夫斯基的两幅画《秋日的傍晚》和《萨文斯基－兹韦尼戈罗德修道院的墙壁》由 В. А. 叶戈罗夫移交到特列季亚科夫画廊保管。正如档案文件所记录的那样，"这些画是从小德米特洛夫卡的无政府主义之家，也就是在商人协会（如今是莫斯科的标志性建筑——连科姆剧院——作者注）交给 В. А. 叶戈罗夫的，它们是无政府主义者从 С. П. 里亚布申斯基位于西弗采夫·弗拉日科路的豪宅中夺来的"②。1917年秋天，在无政府主义最为猖獗的时候，许多"资产阶级"别墅被"征用"，人们推测俄国文化会因新的破坏者入侵而惨遭重创。

　　存放在上沃洛乔克家中和工厂里的那部分藏品要幸运得多。革命后，新政权将征收上来的艺术品带到了上沃洛乔克的工人俱乐部，并于1920~1930年从那里转运至特维尔画廊进行保管，这其中包含20世纪初艺术家的风景画作品，如 В. К. 比亚雷尼茨基－比鲁尔的《湖边的教堂》（1905年）、С. Ю. 茹科夫斯基的《白夜》（1903年）、И. Л. 卡尔梅科夫的《松树》、И. И. 列维坦的《具有

---

①　С этим и рядом других ниже упоминаемых писем из личного архива Н. П. Рябушинского в Национальном архиве Франции в Париже нас любезно ознакомила работавшая с материалами фонда Н. Г. Думова, которой автор выражает искреннюю признательность.

②　ВМО ГТГ, ОР ф. 8. IV, д. 7, л. 41.

高高河岸的苏拉河》。收藏品还包括雕塑艺术品，如 H. A. 安德列夫的《带孩子的女人》（1899 年）、M. M. 安托科尔斯基的《靡菲斯特》，以及 Л. 拉戈里奥、И. E. 列宾（艺术家库因吉的肖像）、B. И. 苏里科夫（对《女贵族莫罗佐娃》痴迷的人）等人的艺术作品。笔者在此感谢特维尔画廊的工作人员 B. Ф. 格尔什菲尔德提供的关于谢尔盖保存在这里的画作信息。

里亚布申斯基家族的三儿子弗拉基米尔是个多才多艺的人：受过高等教育（年轻时他在德国海德堡大学进修过），是通晓欧洲哲学的行家，同时也是家族企业银行部门的负责人、十月党中央委员会成员。他天生具有深厚的宗教信仰，他喜欢古罗斯时期的古老圣像，因为他在它们身上看到了"俄国东正教最重要的部分，几乎被知识分子所抛弃但却是民族文化最厚重的部分"。他坚信，"俄国人民在自己的内心最深处和最厚重的地方被赋予了用自己的生命来坚守古老、归真的东正教的能力"①，在俄国侨民中他为保留俄国圣像的传统付出了很多努力，这将在下一章进行详细讨论。

弗拉基米尔兴趣广泛，在莫斯科拥有一个小有名气的私人藏书室，藏有历史、自然哲学、军事和海事、地理、小说、艺术学等方面的书籍，他曾一度打算出版一本私人收藏图书目录。②

在弗拉基米尔身上，我们不仅能看到商业头脑和宗教情感，还能发现一种罕见的品质——对军事的热爱。他拥有非凡的勇气（众

---

① Исцеленов Н. Памяти Владимира Павловича Рябушинского // Возрождение, Париж, 1955. 47. С. 105 – 106.

② См.：Константин Андреевич Сомов. Дневники. Суждения современников. М., 1979. С. 532. Художник был приглашен для работы над фронтисписом несостоявшегося издания.

所周知，弗拉基米尔能够擒住武装抢劫莫斯科银行的疑犯），第一次世界大战爆发后，他自愿到前线，如上所述，他受伤了，康复后又回到了自己的岗位，先后经历了二月革命和十月革命。从通信部队转到炮兵部队后，他出版了一本在前线时写的火力攻击之数学论证手册，记录了关于 1916 年 10 月在巴拉诺维奇发生的一次战斗趣闻①，对俄军失败的原因进行了分析。②

1910 年 3 月 9 日，家族八兄弟中最小的年仅 25 岁的费奥多尔·巴甫洛维奇·里亚布申斯基在库奇诺庄园中因肺结核病逝。他所有的现金财产，估价为 225 万卢布，都归他的遗孀塔季扬娜·康斯坦丁诺芙娜所有，但不包括价值 68.1 万卢布的家族企业（里亚布申斯基父子纺织合伙公司和奥库洛夫造纸厂）股份，因为这些股份是留给哥哥们的。费奥多尔的遗嘱中包含了一个对大家来说不寻常的附言——根据该家族商业帝国这位年轻代表的最后遗嘱，"为了研究堪察加半岛，由费奥多尔率领的探险队收集到的藏品和材料"要移交给俄国地理协会以妥善收藏在博物馆中。③

这位英年早逝的商人曾经为俄国科学事业发展做了很多事情。从童年起，他就对俄国的地理环境，特别是未开发的西伯利亚地区表现出浓厚的兴趣。最好的老师教授他西伯利亚地理学、人类学和民族学课程，同时他自己钻研专业文献、地图学，这些知识为他提供了必要的科学基础，丰富的个人知识储备使他有机会从理论研究

---

① 一战期间，俄国西线部队在埃弗特将军的指挥下，于 1916 年 6 月 20 日至 7 月 12 日进行的一次进攻行动——译者注。

② См.：Рябушинекий В. П. Устройство и зашита укрепленных позиций. М.，1916；ОПИ ГИМ. ф. 424，д. 225 – Заметки подпоручика артиллерии В. П. Рябушинского о бое у Барановичей 27 – 28 октября 1916 г.

③ ЦГИА г. Москвы，ф. 142，оп. 6，д. 606，л. 1 – 1 об.

费奥多尔·巴甫洛维奇·里亚布申斯基
（20 世纪初拍摄）

走向实践。这位好奇的学生对科学界对整个西伯利亚地区仍然所知甚少而感到惊讶。在一些"被遗忘的世界"里，他被堪察加半岛所吸引，这块土地与其他很多欧洲国家一样大，却有着独特而神奇的自然环境，而且这里几乎未被研究。

　　为支持组织对堪察加半岛的科学考察，费奥多尔捐献了 20 万卢布的资金，这在当时是一笔巨款。他还为未来的考察制订了一个计划，按照"赞助人"的设想，他要对这个遥远的未知世界的自然财富和人口进行详细的研究。这位热心的慈善家打算亲自参加探险，但突染肺结核迫使他留在了家里。在俄国地理协会的帮助下，探险队在发起人缺席的情况下出发了。1908 ~ 1909 年，C. A. 康拉吉组织相关人完成了考察，并收集到了最有价值的矿物学和植物学样品，同时又研究了当地居民的生活和经济制度。关于堪察加半岛的部分考察资料由他的遗孀 T. K. 里亚布申斯卡娅资助出版；费奥多尔的主要收藏品则捐赠给鲁缅采夫博物馆，在博物馆中有一整个房间的考察资料是以这位慷慨无私的赞助商的名字来命名的。

出版所收集的探险考察材料的筹备工作一直延续到第一次世界大战前。在 T. K. 里亚布申斯卡娅所保存的信中，这位夫人在 1913 年请求矿业工程师 C. A. 康拉吉、E. B. 克鲁格完成堪察加考察队地质部的工作（在 1916 年 1 月 1 日之前整理好收藏品并准备好出版的科学记录）。在确保向出版商支付 1 万卢布的费用的同时，这位遗孀保留了版权。尽管她付出了巨大努力，可依然没有完成费奥多尔毕生的事业，直到革命时期也没有写出全部的考察记事。[1]

除了家族的一少部分成员留下了大量的历史记载外，其余的成员人生都被时间所掩盖，但毫无疑问，他们所有人都值得我们好好纪念。为了正确评价里亚布申斯基家族对俄罗斯民族文化做出的贡献，我们需要更加认真地审视过去。

---

[1]　ГАРФ, ф. 1463, оп. 1. д. 1183, л. 1 – 1 об. ; Торговое и промышленное дело Рябушинских. С. 79 – 80; Ивановский Ал. Памяти организатора научной экспедиции на Камчатку Ф. П. Рябушинского. СПБ. , 1911; Конради С. А. Краткий предварительный отчёт о работах Геологического отдела Камчатской экспедиции Ф. П. Рябушинского. 1908 – 1909. СПБ. , 1911; Камчатская экспедиция. Ботанический отдел. Вып. 1 – II. М. , 1912.

第五章

古代圣像鉴赏家：斯捷潘

卡恰洛夫路上的（以前的小尼基茨基街）6 号建筑对于许多莫斯科人来说再熟悉不过了，因为这栋建筑是莫斯科市的杰出建筑之一。根据 Φ. O. 舍赫捷利的设计方案，该栋建筑于 20 世纪初建成，它是"俄国现代派艺术之父"舍赫捷利的杰作之一。如今这里成为高尔基博物馆，当年作家高尔基返回苏联后，这座建筑成了他的宅邸（顺便说一句，高尔基本人并不喜欢这座豪宅，他认为这座豪宅"荒唐可笑"）。房子的外墙上挂着一块与高尔基名字相关的纪念牌……如今，已经鲜有人记得这座建筑的第一任主人，这个让俄国著名设计师的梦想变为现实的人。

1913 年的"全莫斯科"查询手册中记录着，世袭荣誉公民安娜·亚历山德罗芙娜·里亚布申斯卡娅为小尼基茨基街建筑的法定所有者。白石城（莫斯科代称）的所有人都知道，这座房子是以她的名字登记的，她是博戈罗茨克商人普里贝洛夫的女儿，不过这座建筑是由她的丈夫斯捷潘·巴甫洛维奇·里亚布申斯基出资建造的，他在八个兄弟中排行第四。作为家族部分纺织公司的负责人，他却因为有着与商业活动无关的知识而给人们留下了美好的记忆。他的兄弟弗拉基米尔写道："他是一位杰出的旧礼仪派领袖，最重要的是，他是一位古代圣像的收藏家、鉴赏家和研究者。"①

斯捷潘·巴甫洛维奇·里亚布申斯基
（20 世纪初拍摄）

　　斯捷潘成为罗戈任宗教团体最活跃的成员之一，20 世纪初，罗戈任教会约有 1 万名旧礼仪派信徒。旧礼仪派教会委员会是其主要管理机构，直到 1911 年去世前一直由最著名的瓷器制造商马特维·西多罗维奇·库兹涅佐夫主持工作。他的房子位于米亚斯尼茨基大街，也是委员会的所在地（如今，这座建筑是瓷器店和精制玻璃器皿店）。斯捷潘是奥斯托仁旧礼仪派团体的主席，同时也是罗

　　①　Рябушинский Вл. Купечество московское. С. 172.

戈任公墓教堂文物保护委员会的负责人，为保护和宣传旧礼仪派教的圣物做了很多工作。例如，1911年他在村社的教堂里拍摄旧圣像照片，并准备成册出版。

莫斯科罗戈任公墓的冬季教堂（20世纪初拍摄）

在罗戈任墓区有两座大教堂：一座是圣母守护大教堂又名夏季教堂（始建于1790年）；另一座是1804年建成的基督圣诞教堂，又名冬季教堂。这里存放着捐赠给教会的无价之宝——古圣像。斯捷潘还负责教会的档案和图书馆工作，图书馆中珍藏着几十本由旧礼仪派信徒在全俄收集而来的古籍及手抄本。革命前夕，在细心的保管员的努力下，教会开始编制罗戈任图书馆目录。①

①　ОР ОГБ. ф. 246, карт. 17, д. 2, л. 3；д. 14, л. 8, 10 об., 25 об., 32.

斯捷潘为旧礼仪派教会提供了宝贵的资助，在罗戈任公墓组建了旧礼仪派学院（以前这里只有一所小学）。1912年当选委员会主席的斯捷潘向其他拥有共同信仰的人介绍了建立学院的目的："学院的主要任务是培养拥有强大精神力量和强健体魄的旧礼仪派的教师和牧师。到旧礼仪派学院上学的学生大多来自农村和外省地区，我们必须尽可能不要让他们脱离自己的成长和生活环境……应该使学院的学生养成热爱各种劳动的习惯，这样他们就不会在农村中碰到那些陌生和另类的人（指当时俄国正统教会下派到农村中的教师）"。

学院在罗戈任公墓教会开设了6个班级，除了宗教教育外，还对学生进行必要的农业培训，以便这些牧师将来能够养活自己。1912年，里亚布申斯基家族的公司拨款2万卢布用于建造学院大楼，条件之一是其中一间教室以父亲巴维尔·米哈伊洛维奇的名字来命名。由于与德国爆发战争，建造工作不得不暂停。值得注意的是，学院所有超出预算的费用都由委员会主席一个人承担。①

幼年时，圣像已经走进斯捷潘的生活中，对他来说，圣像不仅是一件抽象的艺术品，更像是他的宗教情感的生动体现。特维尔画廊的一个大厅里展出了艺术家 Л. В. 图尔让斯基于1911年绘制的《男人肖像》。闪着圣像金光的背景中呈现了一个身着优雅欧式套装、留着俄式胡须的男人。这幅画是画廊于20世纪70年代在莫斯科的一家寄卖商店购买的，没有人知道这幅画是怎么流落到这家商店的。画廊的游客和员工都不知道画像上的人正是来自特维尔的圣像收藏家和棉花生产制造商斯捷潘。画家以这样的方式捕捉到了他的身影，准确地描绘出斯捷潘主要的本质特点——从先辈那里继承

---

① OP OГБ. ф. 246, 18, д. 5, л. 40 – 41.

K.柯林的水彩画,1937 年

斯捷潘·巴甫洛维奇·里亚布申斯基的别墅,建筑师 Ф.О.舍赫捷利设计,1931~1936 年高尔基生活在此处,1986 年摄

斯捷潘·巴甫洛维奇·里亚布申
斯基别墅内饰，内部家具和摆设
1931~1936年部分被替换，自1965
年成为高尔基博物馆

了对"古老东正教"艺术的热爱。①

　　在流亡海外时他回忆说："从童年开始，我习惯于每天到我们在莫斯科的小哈利托尼亚巷的小教堂中，那里到处都是圣像或它们精美的复制品，而且可以听旧礼仪派牧师和博览群书的人们讨论古代圣像与东正教教堂里新圣像的区别……我有一个想法，就是想确定手指在圣像中的意义，并通过带有插图的古代手稿、壁画、马赛克和圣像来追根溯源。"旧礼仪派收藏家开始整理自己的收藏品，实际上他想用带有"古代文字"的圣像，即小尼基茨基庄园主人所信奉的尼康时代之前的东正教原始圣像来装饰新的教堂。例如，他购买的圣像在 1911 年被用来装饰加夫里科夫大街的旧礼教教会的乌斯宾斯基守护大教堂中的圣像壁。1931 年教会被废除后，教堂里摆放的 16 世纪得厄西斯圣像被存放在特列季亚科夫画廊。

　　他在中间商的帮助下寻找艺术珍品，而中间商们走遍俄国的各个角落，把珍贵的"战利品"送到古董商那里。斯捷潘不惜重金购买这些往往因年代久远或因保存不当而变得破旧或者漆面破损的圣像。这位收藏家还在莫斯科的豪宅里建立了一个圣像修复工作室，在那里他第一次对发黑的古老圣像进行了全面的连续清洗。后来这项工作交由 A. B. 秋林负责，他是一位在修复圣像方面有着丰富经验的资深画师。②

　　在第一次世界大战前夕，与 И. C. 奥斯特罗乌霍夫和 Б. И. 哈

---

① OP ОГБ. ф. 246，карт. 17. д. 16，л. 13 – 14；карт. 18. д. 9，л. 26 – 26 об.

② Государственная Третьяковская галерея. Каталог древнерусской живописи. Опыт историко – художественной классификации. Сост. Антонова В. И.，Мнева. Н. Е. Т. 1. М.，1963. C. 22-23；Рябушинский Ст. П. Заметки о реставрации икон. Милан，1931.

年科的收藏一样，斯捷潘的藏品被认为是俄国最好的收藏之一。在19世纪90年代信奉旧礼仪派的百万富翁开始搜寻古物，在遍及整个俄国艺术界的一次圣像收藏高潮到来前，旧礼仪派他成功地获得了许多珍品。一份有趣的资料对此有所记载。1917年，大雅罗斯拉夫制造厂的共同所有人、俄国圣像的崇拜者 A. A. 卡尔津金在给 И. С. 奥斯特罗乌霍夫的信中说，他在斯捷潘那里遇到了一位"圣像修补匠"——阿列克谢·瓦西里耶维奇①我把带有大主教彼得言行录的圣像交给他进行修复。他对这位公认的专家说："事情的结果非常有趣。秋林告诉我，这样的东西现在的价格应该是2万~2.5万卢布，斯捷潘·里亚布申斯基是在价格没有飙升的时候开始收藏的，因此他总共只花了500卢布就买到了自己的'耶稣升天'。"②

上面提及的正是斯捷潘最早购买的作品之一——15世纪上半叶的"耶稣升天"圣像。此外，斯捷潘收藏的珍品还有"斯摩棱斯克指路圣母"（13世纪下半叶）、诺夫哥罗德画派的圣像"圣母诞生"（14世纪上半叶）、"大天使米哈伊尔"（14世纪下半叶）、14世纪末来自北方霍尔莫戈尔的"莫斯科的节日"、14世纪上半叶的"耶路撒冷的西蒙"和"苦难圣徒叶卡捷琳娜"等。藏品中还包括几十幅古罗斯绘画。革命后部分藏品被收入特列季亚科夫画廊，根据该画廊的藏品名录，有57幅圣像原属斯捷潘的收藏，这些画作的年代在13~17世纪。

许多圣像被主人赠送给了旧礼仪派教区的乌斯宾斯基守护大教

---

① 即秋林——译者注。
② ВМО ГТГ, ОР. ф. 10, д. 3025, л. 1.

堂，该教堂成为一家古罗斯艺术博物馆。最有价值的珍品放在了罗戈任公墓教堂里。对此，他向圣像"斯摩棱斯克指路圣母"致敬，并认为，当时正在修复的圣像是"教会教堂中最珍贵的文物之一，不能从一个教堂移到另一个教堂"①。

　　大部分藏品存放在小尼基茨基路的家里。里亚布申斯基家族的财产是一整片城市庄园。从存档的保险说明来看，阿尔巴特区的房地产，第 1 标段编号 0/463，小尼基茨基路 6 号——"一栋带有地下室和夹层阁楼的二层石制别墅"，在花园深处还有一个次宅——一个一层的石头仓库、一个马厩、一个车库（斯捷潘喜欢现代科技，有自己的汽车，是莫斯科汽车俱乐部的成员）、一个带草棚的马车房、一个家庭洗衣房和仆人的住处。1907 年，在建成主宅后，A. A. 里亚布申斯卡娅以 3.7 万卢布购买了位于小尼基茨基路和斯皮里多诺夫卡街交汇处的房产。在拆除了破旧的木制房屋后，斯捷潘建造了一个花园来装饰他的大宅，而且这个花园留存至今。②

　　由信奉旧礼仪派的百万富翁委托建造的这座豪宅还留有一个秘密——别墅的三楼③有一个房间没有被列入保险清单中，而且从街上看，根本猜不到还藏着这样的一个房间。斯捷潘的旧礼拜堂隐藏在圆顶房子中，墙上挂满了福音传道者的画像和希腊文的教堂文本。A. M. 高尔基和他的家人在这所房子里定居后，这个房间被作家的儿子马克西姆的妻子同时也是 П. Д. 科林的学生 H. A. 佩什科

① OP РГБ，ф. 246，карт. 17，д. 15，л. 43 об.
② ЦГИА г. Москвы，ф. 303，оп. 2，д. 175，л. 1 – 1 об. : ф. 117，оп. 1，д. 381，л. 10，15.
③ 别墅的两层楼之间还有一个中二层，所以总高为三层——译者注。

娃当作画室。1977～1983 年，最后一次修复房屋时礼拜堂的内部被复原。①

一些圣像被主人搬到了位于莫斯科近郊的斯捷比诺庄园里去了，距离莫斯科一下诺夫哥罗德铁路上的库奇诺车站 2.5 俄里，那里是家族库奇诺庄园的一部分。这是一座两层的松木结构大宅，1912 年保险代理人估价为 5 万卢布。夏天，房主偶尔会来这里，他不在的时候，有一个专门的管家在这里照看房子。②

随着时间的推移，收藏品越来越多，但收藏家的收集热情却丝毫未减。他经常逛的莫斯科圣像店的店主很懂这位信奉旧礼仪派的百万富翁的口味。他常常被镶有紫金框的圣像所吸引，紫金散发的光芒使古圣像显得尤为珍贵。③ 斯捷潘在古罗斯遗产鉴赏家中享有很高的声望，并被授予莫斯科考古研究所荣誉会员称号。1913 年，他成为第一届圣像展的主要发起人之一，而且还积极参加了展品目录的编制工作。④

这位莫斯科文物爱好者还对古玩和斯拉夫宗教文物感兴趣。在第一次世界大战前不久，他在给弟弟尼古拉的信（现存巴黎的法国国家档案馆）中写道，在 1912～1913 年的巴尔干战争之后，"许多马其顿的修道院正在出售它们的圣像，在中东可以找到许多有趣的

---

① Художественные материалы музея А. М. Горького. Описание. М., 1986. С. 120.

② ЦГИА г. Москвы, ф. 303, ол. 2, д. 21, л. 1 – 2.

③ Государственная Третьяковская галерея. Каталог древнерусской живописи. С. 23.

④ См.: Рябушинский С. П. Выставка древнерусского искусства, устроенная в 1913 г. (в честь 300 – летия воцарения Дома Романовых). Каталог. М., 1913; Рябушинских С. П. Икона Божией Матери Смоленской из собрания С. П. Рябушинского. М., 1913.

圣像"。当然，斯捷潘主要关注的还是俄国圣像，在鉴定俄国圣像方面无人能及。许多人向他请教专业知识，他进而踏上了一条关于研究圣像艺术价值和揭示隐藏其中的深刻哲学思想的知识之路。我们在此仅举一例：1914 年，基辅著名收藏家 Б. И. 哈年科的妹妹 В. И. 哈年科在给 И. С. 奥斯特罗乌霍夫的信中顺带夹着她自己的圣像复制品，并向其介绍了这幅圣像的年代。她说，斯捷潘在她哥哥那里看到了它，并确定这幅圣像是 14 世纪的。这让人想起了斯捷潘的圣像"耶稣升天"，但与之相比这幅圣像文字更为古老，也更粗糙。[①]

　　小尼基茨基路上别墅里的主人也是《俄国圣像》专业杂志的创办人，在俄国与德国发生战争之前，该杂志开始在圣彼得堡出版。杂志第一期就宣布要在莫斯科创建俄国圣像博物馆，这是斯捷潘毕生的梦想。然而，战争的爆发推迟了这一计划，1917 年的革命事件使这位热心的收藏家离开了他的祖国。在二月革命期间，他在美国从事与莫斯科汽车制造厂采购设备订单有关的业务。1917 年 3 月 28 日，他从纽约给自己的哥哥巴维尔发来电报："在俄国复兴之际，我们尤为欢迎你，因为多年来，你一直是工商业阶层的骨干力量和为权利与自由而奋争的斗士。"[②]

　　然而，"焕然一新"的俄国，很快就表示她不再需要这个阶级了，而里亚布申斯基家族却是这个阶级的典型代表。斯捷潘 1917 年夏天回到了莫斯科，十月革命后他和家人被迫逃离莫斯科，也只能任由毕生的心血——所收藏的圣像自生自灭。苏联时期，根据特

---

①　ВМО ГТГ, ОР, ф. 10, д. 6671, л. 1.
②　ГАРФ, ф. 4047, оп. 1, д. 43, л. 27 – 27 об.

列季亚科夫画廊的官方数据，"斯捷潘·里亚布申斯基的收藏在1918~1919年归国家博物馆基金会所有"，后来，部分藏品从博物馆转移到画廊，而且有相当多的圣像分散在莫斯科以及其他省份的博物馆中。① 革命后，这些私人收藏品的"国有化"情况如何？有资料表明，1917年秋天，新成立的全俄肃反委员会（契卡）成员在搜查彼得罗夫公园中的废弃别墅"黑天鹅"（属于斯捷潘的兄弟尼古拉）时，发现了一仓库的圣像。И. С. 格拉巴里和 П. П. 穆拉托夫应邀参加了这一搜查活动，他们发现了这些价值不菲的收藏品，并将其转交给了国家博物馆基金会。②

不过，关于这批文物还有一些其他不太光彩的故事。有一次，莫斯科地方志专家 А. П. 林科夫（已故）好心地与笔者分享了契卡1917年11月30日写给艺术与文物古迹保护委员会的信件副本，这是林科夫通过某种我们未知的方法得到的。契卡在信中指出，"他们从彼得格勒公路34号的 С. П. 里亚布申斯基家中移走了128幅圣像、11幅画、1个枝形烛台、1个灯台、一箱书和刺绣制品以及一箱瓷器及其他物品"。1914年，斯捷潘在离他弟弟尼古拉的别墅不远处建造了这所房子，并把它作为教堂使用，同时，在它的对面又建造了另外一座别墅用于创建圣像博物馆，圣像展览的处女秀就是在这座别墅中举办的。然而，1917年秋，展览被叫停，所有的展品被转移到附近的房子里，这些展品在11月份又被契卡的工作人员运走。

---

① Государственная Третьяковская галерея. Каталог древнерусской живописи. С. 88.

② См.: Жуков Ю. Н. Сохраненные революцией. Охрана памятников истории и культуры в Москве в 1917 – 1921 годах. М. , 1985. С. 107.

　　显然，最有价值的收藏品都存放在"黑天鹅"别墅里，而其余的藏品则被留在了彼得格勒公路旁边的博物馆的房间里。契卡工作人员按照他们的喜好去遴选这些藏品，未被选中的藏品因"艺术价值不高"而留在了房主的地下室里。因此，俄国圣像博物馆所存放的藏品只是一小部分，大部分藏品彻底地遗失了。万幸的是，斯捷潘收藏的杰作避免了这样的命运，正如特列季亚科夫画廊的藏品目录所提示的，"现在，古罗斯绘画展厅的作品装饰着整个特列季亚科夫画廊"①。这也难怪——毕竟，特列季亚科夫画廊收藏的1053件古罗斯圣像藏品中，有57件来自小尼基茨基路的房主。

　　如今，这位莫斯科旧礼仪派信徒，作为古罗斯艺术遗产的开拓者之一，其收藏引起了俄罗斯文化研究者巨大的兴趣。随着时间的流逝，基于斯捷潘·巴甫洛维奇·里亚布申斯基对俄罗斯文化的贡献，应该在他作为收藏家取得丰硕成果的房子里挂上一块纪念牌，博物馆的展览也应该有这位原主人的一席之地，毫无疑问，他值得后人纪念。

---

① Государственная Третьяковская галерея. Каталог древнерусской живописи. С 22.

第六章
米哈伊尔的宝藏

在斯捷潘位于小尼基茨基路的房子的隔壁，是Φ. О. 舍赫捷利的另一杰作。在莫斯科幽静的斯皮里多诺夫卡大街上矗立着一座气势恢宏的哥特式建筑风格的城堡，这座城堡是由建筑师在19世纪90年代为著名的"红色资本家"萨瓦·季莫菲耶维奇·莫罗佐夫建造的。这座豪宅装饰华美，内附彩色玻璃画、壁画和弗鲁别利本人的雕塑，奢靡之气充斥着整座豪宅，不过这也符合女主人季娜伊达·格里高利耶芙娜·莫罗佐娃的品位。她喜欢在这里举行盛大的晚宴，即使是有头有脸的贵族也对莫罗佐夫家的华丽之气感到惊奇。

萨瓦·季莫菲耶维奇·莫罗佐夫是个行事正派的人，他十分厌烦这种奢靡的生活，他经常在陈设简陋的书房中与革命者会面，包括长期居住在这所房子里的布尔什维克党人尼古拉·鲍曼。莫罗佐夫1905年自杀身亡后，他的遗孀莫罗佐娃决定出售这座"孤宅"。1909年，新主人搬进了斯皮里多诺夫卡的豪宅。这个人是谁，他是不是这座"宫殿"最后一位主人？即使在研究关于Φ. О. 舍赫捷利

М. П. 里亚布申斯基位于莫斯科市斯皮里多诺夫卡大街的豪宅，
Ф. О. 舍赫捷利设计（20 世纪初拍摄）

作品史的专门文献中，他的名字有时也会因传奇人物萨瓦而被大家忽略。① 实际上，他能力出众，在莫斯科久负盛誉：他是银行家、芭蕾舞演员、一个拥有许多俄国以及欧洲大师珍稀画作的收藏家。

1924 年夏天，侨民报纸以《里亚布申斯基的宝藏》② 为题发表了一篇轰动一时的文章。一封来自莫斯科的信中写到了在"里亚布申斯基的豪宅"中发现了一间密室。文章的作者没有说清密室属于里亚布申斯基家族哪一个兄弟，当然，当时已经在伦敦定居的藏品

---

① См. : Чернышова Н. П. Улица Алексея Толстого. 17 // Международная жизнь. 1988. № 5. Этот недостаток исправлен в последней публикации: Особняк. Возрождение шедевра. М. , 1996. С. 2 – 5 （автор текста — Н. С. Датиева）.

② Время. Берлин. 1924. 28 июля.

主人立即猜到这是他位于斯皮里多诺夫卡的房子。报纸解释说，1917年后，该别墅多次易手（这里曾是莫斯科省执行委员会和莫斯科省食品委员会的所在地，APA俄美贸易公司也曾在此驻扎过），直到来自异域的"布哈拉教育之家"安身于Φ. O. 舍赫捷利的杰作中为止。"在移动地板上的柜子时，偶然发现了一个被砖封住的密室。打开后，我们看到了通向地窖的楼梯，而另一扇门则通向一个秘密的宝库。令所有人惊讶的是，我们确实找到了一处宝藏——不是黄金珠宝，而是杰出的艺术珍宝。这其中有俄国艺术家（包括勃留索夫、特罗皮宁、列宾、谢罗夫、弗鲁别利、巴克斯特、库斯托季耶夫等）的40幅画作、19世纪末20世纪初俄国和欧洲大师的80幅水彩画、法国风景画家伊萨贝、F. 罗普斯等人的作品，还包括奥古斯特·罗丹亲手制作的《维克多·雨果半身像》、东方精致的造型艺术品和瓷器、实用艺术作品、古代手稿和许多被转移到国家政治保安局的其他物品，大部分收归了国家博物馆基金会。"文章还写道："当米哈伊尔·里亚布申斯基逃到国外时，显然，他梦想着能很快回到自己的宝藏中去。"

这种情况很可能是，要知道在1917年，他年满37岁，而且无论是国内还是国外很少有人认为布尔什维克会"真的而且长期"存在于俄罗斯大地。不过，现在是时候为这个艺术收藏品的主人正名了。米哈伊尔·巴甫洛维奇是巴维尔·米哈伊洛维奇家的第九个孩子，在兄弟中排行老六，是哈尔科夫土地银行和莫斯科商业银行的董事长，是《我们工作的目标》小册子的作者，在书中曾代表家族向社会阐明俄国企业家所从事的业务和规划。在积极从事金融业务的同时，他和斯捷潘一样都很喜欢收藏绘画作用，只不过他不是收藏古代圣像，而是19世纪至20世纪初各国大师

米哈伊尔·巴甫洛维奇·里亚布申斯基
（20世纪初拍摄）

的绘画作品。他更多的灵感不是来自虔诚的"古老信仰"（尽管像家里的所有人一样，他也信奉旧礼仪派），而是来自俄国以及现代欧洲的世俗文化。

　　里亚布申斯基家族对戏剧的热爱也在米哈伊尔身上得到了充分体现。剧院是商界"花花公子"们最热衷的消遣之地。米哈伊尔的哥哥弗拉基米尔回忆说："某个著名商人家族的年轻人，曾经来到大剧院观看芭蕾舞，或是到小剧院和艺术剧院看首场演出，这些地方对于米哈伊尔来说熟悉得就像到自己父母家做客一样。这里的每个人都是自己人，他的亲戚或熟人的熟人。在中场休息时，他会去拜访熟人，但由于认识的人太多，中场休息的时间根本不够将所有的熟人包厢走完。"① 痴迷于芭蕾舞的米哈伊尔也有一段为人津津乐道的婚姻：在商界有一个不成文的规则，那就是商界的人彼此联姻才叫体面，但这位年轻的银行家却藐视这一规则，与大剧院售票员的女儿、芭蕾舞团的舞者塔季扬娜·福米妮什娜·普里马科娃结婚。米哈伊尔将她从有上校军衔的丈夫身边夺走，此时，新晋升的女百万富翁与前夫已经生了两个孩子（经历离婚丑闻后，这两个孩子被留在了他们的父亲身边）。据当时的人称，塔季扬娜·里亚布申斯卡娅是"莫斯科公认的美女之一"。尽管她受的教育不多，但她仍是全莫斯科最聪明的女人之一。②

塔季扬娜·福米妮什娜·里亚布申斯卡娅
（米哈伊尔之妻）肖像（20 世纪初拍摄）

---

① Рябушинский Вл. Купечество московское. С. 175.
② Бурышкин П. А. Москва купеческая. С. 192.

　　这对新婚夫妇需要一个长期居住的地方。刚与莫斯科市前市长莱因博特再婚的 3. Г. 莫罗佐娃向他们伸出了援助之手。根据 1909年 8 月 25 日退役少将 3. Г. 莱因博特的妻子和世袭荣誉公民 M. П. 里亚布申斯基签署的交易记录，位于斯皮里多诺夫卡街 402 ～ 413 号之间第一区段上的属于阿尔巴特大街部分的不动产被后者变为个人财产。根据保存在档案馆的房产买卖契约合同副本，该房屋连带 2400平方俄丈的土地以 38 万卢布的价格卖给新主人，其中 15 万卢布以现金形式支付，其余 23 万卢布由米哈伊尔向莫斯科城市信贷协会贷款支付。① 斯皮里多诺夫卡大街的贵族居民的邻居是奥波林斯卡娅公爵夫人和莫斯科一家金属加工厂的老板——英国人詹姆斯·马克 - 吉尔。

　　连同家具一同被卖掉的房子可谓金碧辉煌，这是最优秀的艺术家为前任房主创作的。甚至，在很快地购买完房屋之后，房屋保险单上的干巴巴的几行字也带给我们一种炫耀财富的感觉。"铁皮做顶的二层石制别墅，有一个带拱门的半地下室，内外都抹了灰，外墙是哥特式风格；大厅和卧室的墙壁上贴着人造大理石；前厅装饰华丽；客厅墙面由丝缎装饰，小客厅、餐厅、大厅和女眷房间则由橡木打造；其他房间的墙壁都涂着蜡、贴着壁纸；窗框也是橡木的，有大理石窗台和镜面玻璃；楼梯和门厅的窗户是彩色窗格式的；大部分地面铺着橡木地板和瓷砖，大厅则铺着彩色木地板；主楼梯是橡木的，其他楼梯涂着漆；壁炉是大理石和砂岩的，暖气由地下室的锅炉提供……半地下室有仆人间、储藏室（其中一个可能

---

① ЦГИА г. Москвы，ф. 117，оп. 1. д. 380，л. 8，20.

是我们后来所知的秘密宝库——作者注）、餐具间和厨房。"① 房子还有一个石制台阶、三个露台和一个暖花房。该别墅地段上还有带洗衣房、马厩以及私人发电站的其他建筑设施。斯皮里多诺夫卡的别墅就内饰及装修的精致程度而言是莫斯科首屈一指的豪宅之一，正因如此，到了 20 世纪 20 年代末，它被移交给苏联人民委员会成为高级外交人员的接待处。今天，它仍然归俄罗斯外交部所有，其装饰豪华的内部房间用于外交招待会和接见。不幸的是，最近这座豪宅因火灾而被严重损坏，一些房间的内部装饰被毁，不过经过相关人员的修缮它又恢复了往日的辉煌。

让我们再回到 20 世纪初房屋新主人踏入豪宅的那一刻。米哈伊尔小心翼翼地对待著名画家 М. А. 弗鲁别利的壁画。1912 年，他又在主客厅里增添了一幅精美的装饰画作，这幅画作是艾瓦佐夫斯基的学生、著名风景画大师 К. Ф. 博加耶夫斯基创作的。他创作了三件装饰壁画——"意大利·清晨"、"意大利·中午"和"意大利·傍晚"，并且延续了 М. А. 弗鲁别利开创的于 1895 年挂在次客厅的三幅装饰壁画"清晨"、"午后"和"傍晚"的创作主题②，所以米哈伊尔的艺术收藏也搬到了斯皮里多诺夫卡的别墅的墙上。1902 年伊始，这位艺术爱好者只有 22 岁，在第一次世界大战前夕，他已成为俄国最优秀的绘画收藏者之一。从幸存下来的米哈伊尔的艺术品收藏清单中我们可以判断这些藏品的真实价值。商业和艺术贯穿了米哈伊尔的一生，以至于在莫斯科银行的文件中可以找到 М. П. 里亚布申斯基画廊藏品清单。③

① ЦГИА г. Москвы, ф. 117, оп. 1. д. 380, л. 9 об.
② См. : Особняк на улице Алексея Толстого. М. , 1990.
③ ЦГИА г. Москвы, ф. 254, оп. 1, д. 88, л. 1 – 12, 13 – 16.

　　该清单现存两个版本：一个是手写版，上面用铅笔注明了藏品购买时间和收藏者的名字，另一个则是没标注任何日期的打印版。手写的条目是一份购买和出售作品的流水清单（文件边缘标有日期，如 1902 年是首次收购的时间，1912 年是文件编制的时间），而打印版文件则反映了截至 1913 年的藏品目录及其价值。此时米哈伊尔拥有 95 幅俄国艺术家的油画和 31 幅外国大师（欧洲、中国和日本）的画作，藏品还包括 8 件俄国雕塑家的雕塑作品、4 件外国雕塑家的雕塑以及瓷器、古董家具、青铜器、钟表等其他艺术品。藏品总价值（购买的金额）为 124.6 万卢布，最大的一份花销用于购买俄国画作（6 万卢布）和外国画作（42.5 万卢布）。

　　我们不可能将里米哈伊尔收藏的所有画作全部列出。我们就简单地列出其中的一部分：В. А. 谢罗夫的早期作品《敞篷马车》和《马车上的农妇》（现藏于俄罗斯国家博物馆）、И. Е. 列宾的《国务会议》（"戈列梅金与格尔拉尔德"）、Ф. А. 马利亚温的列宾肖像画、М. А. 弗鲁别利所画著名画作——С . Н. 马蒙托夫和 В. А. 勃留索夫肖像、В. М. 瓦斯涅佐夫的《雪姑娘》、А. Н. 伯努瓦的《凡尔赛宫的金字塔》、П. 库兹涅佐夫的《带狗的女人》、А. Я. 戈洛温的《Н. К. 勒里希的肖像》、М. С. 萨里扬的自画像、К. А. 索莫夫的《情人》等（这些作品现在收藏在特列季亚科夫画廊）。收藏品中还包括 Ф. А. 马利亚温为收藏家本人 М. П. 里亚布申斯基画的肖像，但这幅画至今下落不明。"М. П. 里亚布申斯基的收藏"中还包括 В. А. 谢罗夫为 П. И. 哈利托年科画的肖像画和 Д. Г. 列维茨基为 А . Д. 列维茨基所作的肖像画（1785 年），这些画作虽然没有记录在米哈伊尔的藏品档案中，但仍存放在特列季亚科夫画廊。

显然，这些油画是在重新整理收藏档案后找到的。①

在外国藏品中值得关注有法国印象派画家 K. 毕沙罗的《年后的蒙马特大道》（Boulevard Monmartre）、法国艺术家埃德加·德加的《咖啡厅音乐会歌手》（Chandeuse de cafe concert）、K. 莫奈的《伦敦桥》（Londres Waterloo Bridge）、图卢兹－罗特列克的《古留和她妹妹》（La goulue et sa soeur）、20 世纪初西班牙大师 И. 苏洛亚加的作品、中国和日本的古老丝绸与水墨画。在所有藏品中最珍贵的便是 O. 罗丹的《维克多·雨果半身石像》以及著名雕塑群《加莱公民》的复刻品（罗丹的这两件石膏雕塑现藏于普希金造型艺术国家博物馆）。俄罗斯雕塑家 П. 特鲁别茨科伊（《女芭蕾舞者》）、Д. С. 斯捷列茨基（《А. Я. 戈洛温》）、А. С. 戈卢布金（《母亲和孩子》）和 М. А. 弗鲁别利（《环舞》）也吸引了米哈伊尔的注意力。米哈伊尔的收藏品中还包括他的兄弟谢尔盖的作品——"青铜麋鹿"，这件艺术品也被列入藏品清单中。

收藏家在艺术品上投入大量资金的目的是什么？这个年轻人显然受到了 20 世纪初莫斯科艺术气氛的影响，当时艺术赞助的精神越来越深入商人阶层并产生了数十个与美相关的收藏者组织。但是，让里亚布申斯基商业帝国第三代成员着迷的不仅是时尚，还有审美需求的满足或有利可图的资本投入。他受到了杰出榜样巴维尔·米哈伊洛维奇·特列季亚科夫为民族文化无私奉献精神的鼓舞，当他的收藏版图初见雏形之时，这位商人公开表示，他打算在未来将这些藏品全部捐赠给家乡莫斯科。② 按照这位坐拥百万资产

---

① Государственная Третьяковская галерея. Каталог живописи XVIII – начала XX в.（до 1917 г.）. С. 267，429.

② Столичная молва. 1909. 3 авг.

的艺术赞助人的设想，与拉夫鲁申巷一样，斯皮里多诺夫卡大街将成为莫斯科艺术中心之一。他梦想继续"特列季亚科夫"这个奠基人的工作，专注于寻找和收购19世纪末20世纪初俄国艺术家的作品。1908年，В. А.谢罗夫在写给弗鲁别利的妹妹的信中说道，"米哈伊尔·巴甫洛维奇·里亚布申斯基正在收集当代艺术家的作品，并非常期待得到米哈伊尔·亚历山德罗维奇的作品"①。

　　到第一次世界大战开始时，收集画作的事业还没有完成，随后发生的事件更是埋葬了他建立新博物馆的梦想。特列季亚科夫画廊的档案保存了一份令人好奇的文件，标题为"米哈伊尔·巴甫洛维奇·里亚布申斯基临时存放在此的绘画作品"。这份名录是1917年11月13日编制的，其中包括35件藏品。在1917年秋的昏暗日子里，斯皮里多诺夫卡大街的房主选择把它们交给俄国国家绘画博物馆保存，其中包括10幅19世纪30~40年代的水彩画和25幅俄国和外国艺术家的油画，这其中包括前文已经提到的Д. Г.列维茨基、В. М.瓦斯涅佐夫、弗鲁别利（《С. И.马蒙托夫肖像》）、А. Н.伯努瓦、苏拉格、德加等人的作品。② 米哈伊尔不得不带着他的妻子和一岁的女儿紧急离开莫斯科，并将余下的大部分藏品放到豪宅的一间密室里，这一放就是将近七年。

　　我们有一个难得的机会，就是通过收藏家本人的文件来仔细研究他是如何收集这些藏品的。实际上，在里亚布申斯基家族逃离莫斯科后，米哈伊尔匆忙留下的所有藏品都从被征用的豪宅中转移到博物馆了。20世纪20年代末，在建立 М. П. 里亚布申斯基个人收

---

① Валентин Серов в переписке, документах и интервью. Т. II. М., 1989. С. 135.

② ВМО ГТГ, ОР, ф. 8. IV, д. 1, л. 17 – 17 об.

藏之前，它们统统被存放在特列季亚科夫画廊的手稿部，随后成立了 М. П. 里亚布申斯基私人收藏馆。卫国战争前夕，特列季亚科夫画廊的部分藏品转移到了文学艺术档案馆，在这里也创建了收藏家个人收藏档案馆。① 特列季亚科夫画廊手稿部向我们提供了艺术家、古董店店主和艺术品销售中心之间关于出售艺术品的通信。被人为干扰而中断收藏的部分收藏品如今被保存在俄罗斯国立美术档案馆，其中也包括 1907 ~ 1916 年 М. П. 里亚布申斯基在俄国国内外购买艺术品的收据，1907 ~ 1916 年恰是他收藏活动最频繁的时期，而米哈伊尔痴迷艺术珍品的生动形象通过 20 世纪初的这些收据和已经褪色的书信展现出来。

画作有的是在拍卖会上获得的，有的则是直接从艺术家手里购买的，米哈伊尔与许多艺术家有过书信往来。1902 年，收藏家首次花费 800 卢布购买了 В. А. 谢罗夫的作品《洗衣女工》和《马车上的农妇》。谢罗夫认为第二幅作品是他创作的里程碑，于是经常找该画的主人借给他参加各种展览。其中最大的一次展览是 1911 年在罗马举办的国际展览会，这次展览会单独安排了一个展厅来证明俄国画家谢罗夫具有公认的才华。②

В. А. 谢罗夫经常帮助自己的艺术赞助人与艺术界人士建立联系。在写给 А. А. 弗鲁别利的信中，就米哈伊尔提出的购买画家某件作品的建议 В. А. 谢罗夫写道："他想请您将未完成的画作'恶

---

① ВМО ГТГ, ОР, ф. 7, 121 ед. хр. ; Российский государственный архив литературы и искусства（РГАЛИ）, ф. 850, 17 ед. хр.

② Валентин Серов в переписке, документах и интервью. Т. I М. , 1985. С. 332; Т. II. С. 115, 177, 245, 252. В издании опубликованы письма В. А. Серова к М. П. Рябушинскому из личного фонда собирателя в Отделе рукописей Третьяковской галереи.

魔'送到莫斯科……如果米哈伊尔·里亚布申斯基想要，为了你的利益，我建议你还是将画作给他发过去。不过你也不用担心，如果他不满意，他一定会将原画返还给你。"① В. А. 谢罗夫的名字就是一种保证，在收到收藏家的正式请求后，1908 年 6 月，А. А. 弗鲁别利将"恶魔"和"33 位勇士"的初稿送到收藏家那里等待评估。②

收藏家退回了"33 位勇士"，并想以 1000 卢布的价格购买"恶魔"，尽管 А. А. 弗鲁别利的亲戚要价 2000 卢布。在给这个精明会算计的买家的信中，画家的妹妹说 А. А. 弗鲁别利的妻子 Н. И. 扎别雷 - 弗鲁别利，也就是画作的监护人和合法所有人，同意出售油画，但鉴于画家家境贫寒，要求加价。"我冒昧地补充一点，在考虑到几近失明的画家生活无助的同时，沉重的生活负担给他的妻子重重一击，希望你们各退一步，也许，您将获得更大的道德满足感，也就是您为这幅画支付 1500 卢布，因为一个生病的艺术家经常会考虑自己的经济状况。"然而，这位百万富翁仍然对她的请求充耳不闻，只寄去一张 1000 卢布的支票。③

当一件东西可以用便宜的价格买到时，尽管收藏家在金钱上并不吝啬，但却不喜欢支付过高的价格。1910 年，艺术家尼古拉·尼古拉耶维奇·葛的儿子找到他，想要购买他手中的《耶稣受难像》这幅画作，艺术家的儿子称"这是我父亲的最后一幅作品，我父亲花了毕生心血创作了这幅作品，同时，它也是父亲最好的作品之

---

① Валентин Серов в переписке, документах и интервью. Т. II. М. , 1985. С. 135 – 136.
② ВМО ГТГ, ОР, ф. 7, д. 12, л. 1 – 2; д. 13, л. 1.
③ ВМО ГТГ, ОР, ф. 7, д. 15, л. 1 – 2; д. 16, л. 1.

一"。米哈伊尔在信的空白处用铅笔标着"要价 15000 卢布。对于莫斯科银行家来说，这是不切实际的价格，但交易成功了"①。

然而，当他遇到真正的艺术珍品时却毫不吝啬。1907 年底，著名的俄国艺术赞助者 C. И. 马蒙托夫在生意上遭到重创，被迫与他心爱的艺术作品分离，他将斯皮里多诺夫卡大街豪宅里的 A. A. 弗鲁别利的两幅作品——《米库拉·塞利亚尼诺维奇》镶嵌画和《海滩》——以 5000 卢布的价格卖掉了。在萨瓦·伊万诺维奇·马蒙托夫为米哈伊尔出具的鉴定书中，他亲笔写道："这幅油画描绘的是有海浪和黑色石头的海岸，是艺术家米哈伊尔·亚历山德罗维奇·弗鲁别利的原创作品。"过了一段时间，1908 年春天，C. И. 马蒙托夫又以低价让出了自己的肖像画，所出具的收据上写着"米哈伊尔·里亚布申斯基出资 2000 卢布来买画家 M. A. 弗鲁别利为我画的画像"②。

在艺术界，除了 B. A. 谢罗夫外，收藏家还与 Ф. A. 马利亚温建立了深厚的友谊。1907 年，这位艺术赞助商花 2800 卢布买下 Ф. A. 马利亚温的两件作品（《穿黄色衣服的农妇》和《И. E. 列宾肖像》），同时，还订购了 K. C. 斯坦尼斯拉夫斯基肖像画，不过最后这幅肖像画并未问世。1908 年 8 月，艺术家说："当我在莫斯科见到康斯坦丁·谢尔盖耶维奇·斯坦尼斯拉夫斯基时，他正忙于演出芭蕾舞剧《蓝鸟》，他和我没有达成任何协议。"米哈伊尔一直密切关注这个俄国新一代最有才华的艺术家之一的创作，他经常访问画家的工作室。就 1909 年提议的一次访问，Ф. A. 利亚温回信写

---

① ВМО ГТГ, ОР, ф. 7, д. 18, л. 1 – 1 об.
② ВМО ГТГ, ОР, ф. 7, д. 117, л. 1 – 4 об.

道："很高兴你与你的兄弟（即弗拉基米尔，他也对艺术家的作品
感兴趣——作者注）要来看我的作品，但遗憾的是，我没有什么可
给你们看的。这段时间我一直在创作一幅巨型油画，因此，我甚至
不打算去莫斯科看展览……所以，你在春天来看我不是更方便吗，
至少在 5 月，就像你曾经打算做的那样，到那个时候，虽然我还没
有全部完成，但也能勾勒个大概。"①

　　这位莫斯科赞助人还高度评价 К. Ф. 博加耶夫斯基的才华，如
上所述，К. Ф. 博加耶夫斯基受到米哈伊尔的委托为其宅邸绘制精
美华丽的壁画。在完成壁画后，К. Ф. 博加耶夫斯基写信给这位莫
斯科赞助人："很高兴您能喜欢我绘制的壁画……1 月下旬②，我将
到莫斯科，在现场安装壁画时非常乐意为您提供服务。" 在早些时
候，米哈伊尔曾以 600 卢布的价格购买过博加耶夫斯基的《基米里
州》这幅画。当时，另一个受欢迎的肖像艺术家 А. Я. 戈洛温在
1914 年受委托为收藏家的妻子 Т. Ф. 里亚布申斯卡娅画肖像，由于
战争的爆发，这项工作不得不中断。③

　　随着时间的推移，艺术圈中富有的艺术赞助人在绘画领域作为
专家开始享有威望。例如，1910 年 11 月，А. М. 瓦斯涅佐夫找到
拥有其兄弟 В. М. 瓦斯涅佐夫作品《雪姑娘》的米哈伊尔，请求他
允许自己在俄国艺术家联盟的开幕日展出这件作品。米哈伊尔给画
作的作者发了一封私人信函，以示应允。维克多·瓦斯涅佐夫在给
他的兄弟阿波利纳里·瓦斯涅佐夫的信中写道："我收到米哈伊
尔·里亚布申斯基的信。他同意把《雪姑娘》给你，但令人惊讶的

---

① ВМО ГТГ, ОР, ф. 7, д. 55, л. 1；д. 56, л. 1 – 2；д. 57, л. 1 – 2.

② 即 1912 年——译者注。

③ ВМО ГТГ, ОР, ф. 7, д. 3, л. 1；д. 22, л. 1；д. 23. л. 1；д. 84, л. 1.

是，你们如今在展览会（在圣彼得堡）上要展出很久以前完成的作品。事实上，这不仅会显得你们没有风度，而且还会招致'方块J'的批评吧？我会用《雪姑娘》为难你们吗？再想想吧。"①

斯皮里多诺夫卡大街别墅主人的收藏品越来越出名，逐渐地可以与莫斯科最好的收藏品相提并论。1911年初，为收藏家的妹妹叶芙菲米娅·诺索娃画肖像的 K. A. 索莫夫在自己的一封信中指出当地的收藏胜景："莫斯科有许多有趣的私人收藏家，包括巴赫鲁申、A. B. 莫罗佐夫、M. П. 里亚布申斯基、休金等。"② 藏品的主人渴望向专家、艺术家、艺术学研究者和仅仅对俄国绘画感兴趣的人展示他们的收藏。应 H. И. 扎别雷-弗鲁别利的要求，M. П. 里亚布申斯基接待了她已故丈夫弗鲁别利的传记作者 A. И. 伊万诺夫，向其展示了弗鲁别利的创作。著名的艺术史学家 И. И. 拉扎列夫斯基向米哈伊尔引荐了一个研究"某应用艺术领域"的年轻人，于是年轻人得到了进入豪华别墅的机会。③ 米哈伊尔还与许多国内外的绘画鉴赏家就艺术作品的鉴定问题进行通信联系。

米哈伊尔所收藏的绘画和古董不止一次被用于各种公开展览。因此，在1912年历史博物馆举办的1812年卫国战争100周年纪念展览中，米哈伊尔拿出了几件那个时代的作品，展览组织者感激地说："这些作品很好地充实了古老的莫斯科展厅，对整个展览的成功举办做出了很大的贡献。"这位收藏家也受到了1916年为纪念 M. A. 弗鲁别利而举办的画展发起人的青睐，他们找到了米哈伊尔，

---

① ВМО ГТГ, ОР, ф. 7, д. 8, л. 11；ф. 11, д. 484, л. 1.
② ВМО ГТГ, ОР, ф. 48, д. 806, л. 1 – 2.
③ ВМО ГТГ, ОР, ф. 7, д. 49, л. 1；д. 53, л. 1.

要求他"提供一份他同意准备展出的弗鲁别利的画作清单"。①

这位穿着体面、宛如英国绅士般的银行家时常在各大古董店流连，这些地方也成为米哈伊尔收集珍贵藏品的主要来源。1907～1909 年，Б. 阿万佐在库兹涅茨桥上买到了 И. 列维坦、И. 希什金、И. 列宾、В. 韦列夏金等人的绘画手稿。凡是令挑剔的米哈伊尔不满的作品都会被放在寄卖商那里销售出去。1912 年，Б. 阿万佐的商店出售了 И. 克拉姆斯柯依、Г. 谢米拉茨基、В. 马可夫斯基等人的手稿。当时，拍卖艺术品在莫斯科很普遍。该店老板 К. 勒梅西耶在 1916 年的通告中说，很快会进行"私人收藏的绘画作品展销"，"如果您有想处理的东西"，很高兴为您提供服务。②

1916 年，米哈伊尔在列昂季耶夫巷的 И. П. 比尔畅斯基古董店购买到了古董家具（以 6000 卢布的价格购买了路易十六时期的沙发和三把扶手椅）；在同一巷子隔壁的 А. И. 叶雷卡洛夫古董店，购置了来自法国和英国（魏氏瓷器）的瓷器、卡累利阿白桦木办公桌以及一套 18 世纪的家具。他在特维尔大街的 Н. С. 卡库林古董店以 525 卢布的价格买到了一个俄罗斯帝国瓷器厂烧制的精美花瓶，在涅格林街的 В. Х. 戈别尔曼小店收购了一套同一家工厂出品的餐具，在大德米特罗夫的家具制造商 Р. Б. 列维松那里搞到了一套路易十六时期风格的红木家具。Е. И. 席琳娜的俄国古董商店位于尼科尔斯克大街，是斯拉夫集市的所在地，销售古铜器和纪念品（亚历山大·普希金家族的绣花地毯）。这家商店的收据上有一个显眼的注释："可以对带鹰的铜烛台进行鉴定，如果证明不是古代的，

---

① ВМО ГТГ, ОР, ф. 7, д. 25, л. 1; д. 101, л. 2 – 4.
② ВМО ГТГ, ОР, ф. 7, д. 107, л. 1 – 10, 14.

我们承诺在一年内收回。"① 为了不碰钉子，这位兴趣不断高涨的收藏家（不仅绘画成为他热衷的收藏对象，而且还有家具、实用艺术品——小型物件、瓷器）开始独立学习历史和艺术领域内复杂的知识。

这位卡卢加农民的后代顺利地成为艺术鉴赏家。根据米亚斯尼茨基大街上的 Г. П. 马尔津松的图书和艺术品商店的账目我们可以判断，在短短两年内，即 1910～1911 年，这位富甲天下的古董爱好者花了数千卢布购买下几十种艺术史书籍。从 1909 年起，库兹涅茨桥上的 А. 朗格书店定期向斯皮里多诺夫卡大街上的豪宅寄送关于绘画、瓷器和小型艺术品历史的画册与研究报告。这位艺术商人经常订阅专业杂志，包括俄国的《艺术世界》、法国的《艺术》和德国的《艺术》等。②

对很多人来说，米哈伊尔所建立的图书馆是必要的知识来源，并一直在运作。积累的知识在他购置新物件方面起了很大作用。在 Н. С. 卡库林古董店的关于俄罗斯帝国瓷器厂花瓶的发票上，收藏家用铅笔标明："参考俄罗斯帝国瓷器厂，见第 241、255、258 页，花瓶制作时间是亚历山大二世时期的 50 年代和 60 年代，花瓶上色由 Ф. 克拉索夫斯基和 К. 克拉索夫斯基（即学生布德和波塞特）二人完成。"在另一个账目上，他留下了以下标记："物品未记录（未鉴定）"和"退回"。因此，物品在收藏家进行检验后才能进入古董收藏清单，如果他对物品的价值或真实性有疑问，就把它退回给商店。因此，米哈伊尔的艺术品位不断提升，他的专业知识成了

---

① BMO ГТГ, ОР, ф. 7, д. 108, л. 3 - 5; д. 111, л. 1 - 21; д. 112, л. 2, 6, 21; д. 113, л. 1; д. 115, л. 7, д. 121, л. 3, 6.

② BMO ГТГ, ОР, ф. 7, д. 110; д. 114, л. 1 - 5; д. 118.

多年后他流亡海外的谋生手段。

虽然米哈伊尔的收藏以俄国的作品为主，但也包括欧洲和东方的艺术杰作。从保存在俄罗斯国家美术档案馆的购置物品和油画的收据中我们可以得出结论，自 1909 年购买斯皮里多诺夫卡宅邸后，直到第一次世界大战开始前，米哈伊尔每年都会出国旅行。许多欧洲和亚洲（日本、中国）古董商的账目仍然是他收藏的物证。收藏家也使用代理人服务，特别是当涉及昂贵的杰作时。一个有趣的故事是米哈伊尔收购了法国作家《维克多·雨果半身像》，它是伟大的艺术家奥古斯特·罗丹最好的作品之一。

1910 年 11 月，斯皮里多诺夫卡别墅的主人收到了一封来自巴黎的信，在信中代办专员 K. 哈尔切夫斯基说他收到了一张 15750 法郎的支票（按当时的汇率约为 5000 卢布）。他向卖家休伯特·默里森先生支付了 15000 法郎，并为自己留了 750 法郎作为提供服务的报酬。① 信中提到的交易品便是罗丹著名的大理石雕塑作品。代理人不得不努力工作，为他的客户提供关于雕塑真实性的必要保证。

K. 哈尔切夫斯基报告了交易的细节："对于罗什福尔先生和罗丹，我非常尊敬地给他们写信，请求二人给我提供必要的信息。遗憾的是，我没有收到任何答复，我不得不邀请专家萨马尔先生；他检查了这个半身像，最后认定这是真品；这是罗丹的大理石作品……"为了消除哪怕是一丝的疑虑，代理人另辟蹊径得到了"罗什福尔先生"写给某位叫克里斯曼斯博士的信，几年前他曾试图购买一尊半身雕像。在这封信中，无论是转发到莫斯科的萨马尔的结

---

① ВМО ГТГ, ОР, ф. 7, д. 92, л. 1 – 1 об.

论还是保存在特列季亚科夫画廊档案中的鉴定结果，都可以说明雕像的第一任主人确认了它的原始来源："《维克多·雨果半身像》确实是由我的朋友罗丹出售给我的，他是在维克多·雨果家，当着我的面创作的，罗丹按照真人进行创作，但没有强迫雨果摆姿势。这大约是在 1882 年或 1883 年。这是作家的最后一个半身像，也是最神似的一个。它在 1900 年的罗丹作品展上被展出。"①

在获得了所需的证书后，米哈伊尔决定购买它，并向巴黎寄去了一张支票。在向卖家付款后，K. 哈尔切夫斯基警告收藏家说："这个半身像被小心翼翼地装在一个盒子里，寄给了克尼普和维尔纳公司（莫斯科的一家货运公司——作者注）并正在运送途中。"革命后，装饰在米哈伊尔家前厅的半身像被迫在储藏室里存放了好几年。此后，它进入了在伊万·阿拉莫维奇·莫罗佐夫著名绘画收藏基础上建立起来的新西方艺术国家博物馆的展品储藏室。直到 1948 年，它被转移到 A. C. 普希金造型艺术国家博物馆，现在成为世界级艺术珍品，正是由于这位百万富翁和优秀鉴赏家的努力半身像才能存于俄罗斯。②

---

① ВМО ГТГ, ОР, ф. 7, д. 63, л. 1.
② См.: Государственный Музей изобразительных искусств им. А. С. Пушкина. Каталог картинной галереи. Живопись, скульптура. М., 1961.

第七章
金羊毛的追梦人：尼古拉

1906 年 1 月，红普列斯尼亚的战斗枪声一停止，莫斯科就出版了第一期关于艺术、文学和评论的杂志。在政治化、抨击性期刊繁荣发展的时期，一份杂志这样诞生了，其名字丝毫不会让人联想到此时的俄国正在经历动荡。《金羊毛》（*Toiason d'Or*）大大的标题印在杂志的封面上，而这本杂志在 20 世纪初俄国的文学和艺术生活中发挥了重要作用。

在首期杂志的开篇，编辑寄语这样写道："在动荡不安的时刻我们砥砺前行，一股焕发生机的旋风正在我们周围盘旋。在为时代所提出的紧迫问题和寻求答案进行斗争的枪炮声中，人们看到了俄国的现实，对许多人来说，永恒的东西变得黯淡无光并退到了远方。我们同情每一个努力创造新生活的人，我们认可为时代发展所做的任何努力，但我们坚信，人不能没有美，我们有必要与自由的制度一起为我们的后代培养出自由和创造力，并在阳光的照耀下创作……我们这些寻找金羊毛的人以新生活的名义高举我们的生活旗帜。"[1]

---

① Золотое руно. 1906. № 1. С. 4.

尼古拉·巴甫洛维奇·里亚布申斯基
（20 世纪初拍摄）

　　寻找金羊毛的勇士的领袖是编辑兼出版商 H. П. 里亚布申斯基，即尼古拉·巴甫洛维奇·里亚布申斯基，他在家族兄弟中排行第五，在漫长的人生中有许多精彩的故事。尼古拉先后就读于莫斯科的 K. П. 沃斯克列先斯基实科中学和菲德勒私立中学，不过他远离了家族传统的事业。美的世界、永恒的艺术吸引着这位年轻的"荣誉公民"，他是个卓尔不凡的人，这一点得到了同时代人的认可。关于尼古拉，流亡中的谢尔盖·谢尔巴托夫公爵对他的评价是"他算得上是个'可爱的小商人'，一个纵乐之人……如果不是因为后来发生的一堆糟心事，他的天赋应该能发挥更大的作用。他在以美为重点的各种古怪稀奇花样中把这种才能以莫斯科式的方法表现出来。他凭直觉感受美，有时是很恰当的"①。艺术界的名流们从未把这位出身商人阶层的外来人视为自己人，而商业界则对这位新赞助人狂妄古怪的想法持怀疑态度，并给他起了个绰号"华丽的拉夫连季"（虽然你"华丽"，但绝不是洛伦佐·美第奇，而只是"来自莫斯科河南岸市区的拉夫连季"）。②

尼古拉很容易做出荒诞不经越轨的事情来，这有足够的理由来谴责他。其中一个丑闻就是当父母去世后，开始独立生活的他在面对巨额遗产时无法抵御诱惑，短时间内挥霍了一大半遗产。1900 年 2 月，尼古拉根据父亲的遗嘱分得了约 40 万卢布，三个月后，这些财富几乎只剩下了一半。他在叶卡捷琳诺斯拉夫省以虚高的价格购置了一套毫无价值的庄园。此外，他最大的支出项是包养了在歌舞咖啡馆卖唱的法国歌手法吉特。尼古拉在珠宝商法贝热那里购买了总价值 4.5 万卢布的珠宝，这还不算他们在最昂贵的高档餐厅的豪华晚餐、乘坐讲究的马车以及其他类似的消费，他的大部分钱都花了这方面上。最终，这个纵酒享乐的年轻人被兄弟们管束起来了。

1900 年 5 月 31 日，尼古拉两个兄弟巴维尔和弗拉基米尔向莫斯科省省长递交了一份申请书，要求对他们这个挥霍无度的兄弟实行监护制度。申请书中说，П. М. 里亚布申斯基给他的所有儿子留下了一大笔财产，并且规定他们不能触碰遗产本金，每年靠利息收入中的 5 万卢布来维持日常开销。然而，"体弱多病而且一只耳朵失聪"的尼古拉却公然违背这一规定：他送给女人无数的礼物，大肆挥霍钱财，他甚至出现在莫斯科商业银行，提出想开具面值 4 万

---

① Щербатов С. Художник в ушедшей России. Нью - Йорк, 1955. С. 40 - 41.
② Коммерческий телеграф. 1916. 23 нояб.

卢布的汇票，但他遭到了拒绝，因为"大家都知道我们公司不需要钱，在所有银行都有大笔资金往来的账户"。家族的兄弟们希望能将尼古拉从毁灭中拯救出来，同时还担心"他的奢侈生活可能对我们公司的声誉产生一定的负面影响，因为尼古拉也是从父亲那里继承家业的共同伙伴"，他们要求莫斯科当局允许他们对尼古拉的财产实行监督。①

为了查明事情真相，莫斯科警察也参与其中，并对酒店女佣和餐厅服务员进行了询问，最终证实了这位年轻商人闻所未闻的消费；同时，他们又从珠宝商那里获取到他购买珠宝的收据副本。挥霍无度的年轻人不得不亲自向警方解释，并在事实的压力下被迫承认了他不端的行为和"挥霍无度"的罪恶，最终同意兄弟们对他实行监护人制度。兄弟们不愿意放纵尼古拉的任性要求，早在 1900 年 7 月，他们就让莫斯科商业等级选举会议宣布尼古拉为挥霍者，并委托巴维尔和弗拉基米尔兄弟二人为他的监护人。5 年后，即 1905 年，当尼古拉安顿下来并准备出版《金羊毛》时，巴维尔和弗拉基尔米的监护权才被取消，这个年轻人重新获得了法人行为能力。②

在被哥哥们监管的这些年里，尼古拉一直致力于自我提升并到国外旅行，为此他也从兄弟那里得到了资助。兄弟们并没有束缚这个年轻人对世界的渴望，这也使得里亚布申斯基家族的子孙访问了最有异国情调的边疆地区，而且他几乎是第一批到这些地区游览的

① ЦГИА г. Москвы， ф. 16， оп. 90， д. 92， т. 1， л. 1 - 2；Боханов А. Н. Коллекционеры и меценаты в России. М.，1989. С. 22.

② ЦГИА г. Москвы， ф. 16， оп. 90， д 92， т. II， л. 5 - 6， 10；ф. 3， оп. 4， д. 2719， л. 2 - 14.

俄国游客。有一封留存至今的信，是尼古拉于 1903 年 11 月从京都（日本）寄给身在莫斯科的哥哥巴维尔的。这位旅行者告诉巴维尔，他要离开日本去香港。尼古拉写道："我正在改变我的旅行路线，而且此次旅程将持续一年多，此外，我现在已经觉得和我的妻子在一起有点不舒服了（旅行期间他并未带着妻子）。"早些时候，尼古拉在中国待了两个月，他在那里打猎野鸡，随后他又详细考察了日本，他还想去爪哇，要求自己的哥哥巴维尔通过电报给他汇 5000 卢布。①

漫长的旅行唤醒了他心中沉睡的创作天赋。尼古拉将要尝试一下自己的创作天赋，他爱好绘画，又运用当时流行的"颓废派"风格创作中短篇小说，用细腻的情感描述了主人公因"性别问题"而备感痛苦。他给自己起了一个通俗的笔名"H. 申斯基"然后自费出版，不过这些作品却在评论家和读者那里遭到了冷遇。② 随之，进入艺术世界、成为艺术家和艺术赞助人的想法逐渐成熟，而且他不仅要成为一个赞助人，还要成为整个艺术界的领导者。

监护权被撤销后，尼古拉果断地放弃了从商，他将在家族棉花公司所持有的股份卖给了自己的兄弟们。尽管兄弟们同意了他这一举动，但他们对他的这一新爱好并不太看好，不过还是决定不去干涉尼古拉，让他按照自己的人生道路走下去。

尼古拉需要这笔钱来创办一份在俄国前所未有的文学艺术杂志，而且这份杂志能够取代过去的《艺术世界》，并让 B. Я. 勃留索夫的杂志《天秤》黯然失色。创办新艺术杂志的想法酝酿成形，

---

① ГАРФ, ф. 4047, оп. 1, д. 43, л. 2 – 2 об.

② См. : Шинский Н. Рассказы. Кн. 1 – 2. М. , 1903；Шинский Н. Исповедь. Повесть. М. , 1906.

而且尼古拉创办的杂志在竞争中遥遥领先。1905 年底，И. Э. 格拉巴里与出版商 И. Н. 科涅别里曾打算借助《艺术世界》前编辑部的力量来创办一份现代艺术杂志，但 1906 年莫斯科百万富翁赞助人尼古拉创办的《金羊毛》杂志致使他们的计划泡汤了。① 事实证明，当时的情况对尼古拉创办杂志的计划是有利的，因为《金羊毛》是当时唯一的象征主义派别插图杂志，它吸引了俄国最优秀的作家和艺术家。1905 年，位于莫斯科的由 Н. 塔洛瓦德主编的《艺术》杂志因经营困难问题被迫停刊，其杂志负责人连同编辑部一同迁到了尼古拉新办的杂志社。②

《金羊毛》的编辑 – 出版商后来写道，杂志的名称体现了他们的出版宗旨——"坚持不懈地寻找并非隐藏在神秘的科尔希达王国③的金羊毛，而是追寻俄罗斯民族精神深处的金羊毛。《金羊毛》不仅没有忽视艺术与社会之间的联系，还为自己设定了目标：成为俄国纯艺术领域的代言人，将绘画、文学和音乐联系在一起，然后将之与哲学联系起来……"④

尼古拉的杂志设计精致华美，同时出版俄、法双语两种版本（但自 1907 年以来，只有俄文），用高品质的牛皮纸印制，几年来一直扮演着俄国象征主义中心之一的角色。出版商尼古拉费尽心思吸引莫斯科和圣彼得堡最著名的艺术家和文学家，但其倡导的"新马蒙托夫"主义思潮常常遭到艺术名流的敌视。1906 年 1 月，Е. 兰谢列给 А. И. 伯努瓦写信："尼古拉·里亚布申斯基拜访了我

---

① См.：Русакова А. А. Павел Кузнецов. Л.，1977. С. 63 – 64.
② Валентин Серов в переписке，документах и интервью. Т. II. С. 52.
③ 指古希腊文献中格鲁吉亚西部地区——译者注。
④ Золотое руно. 1909. № 11 – 12. С. 105.

们所有人，不过我们都不太喜欢他。喷着浓烈香水的花花公子（直到晚上房间里香味儿都没散去）年轻、天真并张扬：‘在我这儿工作的人都是具有天赋的……我的杂志将畅销全球——日本、美国和欧洲。’”①

起初，大师亚历山大·伯努瓦并没有接受这个年轻商人，他在这个“肮脏下流”的莫斯科艺术赞助人身上看到了“金钱”的化身，但在 E. 兰谢列的引荐下，高雅艺术不得不向金钱低头。1906年3月，他从凡尔赛给 K. A. 索莫夫写信，信中说道：“我坐在家里，无奈地等着我们的新艺术赞助人尼古拉·里亚布申斯基。昨天他已经来了（开着一辆汽车），但那时我恰巧不在。好吧，兄弟，你们的尼古拉·里亚布申斯基不错……现在是‘山中无老虎，猴子称大王’，甚至连这个臃肿的癞蛤蟆也想吃天鹅肉了：难道他就是我们梦想中的艺术领袖吗？为什么不是特列季亚科夫，甚至连马蒙托夫都不是？”②

尽管不应使用这种难听的侮辱性话语，但由于缺乏资金，A. И. 伯努瓦不得不放下自己的身段，与新贵们合作。经过仔细了解后，一些成见就自行消散了。几个月后，A. И. 伯努瓦在给 K. A. 索莫夫的信中说，“如今，我们对他有了新的了解，他是个有趣的人，而且还很有才华，在任何情况下他都是一个很特别的人。对我而言，虽然《金羊毛》有着种种不足，但依旧能给人带来一些有用的东西。不过这并没有改变事情的本质，我依旧认为尼古拉·里亚

① Цит. по: Константин Андреевич Сомов. Письма, Дневники. Суждения современников. С. 596.

② Константин Андреевич Сомов. Письма, Дневники. Суждения современников. С. 450 – 451.

布申斯基是一个肮脏的野蛮人，虽然他的周遭用绸缎、黄金，甚至是鲜花粉饰着……但没关系，或许到了秋天，我们可以撇开他来创造一些属于我们自己的东西"①。А. И. 伯努瓦希望集结之前《艺术世界》的编辑来创办自己的杂志，这个愿望后来实现了，1909 年《阿波罗》杂志创刊，与此同时《金羊毛》的事业也接近尾声。然而，1906～1909 年，作为唯一一部象征主义杂志，《金羊毛》为俄罗斯文化历史上的"白银时代"做出了杰出的贡献。

与纯文学杂志《天秤》相比，尼古拉的杂志独辟蹊径，为艺术家和艺术评论家设置专栏来评论造型艺术、戏剧和音乐领域的事件。据 20 世纪初俄国艺术文化研究者介绍，随着《金羊毛》杂志的创办，《天秤》杂志提到的区分文学和造型艺术的象征主义得到了新的定义。造型艺术的自我定义过程，无论是在理论上还是在艺术本身的生活中，都进入了一个新的阶段。② 《金羊毛》艺术部人才济济，其中包括 А. И. 伯努瓦、Л. 巴克斯特、С. 维诺格拉多夫、А. Я. 戈洛温、А. С. 戈卢布金娜、М. 多布津斯基、П. 库兹涅佐夫、К. 科罗温、Е. 兰谢列、Ф. А. 马利亚温、М. 涅斯捷罗夫、Н. 勒里希、В. 谢罗夫、К. 索莫夫等杰出的艺术家，从创刊起他们就在这儿工作。文学部的成员同样令人印象深刻，其中包括 Л. 安德烈耶夫、К. 巴尔蒙特、А. 别雷、А. 勃洛克（其创作的诗歌《颜色与文字》为第一期杂志开篇之作）、В. 勃留索夫、М. 沃洛申等知名的俄国文学家。

---

① Константин Андреевич Сомов. Письма, Дневники. Суждения современников. С. 452.

② См. : Стернин Г. Ю. Русская художественная культура второй половины XIX—начала XX в. М. , 1984. С. 259 – 260.

　　位于诺温斯基林荫路上的编辑部已成为莫斯科和圣彼得堡艺术精英们的聚会场所。C. 维诺格拉多夫在流亡中回忆，"这是本天才和莫斯科盛宴相结合的奇怪杂志"，他这样描述在尼古拉家里举办聚会的夜晚："在远离莫斯科市中心的诺温斯基林荫路上，靠近夏里亚宾的宅邸，矗立着一座带三扇窗户的老木屋。人们永远不会想到，最富有且最离奇的杂志编辑部就在这座房子里。其中，除了工作的房间外，还有专门为举办沙龙而开辟的空间，与该杂志关系密切的人每周两次晚上聚集在这里。在沙龙上，В. Я. 勃留索夫读了他的新诗，А. 别雷并不是朗读，而是唱出了他的诗，最后其他人也朗读了诗歌。他们谈了很多，又用不同类型的高脚杯喝了很多上等葡萄酒、香槟和陈年白兰地。"[1] 人们习惯于说在每期新杂志出版之际，编辑－出版商尼古拉都会在莫斯科的餐厅举行庆祝活动，他流连于喧闹的宴会中，过后宴会的盛况成为整个莫斯科的趣谈。

　　心怀宏伟计划的尼古拉决定进军图书出版业。K. 巴尔蒙特的诗集《邪恶的魅力》是出版商的第一次图书出版试水，当然，也是最后一次。1906 年，在巴黎的尼古拉收到诗人的手稿，并同意马上出版该书，但该书于 1906 年底停印，原因是引起了俄国书刊审查部门的愤怒，他们认为在一系列诗歌中，"上帝被描绘成撒旦的替身，作者亵渎神明的行为是史无前例的，即使在《圣经》故事中也找不到这样的亵渎"。书刊审查部门指的是《诅咒》这首诗中的此类句子：

① 　Цит. по: Русакова А. А. Павел Кузнецов. С. 64.

'魔鬼被诅咒了，

而你是上帝。

该死的东西，真该死，

在雷鸣般的赞美歌声中。'

审查员认为，这种情况是非常危险的，即以一种几近完美的方式呈现出的这种异端表达方式难免会给读者留下深刻的印象。"①

住在莫斯科阿尔巴特区第二警察段的大花园路上的世袭荣誉公民尼古拉被传唤要求解释情况，他说："我只从事艺术活动和书籍出版，我绝对没有犯任何错误或对任何人的宗教信仰进行冒犯。"尽管如此，诗集还是被没收了，亵渎案被提交到法庭审理。"由于出版商经常在国外逗留"，审判直到1911年才进行，陪审团最终判定尼古拉·巴甫洛维奇·里亚布申斯基无罪。"造反"诗歌的作者巴尔蒙特也被指控，但他直到1913年才回到俄国，"根据沙皇的指示"，针对他的指控被撤销。这本诗集最后被允许出售，但删除了三首被书刊审查员认定为亵渎神明的诗。②

杂志社运行并不是一帆风顺的，编辑和主编之间的矛盾不断激化。1906年，作为《金羊毛》的创始人之一，负责文学部的C. A. 索科洛夫（克雷切托夫）辞职了。他之所以辞职，是受到了写给尼古拉的一封私人信件的刺激，他受够了尼古拉的低下文化水平和独裁。C. A. 索科洛夫谴责尼古拉，"你并没有失去某种'灵感'，但你已被你的成长环境、你的生活条件以及自我批评的缺失

---

① ЦГИА г. Москвы，ф. 31，оп. 3，и 562，л. 3 – 4.

② ТЦГИА г. Москвы，ф. 31，оп. 3，и 562，л. 5 – 9；ф. 142，оп. 3，д. 151，л. 61，78，119 – 119 об.，121 – 122.

所压垮——因为你是百万富翁，所有人都围着你，阿谀奉承是你想要的结果"。他对《金羊毛》的出版管理方式进行了言辞激烈的批判："杂志是我的、生意也是我出钱做的——在您的话中这些都是您固定的表达，并成为您惯用的论据。"杂志的前副主编 C. A. 索科洛夫给出了自己的判断，指责尼古拉一直抱有"重新改造"《金羊毛》杂志文学部作家的想法，并且要求作家们用"屠格涅夫的风格"来写作，此外，对每个作家单独提出了特殊的创作主题。①

　　文学部由尼古拉亲自领导，然而这并没有为他增添光彩。在 1906 年 7 月给 B. B. 罗扎诺夫的信中，尼古拉请求他提供不应掺有任何社会和政治观点的文章。尼古拉也对编辑部发生的事件做出了评价，顺便说明了他的艺术信条："在文学部直接帮助过我的 C. A. 索科洛夫，不能满足我和我对杂志的要求，我与他分手了。从现在开始，我将完全靠自己的力量领导文学部……我的想法首先是大胆地、优雅地、目标明确地走下去，然后，简单地、强烈地、漂亮地去讲出来，而不是强迫人们努力地接受文学思想。"这种奇怪而浮夸的说法，更像是一种模仿，令艺术界人士感到震惊。B. B. 罗扎诺夫在自己的档案中有一份与 H. П. 里亚布申斯基的通信，其中附有一句坦诚的评价："《金羊毛》是一份低劣颓废的杂志。"②

　　1907 年，尼古拉与安德烈·别雷和瓦列里·勃留索夫的关系开

---

①　РГАЛИ，ф. 343，оп. 2，д. 47，л. 1 – 3.

②　РГАЛИ，ф. 419，д. 728，л. 124，126 – 126 об. Соколов не забыл обиды и отомстил Рябушинскому，поместив в первом номере издававшегося им с осени 1906 г. журнала 《Перевал》 явно издевательскую рецензию на книгу Н. Шинского 《Исповедь》（Валерий Брюсов. Литературное наследство. Т. 85. М.，1976. С. 497）.

始恶化。1907 年，《金羊毛》第五期上发表了 Э. Н. 梅特纳的文章《鲍里斯·布加耶夫反对音乐》，这是这场酝酿已久的冲突发生的导火索，该文章专门分析了 А. 别雷在《天秤》第三期上发表的《反对音乐》一文。尼古拉拒绝刊登 А. 别雷已经准备好的《致编辑的一封信》。然后，圣彼得堡报纸《首都晨报》发表了这位愤慨的作家的一封公开信，抗议《金羊毛》编辑部的独断专行，并针对尼古拉进行了口诛笔伐："只要他不参与现代艺术思想斗争，我们还能容忍他担任编辑，但如今他竟卷入现代艺术思想斗争中，就只能沦为笑柄……"

在同一份报纸的版面上，这位被冒犯的出版商以一封公开信作为对此事件的回应，在信中他解释了拒绝发表别雷公开信的原因。然而，无条件地站在诗人一边的知识分子的普遍看法是，这封信被判定为"企图用明摆着的、不可原谅的谎话来诽谤别雷"。知识界的这个判定要归功于 В. Я. 勃留索夫，他不断说服在《金羊毛》杂志社工作的作家，使他们站在自己的文学同行一边。很快，В. Я. 勃留索夫和 А. 别雷，还有 Д. С. 梅列日科夫斯基、З. 吉皮乌斯、М. 库兹明、Ю. 巴尔特鲁沙伊季斯等人，通过媒体发布了他们的辞职声明。①

多年以后，А. 别雷在回忆录中对《金羊毛》的创始人进行了更具侮辱性的评价，在我们看来，这并不能反映出尼古拉的真实面貌，因为 А. 别雷所呈现的负面形象是在冲突影响下构建出来的。尽管如此，我们还是引用 А. 别雷回忆录中的一段话来形象地描绘这位"入侵"文学界的商人的肖像："高个子，淡黄色的头发，留

---

① См.：Валерий Брюсов. Литературное наследство. Т. 85. С. 341.

着美国佬式的胡子，脸上的肌肉抽搐着，他看起来像一只白里透红、肮脏的小猪，长腿的尼古拉·里亚布申斯基到处招摇过市，当他得到了Д. С. 梅列日科夫斯基的一首烂诗以及巴尔蒙特袒护了他，这是令他非常引以为傲的事；因此他事事模仿巴尔蒙特，他的浅黄色条纹外套的领章（襟儿）上总是插着一朵含苞待放的玫瑰花……这个神经衰弱的家伙、酒鬼知道如何卑躬屈膝，低声下气地奉承，为‘才华’让路；他有足够多的狡猾来模拟诗人的直觉，并以此为商人的傲慢辩护；他用这种方式迷住了巴尔蒙特；而在意识形态问题上，他又表现出无法克服的愚蠢。”在鞭打了这个无礼的青年之后，А. 别雷突然承认，尼古拉并没有失去创作天赋："起初，他试图出版诗歌。后来，他突然展出数十幅令人叫好的油画……这些油画还不错，它们简直就是一连串红橙色和酒黄色的绚丽烟花。”①

　　尽管批评他的气氛越来越浓，而且不断有人指责尼古拉无能、傲慢及有其他不良行为，但这位编辑兼出版商仍继续坚持自己的路线。毫无疑问，他的功劳是建立了一个俄国作家和艺术家肖像画廊，这些肖像画是由《金羊毛》委托制作的。В. А. 谢罗夫为该杂志画了К. Д. 巴尔蒙特、М. А. 弗鲁别利、Л. Н. 安德烈耶夫的肖像。就Л. Н. 安德烈耶夫肖像事宜，Н. П. 里亚布申斯基给В. А. 谢罗夫写了一封信，"不要拒绝我用铅笔或油彩仿照巴尔蒙特的风格为安德烈耶夫画一幅肖像。列昂尼德·尼古拉耶维奇·安德烈耶夫已经答应了，而且同意只让你一个人画，如果你觉得这有可能的话，那么就请你开始工作吧”②。

① Белый А. Между двух революций. Л. , 1934. С. 73.
② ВМО ГТГ, ОР, ф. 49, д. 161, л. 1. Письмо опубликовано в издании: Валентин Александрович Серов. Переписка. 1884 1911. М. , 1937. С. 368.

1907 年，也就是在接到订单一年后，艺术家从希腊回到俄国，然后开始创作肖像。作家安德烈耶夫很喜欢这幅用水彩和水粉创作的肖像画，他同时代的人也给予了很高的评价。И. Э. 格拉巴里认为，Л. Н. 安德烈耶夫的肖像画"拥有天鹅绒般的质感，在描绘人物肖像时又极具谢罗夫式的细腻"①。《金羊毛》杂志还展出了К. А. 索莫夫创作的一整套安德烈耶夫肖像画。如今人们所熟知的А. 布洛克、Вяч. 伊万诺夫、М. 库兹明等人的画像都是从《金羊毛》杂志上复制下来的。这个古怪的出版商还宣布要进行一项比赛，内容是找寻魔鬼的艺术形象。比赛的评审团成员除了尼古拉外，还有В. А. 谢罗夫、М. 多布津斯基和В. 米利奥蒂。然而，提交的作品中有一些已经刊登在杂志上了，比如 М. 多布津斯基画了一个巨大的蜘蛛"恶魔"形象，但已经发表，并没有满足专家委员会的要求，因此评审们认定"此次比赛无效"②。

俄国绘画艺术的蓬勃发展，部分归功于里亚布申斯基家族后裔，同时也归功于与巴维尔·库兹涅佐夫等艺术家密切相关的象征主义流派一个分支的建立。尼古拉后来写道："在《金羊毛》创办的第二年，艺术部提出了两个主要任务：首先是推广俄国年轻的绘画潮流，用新的方式将弗鲁别利和穆萨托夫的遗产发扬光大。除此之外，另一个任务是向俄国社会介绍西方艺术大师。"③ 1907 年 3 月，在莫斯科，在瓷器制造商 М. С. 库兹涅佐夫（与从事旧礼仪派事务的里亚布申斯基家族关系密切）的别墅里，举办了一次以"蓝

① Цит. по: Валентин Серов в воспоминаниях, документах и переписке современников. Т. 2. Л. , 1971. С. 431 – 432.

② Золотое руно. 1907. № 1. С. 74.

③ Золотое руно. 1909. № 11 – 12. С. 105.

玫瑰"为主题的艺术展览。画展上的参观者既被年轻的参展人不同寻常且柔和的具有鲍里索夫·穆萨托夫风格的半色调表现手法的绘画方式所吸引，还被带有许多鲜花及舒适休息区的内部陈设所打动。画展是在《金羊毛》杂志的主持下举办的，这次展览成为"蓝玫瑰"艺术流派形成的一个阶段，该艺术派别属于象征主义，代表人物包括 M. 萨里扬、B. 米利奥蒂、H. 萨普诺夫等。① 这次展览是由尼古拉出资举办的，在此期间他还展出了自己的几幅油画。

"蓝玫瑰"艺展成为赞助商最得意的杰作，而尼古拉高度评价了巴维尔·库兹涅佐夫协会的领导人，还买下了他画室里最好的作品。位于彼得罗夫斯克公园的百万富翁不惜花重金请库兹涅佐夫为别墅设计装饰壁画，根据主人的意愿，该装饰壁画被称为"黑天鹅"。根据 B. Д. 阿达莫维奇的设计，赞助商的住所于 1909 年修建，同时反映了他的艺术品位。建筑物上装饰着由库兹涅佐夫设计的巨大饰带，饰带下面是一个木制的艺术长廊，里面摆满了各种珍品：爪哇岛的毒箭、马洛卡岛的花瓶和龙雕以及当时最受欢迎的艺术家的油画。多年的海外旅行经历使主人对异国情调的热情被唤醒，并在这一不寻常的收藏事业中得到了体现。尼古拉沙② 在自己的别墅区中建造了一个动物园，计划在那里饲养狮子和老虎，他说这些动物让他"有一种归属感"。然而，官方不允许将动物园建立在私人领地上。1915 年，因经常为艺术界名流举行喧闹欢腾的盛宴而引起莫斯科人相当大的好奇心的"黑天鹅"被大火严重破坏，其中的许

---

① O《Голубой розе》подр. см. : Думова Н. Г. Московские меценаты. С. 240 – 254.

② 尼古拉的爱称——译者注。

多作品在火灾中被毁，也包括库兹涅佐夫设计的饰带。①

　　继"蓝玫瑰"之后，尼古拉每年都会组织艺术展览。1908 年，"金羊毛沙龙"开幕了，这是 20 世纪初欧洲造型艺术在俄国的公开展览之一，一年后，法国艺术大师们举办巡回展，这包括亨利·马蒂斯在内，由于尼古拉的努力俄国公众首次了解到了他的创作。新一代俄国艺术家的作品也定期展出，例如，М. Ф. 拉里奥诺夫和 П. 冈察洛夫斯基等人后来成为著名画家，他们的画作在尼古拉的帮助下首次展出。"正如这位艺术赞助人所解释的那样，在意识到俄国艺术的需求后，《金羊毛》成为与圣彼得堡美学主义对立的俄国绘画的代表和拥护者，并寻求新的方法和途径来发扬光大弗鲁别利和穆萨托夫的伟大遗产。"

　　"蓝玫瑰"流派和圣彼得堡的"唯美主义者"之间的创作分歧导致了杂志编辑部的又一次冲突。在 1909 年的《金羊毛》第二和第三期中，针对圣彼得堡"沙龙"展览中的"艺术家世界"的大多数作品，М. Ф. 拉里奥诺夫进行了负面评论——对 А. И. 伯努瓦的作品"大失所望"。А. И. 伯努瓦愤怒地对此进行回击，他强调发表在《金羊毛》上的文章显示了一种完全损害杂志领导人声誉的无知，这种无知"使整个事件蒙上了不光彩的一面"。在艺术界，人们一致认定，丑闻是由《金羊毛》所持的"狭隘党派"的立场造成的，该杂志毫无保留地站在"蓝玫瑰"流派一边。在 А. И. 伯努瓦的带领下，被冒犯的圣彼得堡人 Л. 巴克斯特、М. 多布津斯基、К. 索莫夫和 Е. 兰谢列于 1909 年 4 月从杂志社辞

---

① См.: Русакова А. А. Павел Кузнецов. С. 79；Щербатов С. Художник в ушедшей России. С. 42.

职，不久 B. A. 谢罗夫也效仿他们提出了辞职。可造成的损失无法弥补，尽管尼古拉在接受报社采访时坚称，"离开的不是一群而是几个圣彼得堡艺术家，而且在最近两年中他们只是名义上参与杂志的编辑工作"①。

1908 年底，痴情的尼古拉的人生又上演了戏剧性的一幕，其结果是企图自杀。开枪自杀未遂的他还是活下来了，显然，这种情况对他的创作和出版事业没有任何的帮助。出版事业资金中断，在办刊期间杂志社出现了巨大的赤字（仅在 1906 年就亏损了 7.2 万卢布），而这些亏损都由他一人承担，然而他早已习惯了纸醉金迷、玩乐享受的奢侈生活，在餐馆和自己的别墅里喜欢大吃大喝，这无疑耗光了他的家产，最终，迷恋赌博让这位百万富翁几乎倾家荡产：他曾经在一个晚上输给石油工业家莱昂·曼塔舍夫超过 100 万卢布。此后，不得不压缩出版事业。②

1909 年底，《金羊毛》停刊了。尼古拉在他的告别文章中总结道："现在我们明显地感觉到，我们在文学和绘画领域内所捍卫的流派已经强大到可以独立发展了，而《金羊毛》在这方面已经完成了自己的使命。"③ 实际上，被迫停刊一事对大家来说已不是什么秘密了。

在结束了积极的社会活动后，这位前艺术赞助商离群索居地生活在位于彼得罗夫斯克公园边的别墅里，围绕着他的是他最喜爱的艺术作品。П. A. 布里根回忆说："在莫斯科，人们称他为尼古拉沙，但人们没有认真对待他，事实证明他比他的兄弟们更狡

---

① Золотое руно. 1909. 10. C. 65；№ 11 – 12. C. 106.

② Валентин Серов в переписке, документах и интервью. Т. II. C. 175 – 176.

③ Золотое руно. 1909. № 11 – 12. C. 107.

猾，因为他在国内花掉了所有钱财，而且没有受到革命的影响。"① 在第一次世界大战前，尼古拉通过自己的关系和老熟人，用仅存的一点钱在巴黎开了自己的古董店。这位新晋商人尤其被当时在西方盛行的俄国圣像所吸引。1914 年 9 月，在战争开始后，П. П. 穆萨托夫从巴黎写信给 И. С. 奥斯特罗乌霍夫："你看那期《艺术装饰》杂志了吗，上面有你和里亚布申斯基（显然是斯捷潘——作者注）的圣像？我从这期杂志中了解到，尼古拉也在香榭丽舍大街的某个地方收集古老的圣像，不过他只是单纯地想卖掉它们。我应该去探望他一下吗？作为旧相识我是真的不喜欢他。"②

在艺术界，尽管尼古拉是商业帝国的第三代，由于商人出身，主要的还是他古怪的性格，使他从未得到任何特别的赞赏。"大商人""肮脏的小猪""华丽的拉夫连季"——所有这些绰号都是送给这位任性的艺术赞助人的。在关于他个人的官方文件中，他对自己的描述到处充斥着自我赞美——"我是《金羊毛》杂志的出版人，同时我也是一名作家和艺术家。"③ 无论是他的出版活动还是创作都没有得到同时代人的认可。当然，他没有设法成为像特列季亚科夫或马蒙托夫那样的艺术赞助人。不过，20 世纪初的文学艺

---

① Бурышкин П. А. Москва купеческая. С. 192 – 193；С аукциона пошли картины и скульптуры европейских мастеров из собственной коллекции. Продал Николай и свою долю в семейном имении Кучино другим братьям, которым еще ранее уступил принадлежавшие ему 400 паев текстильного товарищества Рябушинских（см.：Думова н. Г. Московские меценаты. С. 258 – 259）.

② ВМО ГТГ, ОР, ф. 10, д. 4400, л. 1 – 1 об.

③ ЦГИА г. Москвы, ф. 142, оп. 3, д. 151, л. 121 – 122.

术人士对尼古拉·里亚布申斯基的嘲讽和怀疑并没有反映出他在俄罗斯文化史上的真正意义。《金羊毛》和"蓝玫瑰"艺展是革命前俄国艺术生活的两个里程碑，并与这位金发的莫斯科"花花公子"的名字紧紧相连。

第八章

领空征服者：德米特里

笔者衷心地感谢亚历山德拉·德米特里耶芙娜·里亚布申斯卡娅–巴克拉万和玛丽亚·巴克拉万为笔者写作本书提供的帮助。

1913 年秋，《俄国晨报》报道称，三名俄国科学家因其在航空方面的成就而被授予金质荣誉勋章。他们分别是 66 岁的莫斯科大学教授、一系列空气动力学重要著作的作者、俄国航空业事业的奠基人 H. E. 茹科夫斯基，54 岁的莫斯科高等工业学校教授、空气动力学的先驱之一 C. A. 恰普雷金和他们年轻的同事 30 岁的德米特里·巴甫洛维奇·里亚布申斯基。尽管德米特里很年轻，却对俄罗斯航空事业的创建起到了至关重要的作用。

然而，不同于因杰出的科学贡献在苏联时期得到了应有评价的前辈们，1917 年后，德米特里的名字被禁止提及，这是因为他移民到国外，在法国继续自己的科学研究。许多年后，《法国名人录》（1960 年）刊登了一篇关于顺利成为法国科学院通讯院士的杰出俄罗斯人的特别文章："他于 1882 年 10 月 31 日出生在莫斯科，1906 年 4 月 5 日与维拉·齐比娜结婚，有三个女儿——维拉、玛丽亚和

德米特里·巴甫洛维奇·里亚布申斯基（**20** 世纪初拍摄）

德米特里·巴甫洛维奇·里亚布申斯基同家人
在自家花园的照片（**20** 世纪初拍摄）

德米特里·巴甫洛维奇·里亚布申斯基与维拉·谢尔
盖耶芙娜·里亚布申斯卡娅的女儿与保姆
从左至右：维拉、亚历山德拉、玛丽亚（20世纪初拍摄）

亚历山德拉；他毕业于莫斯科大学物理－数学系，1904年在库钦创建并领导空气动力研究所，1919年起在法国继续开展科学研究。"

德米特里在里亚布申斯基家族的八兄弟中排行老七，在信奉旧礼仪派的家庭中长大。据他的三哥弗拉基米尔回忆，在大斋节期间，从远方修道院而来的修女们来到其父母位于小哈利托尼亚巷的家中，帮忙举行仪式，并向孩子们介绍献身于旧礼仪派的教徒。弗拉基米尔在关于其兄弟德米特里的传记中写道："修女们的故事来自圣徒们的生活、教父的著作、旧礼仪派殉道者的言行录，如在尼康时期被活活烧死的大司祭阿瓦库姆，或在博洛夫斯克被活活饿死的大贵族莫罗佐娃。"德米特里的祖先就来自博洛夫斯克县。教徒的故事深深印刻在孩子们的心中，他们从幼年时就已经知道了关于思想斗争的人物事迹。尽管困难重重，但能深刻体会到信仰的伟大并像一个真正的奉献者无私地服务于自己的信仰——这是在德米特里身上鲜明表现出来的家族特征，正因为如此，他选择了科学作为自己的终身事业。

H. E. 茹科夫斯基在德米特里年轻的心灵上撒下了神圣的火花，茹科夫斯基教授在莫斯科商学院教授理论力学课程，这是一所著名的学府，里亚布申斯基六兄弟都毕业于这所学校。在德米特里求学的那个时代，商学院的教学不再是商业性质的了，而是聘请一些杰出的学者进行授课。学校聘请莫斯科高等工业学校和莫斯科大学的老师来教授高年级的课程，其中就包括为德米特里打开科学世界大门的 H. E. 茹科夫斯基，这位未来科学家从此被科学折服。

在商学院读书期间，德米特里的杰出才能就已经显现出来。商学院的毕业证书上写着："德米特里·巴甫洛维奇·里亚布申斯基是旧礼仪派中牧师派的信徒，他以优异的成绩通过了所有的毕业考试，于1901年5月修完莫斯科商学院全部学业课程。全部课程成绩为优秀，授予他商学学士学位，同时，为了能让他将奖章别在扣眼上，学院授予他一枚带有安娜丝带的金质奖章。"①

他以"优秀"的成绩通过了从神学到商业及法律史在内的全部 19 门课程的考试。他的名字被刻在商学院大理石制成的光荣榜上。然而，吸引这位毕业生的并不是商业，他喜欢的科目也不是商学和会计，而是数学、物理和机械。凭着孜孜不倦的探索精神，他从早年起便热切地观察着神秘的自然现象，并试图解释这些现象。

---

① ЦГИА г. Москвы, ф. 418, оп. 322, д. 1533, л. 13 – 14.

德米特里的生活环境是这样的：他不必参与里亚布申斯基家族的生意，可以一心一意地去实现自己的科学创造梦想。当年满 17 岁的德米特里在商学院的第一个专业班读书时，父亲巴维尔·米哈伊洛维奇去世了，并给儿子们留下了一笔巨额财富。当然，德米特里并不打算效仿他的哥哥尼古拉，把财富花在闲暇的玩乐上。他带着一颗年轻人的非凡决心，在科学道路上迈出了第一步：在他父母的房子里，他建造了一个化学和物理实验室。除了喜欢理论研究，他同样喜爱实验研究。他开始在水环境中进行实验，而且水环境为这位自然科学家认识空气自然力奠定了基础。

决定着他的科学志向的知识逐渐地积累起来了。里亚布申斯基兄弟们认为在欧洲完成大学教育是他们教育中的必要阶段，继哥哥弗拉基米尔之后，19 岁的德米特里前往德国海德堡大学学习，在一个学期里他听完了物理学、有机化学，同时还有哲学和动物学课程。随后，他进行了一次环球旅行。后来，他很喜欢回忆这段决定他科学命运的经历。在阿拉伯半岛的亚丁港，当看到海鸥在狂风中挣扎时，德米特里突然顿悟：鸟儿能做到的事情，人肯定也能做到。①

必须形成一套能够让飞行器飞上天的理论法则。从这一刻起，研究并利用航空飞行理论造福人类的愿望在他心中萌生了。德米特里梦想着这些规律的发现能带来的宏大成就。20 世纪初，探索空域的想法一直充斥在德米特里的脑海里，但一直没有找到满意的解决方案。凭借作为理论家和实验者的出众才能解开了飞行之谜后，

---

① См. : Вечорин Евг. Дмитрий Павлович Рябушинский // Русская мысль. 1962. 30 авг.

这位年轻的科学家开始热切地从事这个事业。

在莫斯科，他开始查阅材料、收集书籍，其中关于航空学的书籍和杂志占据了重要位置。然后，他构思了一个在当时具有革命性的全新项目，这对后来的俄罗斯空气动力学的发展产生了决定性影响。这位科学家设想自己出资建立一个大型研究实验室（研究所）以推动新航空科学发展。空气动力实验学在当时正处于起步阶段，世界上还没有相关的实验室。

不久，发生了一个重要事件，巩固了这位俄国科学家的决心。1903 年 12 月 17 日，在俄亥俄州的代顿城，奥维尔·莱特和威尔伯·莱特兄弟乘坐在带有推进器的飞行装置成功地离开了地面，完成了世界上第一次动力飞行。因此，实践领先于理论，事实证明，人类飞行从根本上是可能的，因此德米特里设想的研究具有非常重要的意义。

为了避免犯下研究新手可能犯的错误，22 岁的德米特里以其一贯的谨慎态度听取了长期从事空气动力学问题研究的科学家的建议。首先，他求助于自己的老师 H. E. 茹科夫斯基，茹科夫斯基教授于 1902 年在莫斯科大学应用力学实验室建造了俄国第一个风洞。H. E. 茹科夫斯基非常支持自己学生的事业，并成为研究所建设和组织委员会的成员。年轻的德米特里还收到了圣彼得堡郊区的巴甫洛夫斯克航空实验室主任 B. B. 库兹涅佐夫和工程师兼发明家 C. C. 涅日丹诺夫斯基关于合作的积极反馈与意见。在他们的鼓励下，这位科学家开始为实现自己的梦想付诸实践。

1904 年秋，在靠近库钦村和莫斯科—下诺夫哥罗德铁路线上的库钦车站的里亚布申斯基家族领地中成立了世界上第一所空气动力研究所。德米特里开创了现代航空研究的新时代。同时代的人写道："这个研究所的主要任务是从实践和理论两方面来研究阻力环境下的运动规律。"①

库钦空气动力研究所（20 世纪初拍摄）

在航空史上那个真正的英雄时代，一切都必须由自己来发明和创造——包括研究方法和实验仪器。年轻所长的活力和热情感染了研究所的工作人员，他们对成功充满信心，因为德米特里鼓励他们发挥创造力：库钦的所有装置和设备都是独立制作的，楼宇和车间是按照工作人员自己的设计方案建设的。②

---

① Отчет о торжественном заседании, посвященном 10 – летию Кучинского Аэродинамического института. М. , 1914. С. 19.

② См. : Хомяков А. Институт Рябушинского в Кучине // Московский журнал. 1994. No 12；Михайлов Г. К. Основатель Аэродинамического института // Вестник АН СССР. 1991. № 11.

到 1905 年，该研究所的设备已基本研发安装完成。档案馆对"里亚布申斯基先生庄园的建筑"的记录如下：1905 年初，"一座带塔楼（5 层楼高）的二层楼高的木制建筑拔地而起，内部有一个带两排窗户的大厅，第二层有木制阳台。这栋木制建筑有一个配备了钳工机械车间的飞行动力场地"[①]。德米特里又在装备齐全的木制建筑附近配备了为研究所提供照明的发电站，当然，这也包括为他本人和工作人员的生活区提供照明。档案馆的记录强调，该建筑群主要"用于生产航空设备"。必要的仪器和工具是由 10～15 名工人在一个辅助车间里生产的，他们在最新的美国和德国机床上工作。

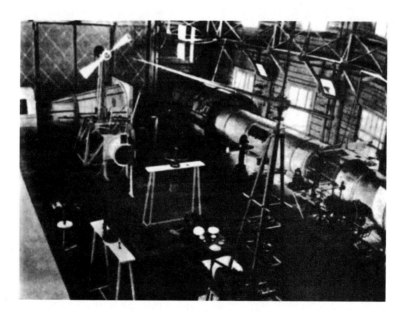

库钦空气动力研究所内部

---

① ЦГИА г. Москвы, ф. 303, оп. 2, д. 197, л. 1－4.

　　空气动力研究所的任务还包括研究大气层。每月发射一次探测气球和风筝，用于收集 12000 米高度的空气温度年度分布的系统化数据。В. В. 库兹涅佐夫教授协助处理了这些数据。自研究所成立以来，除了进行空气环境实验外，还进行了流体实验，为此，德米特里又在附近的佩霍尔卡河上组建了一个流体力学实验室。研究所成立几年后，德米特里分到了库钦领地的一份家产，领地由里亚布申斯基兄弟姐妹们共同拥有。在以家庭为单位的分割方式中，他得到了主体庄园和空气动力研究所所在地，将莫斯科附近安静的库奇诺变成了科学试验场。①

　　1906 年是这位年轻科学家生命中最重要的时点。他的研究所的诸多研究成果在国际上得到了认可，他受邀到位于巴黎的法国航空俱乐部做报告就是最好的证明。在那次难忘的旅行中，他还在巴黎认识了未来的生活伴侣维拉·谢尔盖耶芙娜·齐比娜。

　　维拉·齐比娜是高级宫廷侍从和下诺夫哥罗德州州长的女儿，曾是两位皇后的侍女，从她母亲一脉看，维拉·齐比娜是捷尼舍夫大公家族的后裔。作为一个艺术工作者，她与她祖父的第二任妻子、著名的艺术赞助人玛丽亚·克劳迪耶芙娜·捷尼舍娃关系非常密切，玛丽亚·捷尼舍娃在斯摩棱斯克附近的塔拉什基金创建了一个独一无二的文化艺术中心。继"玛莎②姨妈"之后，维拉致力于音乐事业，她毕业于圣彼得堡音乐学院，并成为一名优秀的音乐家和音乐评论家。

　　维拉·谢尔盖耶芙娜以热爱自由、独立的气质而闻名，同时又

---

① 　ЦГИА г. Москвы, ф. 142, оп. 4, д. 1211, л. 1 – 2, 202 – 210; оп. 24, д. 110, л. 33 – 35.

② 　玛丽亚的昵称——译者注。

德米特里·巴甫洛维奇·里亚布申斯基与维拉·谢尔盖
耶芙娜·里亚布申斯卡娅的结婚照（巴黎，1906 年）

非常关心农民的切身需要，她在自己母亲位于下诺夫哥罗德的庄园里为改善农民的生活做了很多工作。她用 400 卢布私房钱建立了一个信用社，为农民儿童创办学校，帮助火灾受害者购买新建房屋所需的木材，等等。她甚至因同情人民的这份信念而受到当局的迫害，警察们指责这位贵族女士"煽动革命情绪"①。

　　德米特里与维拉·谢尔盖耶芙娜相识仅一个月就结婚了；这对年轻人在巴黎的亚历山大·涅夫斯基东正教大教堂举行了婚礼。

―――――――――

① ГАРФ，ф. 102 ДП ОО，1906 г.，II отд.，д. 753.

1906 年仲夏，这对新婚夫妇回到了俄国。从 7 月起，德米特里开始用 20 世纪初世界科学界通用的语言法语出版《库钦研究所公报》，由于《库钦研究所公报》（到 1914 年，共出版了五期），该研究所的研究成果为整个科学界所知，引起了外国和俄国同行的极大兴趣。

1906 年 9 月，德米特里应邀参加了在米兰举行的国际空气动力学展览会。这位俄国科学家打算展出一个小型风洞和他在第一版《库钦研究所公报》中所描述的由他设计的装置。米兰展览给他带来了巨大的且当之无愧的成功。许多年后，西班牙工程师拉·切尔瓦利用德米特里的研究成果制造了著名的"旋翼飞机"，这是最早的直升机雏形之一。

与此同时，恶毒的语言总是围绕着这位年轻科学家，有人贬低他的功绩，把他的成功归因于 H. E. 茹科夫斯基教授参与了研究所的工作。于是雄心勃勃的德米特里决定独立研究。H. E. 茹科夫斯基也选择退出研究所，但这件事并没有对研究的进展造成多大影响。当时，库钦空气动力研究所建立了航空领域的第一个大型实验室。在英国，直到 1909 年才成立了航空委员会；在法国，乔治·埃菲尔设计的第一个风洞 1909 年底才开始运行；而德国直到 1910 年才首次在这一科学领域发表研究报告。

然而，深入研究需要研究所所长本人具有更扎实的理论功底。1908 年 6 月，Д. П. 里亚布申斯基向莫斯科大学递交了申请书："我随函附上所有必需的文件和 25 卢布，恳切希望能成为莫斯科帝国大学数学部数学系的学生。"① 德米特里的学生档案中保留了他

---

① ЦГИА г. Москвы，ф. 418，оп. 322，д. 1533，л. 13.

的一份考试册（当时称为记分册），其中的记录显示，这位科学家在正式注册为学生之前，从 1907 年秋季就开始旁听讲座课程。

为了成为一名正式的学生，他必须自学并通过拉丁文考试，因为莫斯科商学院不教拉丁文。伴随研究工作的四年大学时光在不知不觉中飞逝，1912 年春天，德米特里拿到了梦寐以求的毕业证书。证书上写着："申请人德米特里·巴甫洛维奇·里亚布申斯基信仰旧礼仪派，世袭荣誉公民，莫斯科大学数学部数学 – 物理系的学生……根据他的申请，准许其参加本校数学 – 物理委员会的考试，并且已经通过了这些考试。"① 所有的考试，包括两门专业必修课——固体动力学和航空理论——都以最高分通过，评级是"非常优秀"，库钦空气动力研究所实验室的负责人被授予一级文凭。大学毕业后，这位昔日的学生被聘请为编外副教授，教授空气动力学和弹性理论课程。

他继续进行空气动力学和流体力学的实验，并获得了关于螺旋推进器作用机制的宝贵信息。他在一本专业著作中归纳的实验结果，对螺旋桨理论的发展具有重要意义。② 他总结了自己在这一领域的研究："我系统地研究了螺旋桨，并发现了这一非凡机制运作的一般规律。在研究中，我并不仅局限于对螺旋推进器的研究，还研究了风车和螺旋桨沿着运动方向释放液体的两个方面——这让我有机会对这一现象有了非常全面的了解。"③

库钦空气动力研究所运行着由德米特里设计并由俄国工匠制造的用于进行空气阻力实验的风洞、用于测量流体对固体运动的阻力

---

① ЦГИА г. Москвы, ф. 418, оп. 322, д. 1533, л. 5.

② См. : Рябушинский Д. П. Теоретическое исследование о винтах. М. , 1912.

③ Аэродинамический институт в Кучине. 1904 – 1914. М. , 1914. С. 5 – 6.

和研究液体黏度影响的装置、研究空气涡流的装置和许多其他装置。①

这位天才研究者获得了国内外广泛的认可。1912 年 4 月在莫斯科举行的航空科学家大会上，与会者们专门花费了一天时间去参观"Д. П. 里亚布申斯基空气动力研究所"，这并不是偶然。同时代的人指出："目前，该所已经变成了一个重要的科学机构，从仪器的丰富程度来看，它应该在全俄排第一。库钦空气动力研究所的仪器使人们能够在人工气流中进行实验，研究螺旋桨的作用和空气阻力等。"②

1914 年对德米特里来说是一个极好的开始。4 月，研究所举行了隆重的庆祝仪式来庆祝研究所成立十周年。彼得·尼古拉耶维奇和亚历山大·米哈伊洛维奇两位大公是新诞生的俄罗斯航空学伟大的赞助人，他们给德米特里发来了祝贺电报，在电报中高度赞扬了研究所杰出的工作，包括 H. E. 茹科夫斯基教授在内的科学界最高权威出席了周年庆祝活动。H. E. 茹科夫斯基对自己曾经带过的学生所创造的功绩表示敬意，他在庆祝活动的贺词中写道："……你的研究活动是在大学应用机械教研室工作的员工帮助下开始的，但很快库钦空气动力研究所就独立运作了。这个研究所发表了许多关于空气阻力的论文，其中一些论文，例如气流中板的自转和固定螺距螺旋桨的研究将永远与研究所及德米特里的名字联系在一起。"③

现在是回顾过去并总结第一批成果的时候了。德米特里在庆祝

---

① ЦГИА г. Москвы，ф. 303，оп. 2，д. 197，л. 11 – 11 об.

② Русские ведомости. 1912. 3 апр.

③ Отчет о торжественном заседании, посвященном 10 – летию Кучинского Аэродинамического института. С. 6.

会议的开幕词中承认，他放弃了在库钦制造飞机的想法。由于他个人对基础研究的偏爱，同时由于缺乏资金，他只局限于方案的理论部分，但他所取得的成果规模确实令人印象深刻。

在德米特里看来，当时空气动力学和流体力学发展滞后的主要原因是该领域的研究人员遵循的方法过于传统。这位年轻的科学家从一个不同的角度来拓展思路。他扩大了数学方法的使用范围，开辟了分析实验数据的新途径。研究所同时在气体和流体环境中进行的实验首次揭示并全面研究了螺旋桨自旋现象。这些工作对航空领域的发展做出了重大的贡献。

在第一次世界大战前夕，德米特里成立研究所时设定的目标已经实现。通过几个基本的公式，他得出了制造比空气更重的飞行器的定律。当然，在制造直升机的过程中实际应用该定律仍然遇到了相当大的工程困难，但德米特里坚信，由于现代技术的进步，很快就有可能实现制造能够搭载数百名乘客的直升机的梦想。

他在1914年写道："至于空气动力学最重要的实际应用——航空学，显然，为了这个问题必须要研究的一切重要内容几乎都研究完了；只有在制造机器时遇到了相当大的困难。轻型发动机的发明者布莱里奥，特别是西科斯基，他们的巨大贡献是为克服这些困难开辟了道路。"① 征服天空的任务已经完成了！但是，人们可以就此止步吗？他们不是注定要越飞越高吗？

这位俄国科学家以特有的洞察力和过人的勇气，向大自然发起了新的挑战，尽管他遭到了同事和记者的嘲笑。"空气动力飞行的问题已经解决了，他随后提出了一个新的研究方向，但它又被一个

① Аэродинамический институт в Кучине. 1904 – 1914. С. 7.

新的、更加困难和宏大的问题所取代，即飞往另一个星球的问题。人类辉煌的科学成就让我们可以梦想，在某一天这个问题也将被拥有伟大梦想的研究人员通过耐心和不断的努力所解决。"① 他公开表示，他将立即在库钦空气动力研究所进行这种研究。

他的想法起初受到了质疑。当时的一份以严谨著称的科学杂志评论道："里亚布申斯基教授把星际飞行问题留给儒勒·凡尔纳或赫伯特·威尔斯会更合理。"1914 年，太空飞行问题几乎毫无例外地被所有人认为是一个乌托邦。在俄国，卡卢加中学的一名普通物理教师 К. Э. 齐奥尔科夫斯基对这个问题进行了研究，早在 1903 年他发表了一篇关于用火箭动力飞行器探索太空的文章。库钦空气动力研究所可以被认为是世界上第一个将人类太空飞行纳入其计划并开始进行相关研究的科学实验室。

然而，第一次世界大战迫使德米特里暂时推迟了他雄心勃勃的计划。战争爆发后，库钦空气动力研究所归军事部门管辖，德米特里被任命为炮兵委员会代表，负责协调对国家防务有用的发明创造。这位科学家还在喷气推进和制造弹道武器领域进行了一系列实验。

当时正在研发气动火箭的波莫尔采夫将军带着自己的设备来到库钦空气动力研究所。身患重病的他请求德米特里继续展开研究，德米特里同意了，但选择了一条不同的道路。利用所进行的试验，德米特里发明了无后坐力炮，并于 1916 年 10 月在炮兵委员会成员的见证下进行了测试。1916 年 12 月，德米特里向莫斯科数学协会提交了论文《论气体喷射的反应》。他发表的论文展示了他对无后

---

① Аэродинамический институт в Кучине. 1904 – 1914. C. 7.

坐力炮的描述，并附有相关照片，而无后坐力炮就是现代迫击炮的原型。这个想法对弹道学的实用价值是巨大的。在第二次世界大战期间，正是德米特里的研究为手持式火箭弹（类似于德国的长柄火箭弹或火箭筒）的研制奠定了基础。

幸运的是，长寿使德米特里亲眼见证了加加林飞向太空，这一科学界的壮举也证实了这位科学家的远见卓识，但他的杰出才能无法在自己的祖国得以施展，因为他被迫离开了祖国。1917 年革命后，库钦空气动力研究所被收归国有，由教育人民委员会管理，研究所的另一个创始人负责相关工作。1918 年，德米特里的妻子和孩子们在不断逼近的"红色恐怖"的威胁下逃离了俄国，而他本人则在莫斯科逗留了几个月，为他的智慧结晶即将被国有化而斡旋。尽管无法为祖国继续效力，但他坚持理想毫不动摇，在异国他乡继续从事研究工作，完全不考虑条件已然不同。

无依无靠的研究所在革命的风暴中幸存下来，但研究的脚步却完全停滞不前。1922 年，住在莫斯科的娜杰日达·巴甫洛芙娜给在巴黎的哥哥德米特里写信说："亲爱的米加，这么多年来我第一次到了库钦……我看到并查看了几乎所有的东西……我也去过空气动力研究所，见到了那些老工人。他们看到我非常高兴，希望我给你带个好儿——他们期待你能回来。他们保护着这里的一切不被掠夺，他们没有拿走任何东西，重要的器械完好地保存在仓库里并期望能完璧归赵。在苏维埃政权下（原话用的是 совдепия 一词，是苏联的蔑称 - 译者注），这是个奇迹。"

但这位俄国科学家注定不会回到他的祖国。在 1953 年的一篇关于著名飞机设计师伊戈尔·西科尔斯基的文章中，德米特里写道："侨居海外的俄罗斯人习惯于尊敬俄罗斯的杰出演员们，但由

德米特里·巴甫洛维奇·里亚布申斯基位于库钦的家
（拍摄于 20 世纪 10 年代）

于某些原因，对技术人员和发明家关注甚少。"这些话也可以用在德米特里本人身上，他是一位杰出的科学家，在祖国和世界科学领域中，他的功绩显然没有得到应有的评价。直到最近，情况才开始发生变化：1994 年，在库钦举行了研究所成立 90 周年的纪念会议，同时建立了纪念馆，很多报刊发表了文章，并对这位科学家做出了应有评价。

第九章
里亚布申斯基家族的女儿：
叶芙菲米娅·巴甫洛芙娜

1910 年 1 月，年轻有为且已经成名的艺术家康斯基坦丁·索莫夫从圣彼得堡来到莫斯科。他住在红门附近米亚斯尼茨基巷的"吉尔什曼父子百货贸易公司"老板弗拉基米尔·奥西波维奇·吉尔什曼的家里。吉尔什曼作为莫斯科的艺术赞助人和狂热的 B. A. 谢罗夫画作收藏家为人所熟知。K. A. 索莫夫此行是受嘱托为房主的妻子亨丽埃塔·莱奥波尔多芙娜创作画像。艺术家正打算开始创作另一幅油画。他给在圣彼得堡的姐姐写信说："下午五点茶歇的时候①，我的另一个模特诺索娃过来了，她实际上非常适合于当写生模特。金发碧眼，身材瘦削，脸蛋白净，很骄傲而且很爱打扮，品位不错……"②

引起这位严谨的画家注意的模特是世袭荣誉公民叶芙菲米娅·

---

① 原文为 файфоклок，即英语"五点钟"，下午茶的意思——译者注。

② Константин Андреевич Сомов. Письма. Дневники. Суждения современников. C. 105.

巴甫洛芙娜·诺索娃，娘家姓氏是里亚布申斯卡娅，她是巴维尔·
米哈伊洛维奇的一个女儿，嫁给了呢绒商瓦西里·瓦西里耶维奇·
诺索夫。这位贵夫人的名字与 20 世纪初莫斯科艺术生活中的许多
事件联系在一起，她是家族第三代商人，作为旧礼仪派信徒和俄国
绘画的收藏家，她有时会在自己的豪宅里安排一些文学会或戏剧演
出……她的肖像由 К. А. 索莫夫和 А. Я. 戈洛温绘制，半身像由
А. С. 戈卢布金娜创作，其豪宅的内部装饰则交由 И. В. 若尔托夫
斯基、В. А. 谢罗夫、М. В. 多布津斯基、С. Ю. 苏杰伊金完成。

Е. П. 诺索娃（耶芙菲米娅·巴甫洛芙娜）的大理石雕像
（雕塑家 А. С. 戈卢布金娜创作，1911 年，圣彼得堡）

本章的女主人公 1883 年 8 月 8 日出生在其父亲位于小哈利托
尼亚巷的别墅里，她是家里的第十个孩子，在女孩中排行老二。给

她起这个罕见的名字很可能是为了纪念她的祖母——这个商业家族创始人米哈伊尔·雅科夫列维奇·里亚布申斯基的妻子叶芙菲米娅·斯捷潘诺芙娜。这个古老的教会名字（"Euphemia"来自希腊语，意思是体面、祈祷的吟唱）完全符合巴维尔·米哈伊洛维奇家的孩子们所接受的旧礼仪派教的严格教规。叶芙菲米娅接受了良好的教育，毕业于女子中学。父亲去世后不久，据与该家族关系密切的人说，"她是里亚布申斯基五姐妹中最漂亮、最优雅的一个"①，她嫁给了著名的诺索夫家族呢绒公司的一个共有者。

与里亚布申斯基家族一样，诺索夫家族同属于莫斯科的商业精英，而且家族三代也都是企业家。家族企业创始人德米特里、瓦西里及伊万三兄弟从织布工做起，于1829年在列福尔托沃的哈皮洛夫湖畔建立了一家毛纺织品厂。1880年，三兄弟创立了诺索夫兄弟工商业合伙公司，固定资本为300万卢布。瓦西里·德米特里耶奇，也就是叶芙菲米娅未来的公公，成为公司的常务董事。诺索夫兄弟工商业合伙公司的工厂为军队提供呢绒，也在自由市场上出售布料，甚至将货物出口到波斯。②

在离工厂不远的维金斯基广场③上，有一栋属于老诺索夫的房子，它成了小诺索夫和叶芙菲米娅这对新人的家。1910年，老诺索夫将公司事务的管理权交给了他的儿子瓦西里·瓦西里耶维奇·诺索夫。到第一次世界大战开始时，小诺索夫已然成为商界翘楚：莫

---

① 见：Рабенек Л. Хлочатобумажная промышленность в старой Москве до 1914 г. // Возрождение. Париж，1966. № 172. С. 104.

② Промышленно‐Торговое Товарищество мануфактур братьев Носовых в Москве. М.，1882.

③ 现为茹拉夫寥夫广场——译者注。

斯科最大的商业银行——商人银行的董事会成员、俄国互助保险联盟的董事及多家纺织公司的股东。1912 年，巴维尔邀请他参与莫斯科银行的创建，该银行是在里亚布申斯基兄弟所属的原有银行的基础上建立起来的。

诺索夫公馆的年轻女主人，远离丈夫的生意烦恼，在很早之前就对艺术产生了浓厚的兴趣。20 世纪初，莫斯科市杜马在诺索夫府邸旁，也就是在维金斯基广场上建造了人民之家，并在那里上演戏剧、举办受欢迎的讲座，开放免费的图书阅览室。人民之家的名誉保护人是莫斯科最著名的慈善家之一阿列克谢·亚历山德罗维奇·巴赫鲁申。档案馆保存了一份文件，证明 1904 年叶芙菲米娅、小诺索夫和他的胞妹尤莉娅·瓦西里耶芙娜·诺索娃捐赠了 3000 卢布用于资助在维金斯基广场上的人民之家的歌剧和戏剧表演。①

革命前，俄国商界最优秀的代表们的显著特点就是用自己的财富致力于社会建设和公共教育事业发展。继哥哥米哈伊尔之后，叶芙菲米娅·诺索娃决定将她的豪宅打造成一座俄国艺术博物馆，并最终将其捐献给她的故乡莫斯科。诺索夫的老宅显然不符合这一要求，因此，女主人诺索娃打算对其进行彻底的翻修改造。这座位于维金斯基广场上的俄罗斯建筑瑰宝是分好几个阶段翻修的。诺索娃的公公瓦西里·德米特里耶维奇 19 世纪 80 年代建造了这座两层楼的豪宅。儿子结婚后，他把这座房子给了新婚夫妇，并在广场后面为自己建了另外一所新房子。

受到老诺索夫邀请的建筑师 Л. Н. 克库舍夫将这座新房子打造成极具现代派风格的精品。正如档案中描述的那样，老诺索夫仍然

---

① ЦГИА г. Москвы, ф. 179, оп. 21, д. 2047, л. 99.

是老房子的合法主人，而且该房子"是两层的木制建筑，带有一个石制地下室、一个露台和多个门廊"，直到现在，这些门廊都是寂静的莫斯科街道的一道风景。保存下来的内部装饰包括印有独特的植物图案的窗格子、色彩相间的乌釉陶瓷壁炉和老圣彼得堡风情壁画，这反映出设计师的初衷和富有的房主的不俗品位。在诺索夫家族的地段上还有一整套的庄园设施：有马车夫房、带有马厩的马车房、能饲养两头奶牛的牛棚、地窖甚至还有一个温室和一个花房。①

　　女主人梦想着把诺索夫的老宅变成一个艺术世界，在装饰着古代大师无价巨作的客厅里举办文学沙龙、戏剧表演和音乐会。姆斯季斯拉夫·多布津斯基欣赏她的艺术涵养（М. 多布津斯基在给妻子的信中说，"就一个女士来说，她懂得很多"），他向人们传达了叶芙菲米娅·巴甫洛芙娜内心的愿望，她与建造别墅的艺术家分享了这一愿望。М. 多布津斯基对这位莫斯科百万富翁的描述是："在她死后，她想将这座房子献给这座城市，她的梦想是让她喜欢的杰出俄国艺术家在这座房子创作出一些东西。收藏的画作作为城市艺术画廊与这座房子一同捐赠给莫斯科。"②

　　建筑师 И. В. 若尔托夫斯基被邀请来按照宫殿风格重装豪宅内部。1907～1908年，他重新装饰了二楼的大理石大厅。就像用了魔法一样，老商人的房子被改造成了真正的皇宫前厅，至今其精致的内部装饰都使前来参观的游客慨叹不已。大理石前厅按经典比例设计，人造大理石的科林斯柱为边饰，带有多个能营造出具有上下两

---

① ЦГИА г. Москвы，ф. 179，оп. 62，д. 2863，л. 4 – 5.

② Цит. по：Грушина А. Особняк на Малой Семеновской // Куранты. Историко - краеведческий альманах. Вып. 3. М.，1989. С. 294，295.

排窗户房间假象的巨大镜子，这让人联想到 18 世纪和 19 世纪之交的宫殿内饰，这也是房屋女主人最喜爱的时代。这是未来的建筑学院士的第一批实验作品之一，而且非常成功，以至于著名的棉花商人 H. Л. 塔拉索夫邀请若尔托夫斯基到斯皮里多诺夫卡建造豪宅，一年后，奢华的宅邸建成，采用古老的意大利宫殿风格，与叶芙菲米娅的兄弟米哈伊尔·巴甫洛维奇的房子比邻。

一年后，建筑师再次来到维金斯基广场上的房子里工作。他受邀来装饰主楼附属建筑内的主餐厅。若尔托夫斯基还为诺索夫家族设计了位于莫斯科郊区塔尔贝耶沃庄园的乡村别墅。①

在建筑师看来，主餐厅因有穹顶需要进行一番观赏性装饰。B. A. 谢罗夫本人接受了豪宅女主人的邀请，他根据奥维德《变形记》中的主题，在墙上绘出了草图。B. A. 谢罗夫于 1907 年造访希腊后，随即吸引他的古典题材（让我们想起了著名的《劫掠欧洲》和《奥德修斯和纳夫齐卡亚》）使这位伟大的俄国艺术家的创作进入了一个新阶段。他开始全力以赴地工作，为诺索夫家的餐厅绘制出了 29 幅草图（其中一些现存于特列季亚科夫画廊）。

一位研究 B. A. 谢罗夫作品的学者写道："通过研究这些润色好的草稿可以发现，大厅的主墙设计分成三部分，但最终还是没有完成。"② A. И. 伯努瓦回忆说："已故的 B. A. 谢罗夫满怀欣喜地承担了为莫斯科富人绘制豪宅壁画的工作，这种欣喜正是隐藏在这

---

① См. там же. С. 294；Ощепков Г. Д. И. В. Жолтовский. Проекты и постройки. Альбом. М. , 1955；Архитектор Иван Владиславович Жолтовский（1867 – 1959）. Архитектурная школа – мастерская И. В. Жолтовского（1945 – 1954）. Каталог – путеводитель по фондам музея. М. , 1985.

② Грабарь И. Серов. М. , 1980. С. 284.

个健康的现实主义者身上的东西……艺术家想毫无保留地展示自己的才华。"① 但是，艺术家的意外去世中断了这项工作，我们只能遗憾地说，艺术家的宏伟计划注定无法实现。

　　位于维金斯基广场的房子保留了 20 世纪初另一位杰出艺术家的印记，他在这里创作了里程碑式的绘画杰作。从 1912 年 10 月至 1913 年 4 月，姆斯季斯拉夫·多布津斯基一直工作在叶芙菲米娅的别墅里。连接大理石大厅和餐厅的楼梯是由他完成装饰的。楼梯上的拱顶、拱门、壁龛和入户门是按照早期文艺复兴风格设计的，叶芙菲米娅·巴甫洛夫娜后来与其他艺术收藏品一起转让给了特列季亚科夫画廊。拱顶被设计成钴色与金色相间的仿马赛克式，楼梯部分的墙壁被漆成深蓝色并在靠近底层的部分渐变成黑色。不同寻常的色彩搭配，与众不同且极具象征意义的拱顶绘画使挑剔的雇主赞叹不已。显然，M. 多布津斯基是由索莫夫介绍来的，并且已经向女主人递交了他的设计草图。他在 1912 年秋天写给一个朋友的信中说道，"叶芙菲米娅·巴甫洛芙娜似乎很满意，她从这些还未制作好的草图中看出，我已经构思好了"②。

　　不过这些草图并不能将整个设计理念展现出来。更大的惊喜还在后头。M. 多布津斯基的助手 Г. A. 修奈尔佩克给他写信说："在你离开的第二天，我去了维金斯基广场，我兴高采烈地来到这里，这里漂亮极了！特别是墙壁深蓝色与金色相搭，这是我从未想到过的。总之，好得惊人！尤其是墙上美丽的梅花装饰……拱顶与其他

---

① Валентин Серов в воспоминаниях, дневниках и переписке современников. Т. I. С. 412, 476, 613.

② Константин Андреевич Сомов. Письма. Дневники. Суждения современников. С. 120.

轻飘的图案形成对比，让人们感受到你的良苦用心……"① 在提及的梅花装饰中，艺术家还按照新古典主义风格设计了一个男性和一个女性的侧像。据传，这两个侧像是房主夫妇，即瓦西里·诺索夫和叶芙菲米娅·诺索娃，他们的面部特征鲜明，以朴素的古典美而著称。即使在今天，到诺索娃的豪宅参观的游客也能欣赏到 M. 多布津斯基永恒的精美作品。这显然是一种运气，在完成诺索夫家的工作后，艺术家又陆续收到了一些阔绰的艺术鉴赏家的类似邀请。他装饰了敖德萨附近的纳塔利耶夫卡庄园，该庄园属于俄国最大的制糖商 П. И. 哈利托年科，后来又装饰了 П. И. 哈利托年科的女儿 Е. П. 奥利弗位于莫斯科的豪宅内部。

女主人叶芙菲米娅·巴甫洛夫娜在装饰别墅的同时，还建立了一个艺术收藏馆。她十分痴迷于 18 世纪至 19 世纪初的俄国绘画。特列季亚科夫画廊的档案里有一份名为"临时存放叶芙菲米娅·诺索娃收藏的绘画作品"的文件。1917 年秋天，莫斯科处于无政府的状态下，许多收藏家为了保护他们的藏品不被掠夺，便将这些珍宝上交给国家艺术宝库保管。继她哥哥米哈伊尔之后，叶芙菲米娅·诺索娃也将她的收藏品转交给了特列季亚科夫画廊保管。由于大多数赞助者不得不在短时间内离开他们的祖国，那些被"临时保管"的画作一直保存在画廊中。维金斯基广场豪宅的女主人也这是种情况，在革命后经历了流亡的苦难。

在叶芙菲米娅委托给画廊保管的藏品清单中包括了 11 幅 17 世纪至 19 世纪初俄国以及欧洲大师的画作，其中就有 К. А. 索莫夫的两幅作品：1910～1911 年完成的叶芙菲米娅·巴甫洛芙娜的肖像以

---

① Цит. по：Чугунов Г. Мстислав Валерианович Добужинский. Л.，1984. С. 128.

及水彩画《小丑和夫人》。

古代大师的油画作品则包括 Ф. C. 罗科托夫的《穿蓝色长袍的无名男子肖像》和《穿粉红色裙子的无名女子肖像》（这两幅独一无二的画都是 17 世纪 70 年代创作的）、В. Л. 波洛维科夫斯基的《А. С. 赫瓦斯朵夫公爵肖像》（1801）、Д. Г. 列维茨基的《乌尔苏尔·姆尼舍克肖像》（1782）、А. Г. 维涅茨阿佐夫的《Е. А. 巴尔克金肖像》（1820～1821）、О. А. 基普连斯基的《А. А. 切利谢夫肖像》（1809），等等。这位收藏家还将部分收藏转交给了巴赫鲁申剧院博物馆保存，后来这些藏品从那里转到了特列季亚科夫画廊。这些藏品包括波洛维科夫斯基的《多尔戈鲁基公主肖像》（1798）、D. Z. 列维茨基的《Г. А. 多尔戈鲁基王子肖像》（约1812）等。① 在变幻莫测的 1917 年底，里亚布申斯卡娅女士还将她部分藏品交给了特列季亚科夫画廊保管：19 世纪初的家具、艺术史图书（书上印有艺术家 Н. Н. 费奥菲拉克托夫绘制的《侧卧的女人》）、雕刻作品和 M. 多布津斯基在她家大厅楼梯门上作的画。②

这位富有的莫斯科女赞助人值得被大家记住，因为她为后人收集甚至是保护了大量的俄国艺术杰作。但在美的世界中，她还扮演另一个角色，其重要性也许不亚于已经提到的那些人。那就是在世纪之交诺索夫宅邸的女主人成为三位重要艺术家的模特。这些画作的创作历史让我们有机会了解革命前那个多事之秋俄国的艺术生活。

---

① ВМО ГТГ，OP，ф. 8. IV，д. 1，л. 51；Государственная Третьяковская галерея. Каталог живописи XVIII — начала XX в.（до 1917 г.）. C. 52，267.

② См.：Жуков Ю. Н. Сохраненные революцией. Охрана памятников истории и культуры в Москве в 1917 – 1921 годах. C. 147.

在创作时间和艺术价值上排名第一的是索莫夫的肖像画，我们以它作为故事的开始。艺术家索莫夫给自己的姐姐写了好多信，在信中他与姐姐分享了自己的内心感受并说出了自己和模特叶芙菲米娅之间复杂的关系。当开始工作时，他被叶芙菲米娅·诺索娃的美丽和优雅迷住了。诺索娃将这位圣彼得堡的画家置于自己的保护之下，带他去莫斯科的剧院看戏剧，并把他介绍给自己圈子里的人。

画家索莫夫在他的一封信中写道："我在诺索娃的包厢里，看到她穿着令人心动的蓝色亮缎连衣裙，肩膀上装饰着珠光色的绸花和粉色的蕾丝，戴着镶嵌着巨大钻石的项链。"他带着极大的热情展开了创作，不过很快便陷入了困境。1910年初，画家与他的姐姐分享了自己的印象，"我的第二个模特（指诺索娃）比第一个模特（Г. Л. 吉尔什曼——作者注）有趣多了，她有一张非常独特的脸庞。她穿着一件白色的绸缎裙子，上面装饰着由拉马诺娃设计的黑色的蕾丝和珊瑚（拉马诺娃是莫斯科著名的裁缝和时装设计师——作者注），佩戴了四串珍珠项链，发型令人难以想象……像一只巨大的甲虫匍匐在她的头上。而昨天我第一次拿起颜料画画，画了这样的一张脸，如此的不真实和让人厌恶，以至于我想立即承认我的无能，然后永远逃离这里"①。

索莫夫对自己要求严苛得令人难以置信。他打了全新的草稿，虽然创作一直持续到1910年春天结束，但遗憾的是，他连草稿都没有画完。M. 多布津斯基回忆说，当时他的朋友"饱受痛苦，因

---

① Константин Андреевич Сомов. Письма. Дневники. Суждения современников. С. 106.

为他在描摹模特……她似乎剥夺了他的自信，以至于令他如此恐惧……当他后来开始画定制的肖像时，他向我抱怨说，这种'定制'令他麻痹，而且在莫斯科为 E. П. 诺索娃画肖像显得十分痛苦，科斯佳曾经向我坦诚：'你知道吗，姆斯季斯拉夫奇科①？我想我会像波特科连辛一样从窗台上跳下去'"②。正如研究这位艺术家作品的研究者所说的那样，从平面素描过渡到 20 世纪初所流行的气势恢宏的人物肖像，这样的跨度对艺术家本人来说是非常困难的（1906～1910 年，艺术家按照杂志《金羊毛》的要求为 B. 伊万诺夫、A. 勃洛克、E. 兰谢列、Ф. 索洛古勃等作家画过肖像）。③

　　这位艺术家向自己的姐姐抱怨说，"当然，我已经很痛苦了，我几乎可以肯定，我完成不了这项工作，因为我只懂以前学过的知识，同时又没有获得新技能和新知识。我甚至咒骂自己，为什么同意来到莫斯科！在这里，所有人都相信我，然后给我介绍大量订单"。然而，尽管他对自己可以成功完成这幅肖像表示怀疑，但是在 1910 年底，在自己的模特的鼓励下，画家索莫夫开始重新创作这幅肖像。1911 年新年到来之际，他在莫斯科写信道："创作肖像还需要三个星期，之所以这么做，是想有始有终，尽管这个结尾十分丑陋、惨不忍睹。前些天我跟诺索娃说不要认为这幅画就这样完成了，但是她回绝了我，在安慰我的同时，她是那么的宽宏大量……"④ 1911 年初，索莫夫不似以往那么忧郁，他对自己的通信

① 是姆斯季斯拉夫的爱称——译者注。
② Добужинский М. В. Воспоминания. М. , 1987. C. 211.
③ См. : Журавлева Е. В. Константин Сомов. М. , 1980. C. 175.
④ Константин Андреевич Сомов. Письма. Дневники. Суждения современников. C. 113.

人 П. М. 特列季亚科夫的女儿 А. П. 波特金娜说："诺索娃的画像使我陷入困境，画像进展非常缓慢，而且创作过程非常痛苦。现在我马上就要完成了，但我不知道这算不算是件糟糕的作品或者说这件作品有什么样的优点……"①

最终还是完成了这幅油画的创作，1911 年 3 月，这幅画在"艺术世界"联合会举办的定期艺术展览会的开幕式上展出。当时的人们对此作品褒贬不一。М. В. 涅斯捷洛夫称赞它是幅杰作（"它既不属于列维茨基派别，又称不上是克拉姆斯柯伊式的，但是在美感上接近前者，严肃性又属于后者"），艺术评论家 К. 埃廷格尔则赞叹"这是超级精细的绘画"。同时还有另外一种声音，И. Э. 格拉巴里和 И. С. 奥斯特罗乌霍夫都对索莫夫的这幅画作表示不满。И. С. 奥斯特罗乌霍夫在写给 А. П. 波特金娜的信中特别遗憾地表示，这幅肖像画没有达到他两年来的期望。艺术理论学家的结论与这一严厉的判决相近，他们认为这件作品算不上艺术家索莫夫的杰作。② 但即使是批判者，他们也还是对模特的形象给予了应有的评价："一张安静的脸，悲伤且美丽的眸子，紧闭的嘴唇，展现出一个肃静的正面形象……"

在肖像画完成后，艺术家继续与叶芙菲米娅·巴甫洛芙娜保持着友好关系。1912 年春天，在蒙特卡洛度假区索莫夫与她一起度过了几个星期。画家索莫夫给在圣彼得堡生活的姐姐的信中写道："诺索娃对我非常好，她简直令人感动：一直在照顾我，让我放轻松，我才不至于如此疲惫不堪。"当豪宅女主人与因壁画事情而受

---

① ВМО ГТТ, ОР, ф. 48, д. 806, л. 1 – 2.

② См. : Журавлева Е. В. Константин Сомов. С. 177；Константин Андреевич Сомов. Письма. Дневники. Суждения современников. С. 466, 529, 532.

邀请而来的 E. 兰谢列（不过最终 M. 多布津斯基取代了兰谢列）发生冲突时，索莫夫选择了与女主人站在一起，他力证"E. Π.① 是个宽宏大量而非悭吝的女人"。他将水彩画《小丑与夫人》卖给了诺索娃，这幅画也是他们之间情谊的象征。起初，这幅画是为俄国博物馆创作的，然后又应诺给 B. O. 吉尔什曼。他向姐姐解释道："不过我会优先考虑 E. 巴甫洛芙娜的，因为她懂得如何去欣赏和爱惜这幅作品，而 B. O. 吉尔什曼几乎没怎么看过这幅作品就要买它，然后将它悬挂在许多令人讨厌的东西之间……"②

这位艺术家还于 1914 年初在自己模特的豪宅里参与了一场戏剧表演的准备工作。戏剧《威尼斯疯子》是由 M. 库兹明创作的，在索莫夫的推荐下，C. Ю. 苏杰伊金受邀担任该剧的主要布景设计人，角色由女主人本人和她身边的女士们——Γ. Л. 吉尔什曼、H. Γ. 维索茨卡娅和主要布景设计人的妻子 O. A. 苏杰伊金娜扮演。正如邀请函中承诺的那样，在这场带有"唱歌、跳舞、音乐演奏和哑剧的两幕表演中"，C. Ю. 苏杰伊金以威尼斯剧院及其主角斯梅拉迪娜为主题思想，设计出了一个华丽的舞台布景。然而，在首演之后，我们的女赞助人和布景设计人发生了小争执，而小争执是导致叶芙菲米娅和索莫夫关系破裂的原因，正如叶芙菲米娅·巴甫洛芙娜所承认的，索莫夫"在她的生活中起着非常重要的作用"③。

我们并不知道女赞助人与另一位画家亚历山大·戈洛温的交往

---

① 即叶芙菲米娅·巴甫洛芙娜——译者注。

② Константин Андреевич Сомов. Письма. Дневники. Суждения современников. C. 117, 118, 119.

③ Константин Андреевич Сомов. Письма. Дневники. Суждения современников. C 130. : Коган Д. Сергей Юрьевич Судейкин（1881 – 1946）. M. , 1974. C. 187.

是不是企图将第一个肖像画家从自己的记忆中抹掉……但首先，关于莫斯科艺术爱好者的这一形象并没有给她带来任何的满意感。叶芙菲米娅·诺索娃的大理石半身雕像是由著名的雕塑家安娜·戈卢布金娜完成的。应该是在索莫夫完成画像后不久，雕塑家的工作便开展起来。诺索娃昂首挺胸，头发整齐地向后梳理，冷峻的五官，一副标准的古典美人形象——这是莫斯科最早的美人之一。根据雕塑家的助手们的说法，"客户本人和她的亲属对这个半身像不满意。安娜·戈卢布金娜试图重新开始工作，但很快就放弃了这个打算……"安娜说："我看不到任何喜悦。"① 在 1912 年的莫斯科艺术家联合会的展览上，这座大理石雕像首次亮相，现在由俄罗斯国家博物馆收藏。诺索娃的长兄米哈伊尔·巴甫洛维奇购买了一个石膏版本作为收藏，现在保存在雕塑家安娜·戈卢布金娜的作品博物馆中。②

　　在 20 世纪初的莫斯科贵族沙龙里，戏剧艺术家 A. Я. 戈洛温备受欢迎，在宏大的肖像画题材创作中也留下了他明显的足迹。商界新贵争相邀请他为自己作画。他在莫斯科创作了三幅肖像画，但由于命运的安排，如今这些画作早已散落在世界各地。大型糖类制造商、未来临时政府部长 M. И. 捷列先科（1913 年）的肖像，在马尔梅艺术博物馆（瑞典）被找到。莫斯科著名的茶叶贸易家族女企业家 H. Г. 维索茨卡娅（1915）的肖像则被保存在符拉迪沃斯托克的滨海艺术博物馆中。

---

①　A. C. Голубкина. Письма. Несколько слов о ремесле скульптора. Воспоминания современников. M. , 1983. C. 251.

②　См. : Каменский A. A. Анна Голубкина. Личность. Эпоха. Скульптора. M. , 1990. C. 422.

在这些肖像中只有一幅留在了莫斯科，它被保存在国家历史博物馆。在巨型画布（2.9 米 × 2.2 米）上，艺术家用水胶颜料和水粉颜料绘制了穿着华服的叶芙菲米娅·巴甫洛芙娜骑在马背上的场景，其身后是郁郁葱葱的绿植和花园雕塑。文献记载这幅肖像画标记的完成日期是 1916 年，但实际上早在两年前就已完成。A. Я. 戈洛温的这幅巨型作品在 1915 年的莫斯科展览上展出过，展出的目的是支持遭受德国侵略的比利时。很明显，该作品是在 1914 年创作完成的，也就是在第一次世界大战爆发之前创作出来的。同一年，A. Я. 戈洛温接到了米哈伊尔的妻子塔季扬娜·福米尼什娜·里亚布申斯卡娅的订单。A. Я. 戈洛温给塔季扬娜的信中写道："听到您希望由我为您作画，我非常感动。"还没有来得及为塔季扬娜作画，战争就爆发了。到了 1915 年秋天，A. Я. 戈洛温才重拾这个想法，向里亚布申斯卡娅承诺，"一有机会我就会到莫斯科为您作画"①。不过，他从未着手为塔季扬娜作画，反倒是设法完成了叶芙菲米娅·诺索娃的肖像画。

显然，应其赞助人的要求，艺术家 A. Я. 戈洛温将这位世袭荣誉公民画成了一位具有世俗文明的英国化的女士，从外表看，没有人会认为叶芙菲米娅是商人和旧礼仪派教徒出身的。索莫夫在很早的时候便注意到了叶芙菲米娅与生俱来的贵族气质，这是她的成长经历和上流社会的生活方式磨炼出来的。涅斯捷罗夫就索莫夫的作品曾说道，贵族气质使叶芙菲米娅成为世袭贵族。诺索娃仿佛是一尊庄严的雕像，高高在上地矗立在人群中，她纤细、高挑的身材和坚定的脸庞在绿色植物衬托下格外引人注目……"这就是现代艺术

---

① BMO ГTГ, OP. ф. 7, д. 22, л. 1 – 1 об.；д. 23.

评论家对这位莫斯科女富豪赞助人的评价。这幅画让人联想到卡尔·布留洛夫的著名画作《女骑手》。这未必是艺术交流上的巧合。人们可能会同意 И. 霍夫曼的观点，即戈洛温的肖像画（以及索莫夫的肖像）体裁反映出了叶芙菲米娅·诺索娃心目中的 18 世纪末 19 世纪初俄国艺术家的一系列杰出作品的风格，这些 18 世纪末 19 世纪初的作品是诺索夫宅邸女主人叶芙菲米娅·诺索娃的骄傲。她自己的艺术画像应该不会与所收藏的风景画在风格上产生冲突，因此，她的画像是按照古典风格进行创作的。①

然而，从纯艺术的角度来看，А. Я. 戈洛温创作的肖像画是失败的。肖像画画面死板，缺乏内在的流动性。而且，过大的肖像画看起来有点戏剧化的夸张效果。在参观了展出了 А. Я. 戈洛温的作品的展览后，莫索夫在日记中写道："展览中最精彩的部分莫过于马背上的诺索娃这幅肖像画了，此画与其说是因为艺术价值而精彩，不如说是因为它的巨大尺寸而成为一个亮点。这幅肖像画像极了一张被放大的'华丽的法国体育杂志封面'。"②

直到 20 世纪 60 年代初，该画像一直存放在维金斯基广场诺索娃的豪宅中，革命后，该豪宅几经易主。与她的其他收藏品不同，叶芙菲米娅没有把它交给任何官方的艺术品保管机构来保管。难道她不珍惜它，是觉得这幅画像很失败吗？我们并不知道戈洛温的画作在诺索娃家中存放的确切情况。也许存放这样一幅巨型画作的合适地点只能是气势恢宏的主餐厅，在画家 В. А. 谢罗夫去世后，餐厅的内部装饰工作仍未完成，这幅肖像画可能是为装饰这个大厅而

---

① См.：Гофман И. Головин —портретист. С. 78，82.
② Гофман И. Головин — портретист. С. 78，82.

委托画家创作的。

1917 年的诸多事件使叶芙菲米娅失去了自己的家、自己的收藏，并使其告别了已经习惯的生活方式。像许多"前辈"一样，她不得不离开自己的祖国，在漫长的一生中，她大部分时间都生活在异国他乡（她于 1979 年在意大利去世，在她百年诞辰前不久）……今天，在向杰出的俄罗斯赞助人给予应有的评价时，人们不得不对他们在历史给予的相对较短的时间内做了如此多的事情感到惊奇。20 世纪初，俄国文化的强势崛起要归功于这些高尚的鉴赏家和艺术爱好者的支持，在这些人中，莫斯科沙龙的女主人叶芙菲米娅·诺索娃必须占有一席之地。

第十章
远走他乡

1917 年俄国的革命事件成为莫斯科商业帝国一个重要的历史转折点。震惊全国的革命事件使里亚布申斯基家族失去了自己的故土。在那个艰难困苦的年代恢复家族昔日的荣光是何其艰难，国内战争使他们失去容身之所，个人关系网被扯断，他们被俄国那片广袤的土地抛弃，直到革命浪潮将幸存者带到相对平静的移民港湾中。为了远离革命风暴，家族大部分成员于 1918 年离开莫斯科。留在俄国一点都不安全，弗拉基米尔后来回忆说，1918 年夏天，他曾秘密前往莫斯科，为了躲避契卡对他的追捕，在那儿他不得不躲藏起来。

在那个悲剧的年代，保留下来的文件证据并不多。德米特里·巴甫洛维奇·里亚布申斯基的女儿亚历山德拉·德米特里耶芙娜（后居住在日内瓦）在最近出版的回忆录中讲述了自己和家人不得不逃离俄国的经历。① 当时萨申卡·里亚布申斯卡娅②只有 7 岁，但离

---

① См.： Рябушинский Вл. Купечество московское. с. 183； Рябушинские： Бегство из России // Белое. 1994. No 11. С. 14 – 15.

② 指亚历山德拉，萨申卡为亚历山德拉的爱称——译者注。

开故乡库钦和逃离俄国的戏剧性经历却永远铭刻在了孩子的心中。

1918 年 9 月的一天，一群戴着鸭舌帽并垂到眼睛的全副武装的人员冲进了德米特里在库钦的家中。幸运的是，德米特里当天因空气动力研究所的事务前往莫斯科。破坏者们的狂欢一直持续到晚上。他们被一种毫无意义的、仇富的心理所驱使，对豪宅进行大肆破坏。一些破坏者穿着靴子在象牙琴键上乱踩，损坏了漂亮的钢琴，而另一些破坏者则以砸碎客厅的水晶吊灯和扯下窗帘当作裹脚布为乐。由于没有抓到主人，他们恼羞成怒，用左轮手枪向前来探望孩子们的法国家庭女教师的马车射击，最后又向寂静的佩霍尔卡河投掷一枚炸弹，因为在那儿有一座流体力学实验室。几十年后，当亚历山德拉·德米特里耶芙娜·里亚布申斯卡娅回忆起那次"访问"时仍不寒而栗，那是她有史以来第一次在现实中遇见了童话里的恶狼。

他们临走时扬言他们还会再回来的，并让里亚布申斯基家族片瓦不存。从莫斯科赶回来的德米特里紧急通知全家离开这里，不过这看起来更像是一次逃亡。他们只带了最基本的生活用品，将房子交给那些不靠谱的仆人看管，而且这些仆人还向主人"开诚布公"地说，他们喜欢什么就会拿什么。在莫斯科，德米特里一家并没有冒险住在波瓦尔大街上的房子里，而是在自己的姐姐那里住了一段时间，也就是住在了位于小哈利托尼亚巷的祖宅里。他们在商店买了便服，换好之后，这对夫妇带着他们的孩子以及保姆向库尔斯克火车站出发了。德米特里不能和家人一起离开，妻子维拉·谢尔盖耶芙娜和他们的三个女儿不得不独自踏上这段危险的旅程。

逃亡者在车站惊恐的人群中穿梭，然后成功地登上了火车。他们的路线是向南走，终点是哈尔科夫。亚历山德拉·德米特里耶芙娜·里亚布申卡娅回忆说，即使在这里，在被革命者占领的哈尔科夫，家人们始终没有安全感，因为一旦有人检查文件，"我们就会带着我们的姓氏和百万富翁的声誉一同消失"。他们不得不费力地继续前行并进入邓尼金的军队阵营里。母亲和孩子们躲在一辆从哈尔科夫向南部草原省份运送干草料的马车上。当布尔什维克巡警拿着干草叉"检查"是否有"偷渡者"藏匿其中时，有许多不幸的逃难者丧命于此。干草叉戳穿了玛丽亚姐姐的手，但她忍住疼痛没有喊叫，也多亏了女孩的勇敢，这一家子才逃过此劫。穿过中立地带时的解脱感与看到"暴露于路边的裹着白布的尸体"时的恐惧感交织在一起。其中很多是因感染伤寒而死亡的，他们被人从村子里抬出来，丢在路边。随后，他们又穿过了斑疹伤寒肆虐的克里米亚、新罗西斯克，乘坐英国轮船来到君士坦丁堡，而后来到巴黎，历经近一年的流离颠簸才与他们的父亲重逢。

德米特里本人在家人离开后仍留在莫斯科以尽力挽救空气动力研究所免遭破坏。他争取到了将自己的智慧结晶国有化的机会并被任命为负责人。他在丹麦的科研任务也得到了科学院的批准。然而，当他准备从彼得格勒离开时，却被 M. C. 乌里茨基给耽搁了，乌里茨基曾要求须由三位人民委员为他颁发签证。第二天，在他们的谈话之后 M. C. 乌里茨基被杀害，德米特里被捕。他一直被关押到 1918 年 10 月初，在马克西姆·高尔基的不懈抗议下获释，10 月底他出国了。在丹麦，他受到了尼尔斯·玻尔的接待，并在那里完成了自己的一部作品，这部作品从他被关进彼得格勒的监狱里开始创作。当他收到家人抵达法国的消息时，便来到巴黎与他们会合。

离开俄国的里亚布申斯基家族的成员，尽管受尽苦楚，却比那些不能或不想离开祖国的家族成员更幸福。住在莫斯科小哈利托尼亚巷的里亚布申斯基家族老宅子里的两姐妹——亚历山德拉·巴甫洛芙娜（嫁给 K. C. 斯坦尼斯拉夫斯基的侄子 M. B. 阿列克谢耶夫）和娜杰日达·巴甫洛芙娜的命运应验了最坏的忧虑。1931 年，国家政治保安总局小组审议了"纺织业反革命、破坏、颠覆和间谍组织案"，该案涉及 165 人，主要成员是纺织厂的前主人及其亲属和雇员。里亚布申斯卡娅姐妹也在被捕行列中，亚历山德拉·巴甫洛芙娜的丈夫 M. B. 阿列克谢耶夫也被逮捕。最后，娜杰日达和亚历山德拉被监禁在索洛维茨基劳改营，1937 年，他们被卡累利阿苏维埃社会主义共和国内务人民委员会三人小组反复指控，以"最高的社会防护措施"为借口处以死刑。国外的亲戚们得知了她们惨死的消息，每年都有家族成员在教堂为"娜佳①和舒拉②"举行安灵弥撒。③

　　家族中的大多数兄弟早在 1918 年春天便去了被德国在四月份占领的哈尔科夫，里亚布申斯基家族在那里拥有土地银行。1918 年夏天，他们试图重建自己的公司，但由于当时苏俄对所有私人银行和私营工商企业进行国有化改革，他们的家族企业受到了破坏。斯捷潘和米哈伊尔成立了"B. A. 巴库林"商行，从事纺织生意和其他商品贸易；新公司的共同所有者包括在克里米亚的巴维尔和当时仍在库钦空气动力研究所的德米特里，以及谢尔盖、弗拉基米尔和里亚布申斯基家族的两位女婿 B. B. 诺索夫和 A. Г. 卡尔波夫。A. Г. 卡尔波夫 1918 年 7 月加入进来参与创建哈尔科夫银行，其中

---

① 娜杰日达的昵称——译者注。

② 亚历山德拉的昵称——译者注。

③ См.：Рябушинский Д. П. Воспоминания об обстоятельствах, при которых я покинул нашу родину в 1918 году // Белое. 1994. No 4. С. 3. （Публ. Н. Л. Пэнэжко）；Рабенек Л. Хлопчатобумажная промышленность старой Москвы до 1914 года // Возрождение. Париж, 1966. No 172. С. 104.

土地银行董事会成员 В. Г. 科列涅夫和 П. Н. 科托夫也在哈尔科夫银行经理之列。几个月后，里亚布申斯基家族在之前银行的基础上成立了一个拥有 1500 万卢布雄厚资本的"南方中央银行"，并在基辅、敖德萨以及叶卡捷琳诺斯拉夫省设有分行。哈尔科夫的银行董事会由米哈伊尔领导，股东是弗拉基米尔、斯捷潘和谢尔盖兄弟，还包括 В. В. 诺索夫、А. Г. 卡尔波夫、俄国南部的大商人 Н. Ф. 冯·迪特玛、А. И. 费宁、前沙皇政府部长 А. А. 里蒂希等人。①不久后，里亚布申斯基家族的另一家银行，即位于顿河罗斯托夫的黑海银行成立了，它与"南方中央银行"一样，在俄国南部武装部队占领的领土上运营。

在著名的布拉格档案馆资料中（该档案馆是由俄罗斯侨民在 20 世纪 30 年代创建的并在二战后迁回苏联），保存了一份名为"被迫从新罗西斯克撤离的股份制商业银行高层人员名单"的文件。②该档案在 20 年代初开始编写，这其中记录了在邓尼金军队仓皇撤退的过程中，乘坐从黑海港口出发的逃难船的 40 多位俄国金融大鳄的故事。在他们之中有许多知名人士，如亚速海－顿河银行董事会成员 Е. М. 爱普斯坦，莫斯科工业银行董事会主席、呢绒制造商 Н. Г. 卡什坦诺夫，1918 年去世的俄国伟大工业家 Н. А. 弗托罗夫的儿子、工业银行董事会成员 Б. Н. 弗托罗夫及其妻子和母亲，俄亚银行董事 Л. В. 希尔文特，莫斯科联合银行董事会主席 А. А. 德·塞沃等。在申请舱位的人中，有里亚布申斯基家族最亲密的雇员——黑海银行董事会成员 А. Г. 卡尔波夫及其妻子与两个

---

① ГАХО, ф. 71, оп. 1, д. 85, л. 1－2, 5－8; д. 87, л. 1－1 об.
② ГАРФ, ф. 3996, оп. 1, д. 2, л. 22－24.

孩子、同一银行的董事 H. M. 克拉舍宁尼科夫、"南方中央银行"
董事会成员 В. Г. 科雷涅夫与他的妻子及四个孩子。里亚布申斯基
兄弟并不在名单上。他们究竟是在新罗西斯克灾难发生之前就出国
了，还是在邓尼金军队崩溃后留在了仍然是"白卫军运动"最后据
点的克里米亚？关于这些我们无从知晓。

只是对于在国内战争期间保留了政治活动家权威的巴维尔而
言，其令人可信的品质人所共知。自 1917 年秋天以来，他一直在
克里米亚接受治疗，从 1918 年初克里米亚建立苏维埃政权以来，
他都没有受到镇压浪潮的影响。这就更令人惊讶了，因为从 1 月到
4 月，当德国军队根据《布列斯特和约》进入克里米亚时，在"消
灭资产阶级"的口号下，一场恐怖运动在半岛上展开。居住在疗养
区的人对 2 月 22 日至 24 日在塞瓦斯托波尔和辛菲罗波尔发生的军
官大屠杀感到震惊，当时士兵 – 水手反革命集团杀害了 250 多名
"戴金色肩章的人"[1][2]。这位住在阿卢普卡附近别墅的百万富翁、
政治家也经历了类似的命运。

众所周知，1917 年 11 月 21 日来自克里米亚的代表在圣彼得堡
革命军事委员会的会议上做了报告。随后，最高苏维埃根据革命军
事委员会报告做出决议，命令塞瓦斯托波尔委员会逮捕前俄军总司
令尼古拉·尼古拉耶维奇大公、巴维尔和其他委员会认定的反革命
分子。[3] 我们不知道为什么对于逮捕巴维尔的这一命令没有被执

---

① 　指旧俄时代的军官——译者注。

② 　См.：Кришевский Н. В Крыму（1916 – 1918 г.）// Архив русской
　　революции. Ред. – изд. И. В. Гессен. Т. XIII. Берлин，1924. С. 107 – 112.

③ 　См.：Любимов П. Н. Революция 1917 г. Хроника событий. Т. VI. Октябрь –
　　декабрь. М.；Л.，1930. С. 187.

行。完全可能是这位"反革命分子"不佳的健康状况起了主要作用，因为他的肺结核再次恶化了。1917 年 9 月，辛菲罗波尔斯基的工兵代表苏维埃以科尔尼洛夫叛乱共谋者的罪名逮捕了巴维尔，当时他的妻子伊丽莎白·格里高利耶芙娜坚持认为，她的丈夫应该留在家中被软禁，而不是按照指示被带到中央监狱。她向到访的委员们坚决表示，"在低于零度的地方服刑会要了他的性命"，并设法说服他们不要采取极端的制裁手段。① 人们只能猜测 1917 年末 1918年初是否发生过一些类似将巴维尔批捕的事件，但事实是，这位莫斯科商业帝国的领袖成功地度过了关键的几个月。

1918 年 10 月，巴维尔·巴甫洛维奇·里亚布申斯基再次出现在政治舞台上，当时他受邀参加由人民自由党著名女活动家 С. В. 帕尼娜伯爵夫人在位于雅尔塔和阿卢普卡之间的加斯普拉镇的行宫里举行的立宪民主党领导人会议。加斯普拉行宫因 1891 年列夫·托尔斯泰在这里待了几个月而闻名，当时这里的主人是伯爵夫人的丈夫，立宪民主党中央委员会成员 И. И. 彼得伦克维奇。从莫斯科来参加会议的有 С. В. 帕尼娜、М. М. 维纳韦尔、来自基辅的俄国著名作家 В. В. 纳博科夫的父亲 В. Д. 纳博科夫、Н. И. 奥斯特罗夫等人。М. М. 维纳韦尔回忆说："当时德国占领了克里米亚，不过到了 1918 年 10 月事情变得明朗，德国人一定会离开的。会议讨论了一个问题——布尔什维克会不会跟随德国人的脚步退出克里米亚？大家需要一个强有力的俄国政府。"

会上讨论了"构建"政权的方法，С. В. 帕尼娜和 Н. И. 奥斯特罗夫对发言进行了记录。他们的会议记录至今被保存在布拉格档

---

① См.：Утро России. 1917. 26 сент.

案馆。从记录上看，巴维尔呼吁立宪民主党人坚决与 П. Н. 米留科夫这种有典型的"日耳曼倾向"的党内领导人划清界限，"并采取某些英国和法国朋友及支持者的立场……需要从协约国盟友中选出能与布尔什维克面谈的人"。第一次世界大战即将结束，有必要调整与布尔什维克斗争的策略，同时依靠俄国的前协约国盟友。

在不指望国内力量（"现有的政府是不值得人相信的，无论是乌克兰还是顿河的……志愿军的力量依旧非常弱小"）的同时，巴维尔建议把赌注压在外国援助上（"权力可以人为地创造出来并强加于人民之上"）。他代表企业家（工商业委员会组织依旧活跃在俄国南部），呼吁立宪民主党成员采取联合行动。会议反对 Г. Н. 特鲁别茨柯伊提出的让尼古拉·尼古拉耶维奇大公即位成为独裁者，并决定依靠志愿军建立克里米亚边区政府。①

1919 年初，全俄工商联盟成员巴维尔加入了俄国国家联合委员会（СГОР），即加入了具有国家意识的反布尔什维克组织，该组织于 1918 年秋在基辅由 П. Н. 米留科夫提议建立。据新组织的成员、中央军工委员会主席 М. С. 马尔古利耶斯说："在这里的企业家中，只有一个具有伟大的政治前瞻性、气度非凡而且无疑会在任何西方政府中占据重要地位的人，这个人就是巴维尔。"② 1919 年初，在筹备王子群岛会议时，"红俄"和"白俄"将在那里举行会议（但最终没有举行），俄国国家联盟委员会产生了一个想法，即派一个

---

① Винавер М. М. Наше правительство（Крымские воспоминания 1918 – 1919 гг.）. Париж, 1928. С. 3.

② См.: Винавер М. М. Наше правительство（Крымские воспоминания 1918 – 1919 гг.）. Париж, 1928. С. 4 – 16; Думова Н. Г. Кадетская контрреволюция и ее разгром. 1917 – 1920. М., 1982. С. 153; ГАРФ, ф. 5913, оп. 1, д. 50, л. 3, 7.

企业家小组去巴黎，巴维尔便是其成员之一。

在当时，在反布尔什维克运动中发挥了重要作用的弟弟弗拉基米尔也留在了俄国。1918 年初，他主动来到雅西的一个会议上，在会上"非布尔什维克俄国"的代表请求协约国的帮助。弗拉基米尔与雅西会议的代表团一起离开，前往巴黎进行下一步的谈判，在巴黎，弗拉基米尔被 П. Н. 弗兰格尔召到塞瓦斯托波尔，参加他在 1920 年 9 月召开的"经济会议"。会议由 П. Н. 弗兰格尔政府首脑主席团中的 А. В. 克里沃舍因主持，此次会议汇集了从国外赶来的俄国经济学家和企业家们（包括前沙皇政府财政大臣 П. Л. 巴尔克），粮食出口是他们此次会谈的主要议题之一。克里米亚政府签订了向国外出口约 1000 万普特俄国粮食的合同。包括弗拉基米尔·里亚布申斯基以及从君士坦丁堡赶来的 Н. Т. 卡什坦诺夫在内的企业家们，主张通过自由贸易来执行合同，但大多数人主张本着经济国有化的俄国古老传统，同意对私人粮食出口进行限制。同时，与会者认为，"在一个被战争和布尔什维克政府破坏的地区，自由经济生活和新的公民秩序基础正在迅速建立起来"。据 П. Н. 弗兰格尔回忆，在会议期间举行的宴会上，弗拉基米尔·里亚布申斯基发表了精彩绝伦且富有感染力的演讲。① А. В. 克里沃舍因政府的一些改革尝试依旧无法阻止克里米亚灾难的发生。不过在灾难发生前夕，弗拉基米尔·里亚布申斯基回到了法国。

在巴黎，他积极帮助其兄长开展侨民方面的事业。1920 年 9 月底，在巴维尔的倡议下，召开了前俄国商业精英代表会议，会议的议程是讨论建立全俄工商联盟代表处。巴维尔劝说他的商界同僚：

---

① Французы в Одессе. Из белых мемуаров. М. , 1928. С. 115.

弗拉基米尔·巴甫洛维奇·里亚布申斯基独子瓦洛佳·里亚
布申斯基，1920 年死于从俄罗斯去往南斯拉夫的轮船上

"与其坐以待毙被动地等待解决方案，我们不如在其位谋其事，打破
这种现状。"他将希望寄托在布尔什维克政权的经济崩溃（"三年的
经验表明布尔什维克完全没有能力创造新生活"）以及弗兰格尔军队
的军事力量上，巴维尔甚至计划从欧洲银行家那里获得一笔贷款，
以苏俄政府收归国有的财产为抵押，来支持弗兰格尔军队。鉴于苏
俄即将垮台，"必须在各地建立一个俄国工商业组织联系网。为了能

开辟在俄国进行活动的空间，现在需要打通一切通向俄国的道路"①。

这位原全俄工商联盟领导人将全部赌注压给了弗兰格尔政府，该政府奉行向农民提供土地（"工商业阶层一直赞成将土地分给农民，从而解决土地问题"）的新政策，宣布了遵循联邦国家制度的原则，这"将比通过武力手段来强制实行中央集权更能坚定地把俄国统一起来"。巴维尔呼吁自己的同僚重新思考自己与群众之间的关系。"巴维尔·里亚布申斯基解释说，在我以前的活动中，当我走近俄国民众的生活时，我深信，中下层人民对大资本家总是持有忧虑和不信任的态度。"打破这种信任壁垒是符合国家共同利益的，因为没有普通群众的广泛参与，大资本就无法创造国家经济的繁荣，而俄国工商业阶层在社会政治领域中必须保护"小人物"的利益。

然而，巴维尔的呼吁在圣彼得堡保守派活动家那里受到了冷落，而且在流亡时期也遇到了类似的情况，据 П. А. 布里根回忆说，人们对这位莫斯科自由主义者抱有偏见，"他与革命前的那段俄国历史联系得太紧密了"②。此外，早在 1920 年 2 月，他们就成立了自己的俄国工商金融联盟（Торгпром），其领导人是西伯利亚商业银行的前经理 Н. Х. 杰尼索夫。曾让巴维尔满怀希望的弗兰格尔的新政策也令人大失所望。

1920 年 11 月 7 日，在克里米亚灾难发生期间，全俄工商联盟

① Врангель П. Н. Записки（ноябрь 1916 – ноябрь 1920）// Белое дело. Т. VI. Берлин, 1928. С. 200, 210; Гурко В. И. Из Петрограда через Москву, Париж и Лондон в Одессу. 1917 – 1918 // Архив русских торгово - промышленных деятелей в Константинополе. Информационный бюллетень. 1920. Ноябрь. С. 1.

② Совещание русских торгово - промышленных деятелей в Константинополе. С. 1 – 2.

巴黎代表处的主席公开宣布，在移民中创建广泛的企业联盟的计划已经失败，"都是因为那些不想了解共同工作的人的阴谋诡计"。当然，他是指来自俄国工商金融联盟的竞争。"由于缺乏资金，在这种情况下无法开始联合工作和扩大全俄工商联盟的活动"，联盟的工作被削减到最低限度。在捞取功名的斗争中巴维尔不得不把第一名的殊荣让给了 H. X. 杰尼索夫。他的所作所为受到了侨民们的高度赞赏，侨民们认为"巴维尔本应在侨民界领导工商界的代表们，但由于预见到了摩擦和可能分裂的情况，他选择了退居到第二位，只有做出这种牺牲才有可能实现联合"①。

俄国工商金融联盟接管了侨民企业家主要协调中心，1921 年初，里亚布申斯基家族有三兄弟进入联盟委员会工作，他们是巴维尔本人、弟弟米哈伊尔及弗拉基米尔（米哈伊尔是俄国工商金融联盟伦敦办事处的代表）。在"俄国工商金融联盟"的领导下，1921 年 5 月在巴黎举行了工商大会，巴维尔被选为名誉主席。在苏俄宣布要实行新经济政策的背景下，商业帝国的掌门人把自己的主要考量建立在"自然经济规律"影响下的共产主义制度的内部演变上，并认为"自然经济规律"是神圣不可侵犯的。

巴维尔在大会开幕式上说，在革命前新兴的耐普曼②阶层中，"复兴俄国将是一项巨大的责任。与过去不同的是，如今其他人也会来找我们。在过去，我们是孤独的。俄国知识分子不愿靠近我们，疏远我们；他们活在理想中，对我们这些有实践经验的人持否定态度……但我相信俄国知识分子会明白现在的教训并改变自己的

---

① ГАРФ, ф. 5885, оп. 1, д. 2, л. 6 – 9.
② 新经济时期对苏俄和苏联企业家的称呼——译者注。

态度"。巴维尔继续说道，当"能摧毁一切的恐怖和暴力的政权"垮台时，资产阶级将看到一个广阔的前景。一项非常重要的任务将提上议程："教育人民尊重私人和公共财产，然后他们将珍惜国家的每一份财富。"然而，巴维尔强调，恢复地主的土地所有权已经不可能了："土地问题没有及时解决；现在人民自己解决了，不能再回到旧的问题上来了。"①

1921 年夏天，他开始起草一份"针对苏维埃政权垮台后俄国过渡时期贸易政策计划"。协助他一起完成该项任务的是他的老朋友、莫斯科工厂主协会前主席 Ю. И. 波普拉夫斯基，他在流亡期间成为俄国工商金融联盟秘书。长期居住在度假胜地比亚里茨的巴维尔试图与俄国保持直接的联系。立宪民主党的杰出活动家 Н. В. 杰斯连科在 1921 年 9 月 14 日给 П. А. 布里根的信中说："我代表 С. Н. Т. ② 去里加，在此之前，我与 С. Н. Т. 和 П. П. Р. ③ 在比亚里茨和坎博一起适当地讨论了这次活动的全部细节……主要目的是从源头上了解莫斯科的情况。然后我的任务是与莫斯科建立有效的沟通，安排往那里送钱、送食物等。"④ 像许多侨民一样，巴维尔认为共产主义统治将会灭亡，并准备返回参与重建俄国。他一生中有许多幻想，但这是他最后的幻想。

1924 年 7 月 26 日，П. Н. 米留科夫在巴黎的《最新消息报》上刊登了一则简讯："据报道，7 月 19 日巴维尔在坎博－莱班去

---

① ГАРФ, ф. 5885, оп. 1, д. 101, л. 11－11 об. ; Иллюстрированная Россия. Париж, 1935. № 1. С. 10.

② 指谢尔盖·尼古拉耶维奇·特列季亚科夫——译者注。

③ 即巴维尔·巴甫洛维奇·里亚布申斯基——译者注。

④ Общее дело. Париж, 1921. 24 мая.

世，其遗体将于 7 月 26 日星期六下午 3 点送至巴蒂诺尔公墓安葬。"1924 年 7 月 26 日，柏林报纸《鲁尔》在其讣告中说："这位曾经以激进主义著称的政治家，新俄国商人阶级的领导人之一，在法国南部的一个度假小镇去世，不过他的去世并没有引来俄国侨民界的广泛关注。"实际上，在商界他受到了广泛尊重，俄国工商金融联盟委员会每年会专门举办纪念巴维尔的会议，而在巴维尔去世十周年之际，由 П. А. 布里根担任主席，他的亲属和同僚们召开了一次纪念大会。除了他的遗孀和兄弟们，А. И. 科诺瓦洛夫、С. Н. 特列季亚科夫、М. В. 别尔纳茨基、Ю. И. 波普拉夫斯基、Н. Т. 卡什坦诺夫等人也出席了此次活动。①

晚年的巴维尔·巴甫洛维奇·里亚布申斯基

---

① ГАРФ, ф. 5885, оп. 1, д. 52, л. 12 – 13, 15 – 17.

在谈及俄国革命前商界最有趣的代表之一的不同侧面的活动时，纪念大会的发言者指出，巴维尔一直都是"一个非常虔诚的人，他作为旧礼仪派的忠诚捍卫者神圣地遵守着祖先的清规戒律"（С. Н. 特列季亚科夫），"他尊重广大的俄国商人、俄国农民，因为自己的出身而十分珍惜与他们的联系"（В. П. 里亚布申斯基）。当然，他生命中的重要指导思想没有被遗忘——"促进工商业阶级统一的思想"（В. Б. 埃利亚谢维奇）。但与其他人的评价相比，德米特里最能理解哥哥所从事的活动的意义。他自己有着深刻的思考，将巴维尔和斯托雷平相提并论，因为"两人都清楚地意识到，强大的商人作为自己幸福的缔造者既拥有巨大的能量，同时也是国家正常运转及发展的重要储备力量"。这种类比是出乎意料的，但在某些方面也毫无争议——现实生活中巴维尔并没有与斯托雷平携手共进，反而还是后者下令关闭他的报社并对他施加政治迫害。

不过在比较的过程中也突出了巴维尔内在的一个非常重要的特点，即他一直是私人经济的支持者并始终为创造私人经济付出努力，这使他的生存观念更接近俄国村社破坏者的信念。还在 1905 年夏天时，在斯托雷平开始在农村进行改革之前，这位莫斯科工业家就得出了一个成为未来总理世界观基础的结论。他在给比亚里茨的同事们的信中说："在闲暇时我研究农业问题。只有个人主义才能在最短的时间内产生令人印象深刻的结果，从这个角度看，村社是有害的……"① 他与斯托雷平有着同样的目标，那就是按照西方的私营企业和个体经济模式来建设"伟大的俄国"。当然，在革命前的俄国，资本主义经济体系的潜力并没有被耗尽。俄国资本主义

---

① См.：Иллюстрированная Россия. Париж，1935. № 1. С. 10.

在工业和金融领域达到了垄断发展的新阶段，而且在农业方面也具备了改革的基础，是一条真正的社会进步之路。1917 年的历史选择对资产阶级不利，主要是因为资产阶级社会基础薄弱，缺乏"小人物"的支持，当然，在移民国外后的巴维尔提到这些"小人物"时并没有贬义。在国家发生危机的背景下，与广大人民群众进行对抗致使俄国的资本主义可替代性方案陷入瘫痪，这给与自己阶级共进退的企业家的命运增添了悲剧性的色彩。

到"令人永远铭记于心的巴沙"① 去世时，里亚布申斯基家族的海外事业开始走下坡路。1917 年后，尽管失去了企业和银行，但正如有人指出的那样，他们设法重启了俄国南部的金融业务，并将部分资产转移到了国外。通过俄国亚麻工业股份公司与外国合作伙伴建立的活跃联系，里亚布申斯家族 20 世纪 20 年代初以俄国亚麻工业股份有限公司的名义继续在西方经营。处在新环境中，家族事业的重担落在了米哈伊尔肩上，他在伦敦成立了股份商业银行——西方银行有限公司，董事会成员中有革命前的著名金融家，也包括前沙皇政府大臣 A. A. 里蒂希。②

此外，家族兄弟还考虑了其他规模宏大的事业。法国国家档案馆的 Н. П. 里亚布申斯基档案保留了家族成员的部分信件，从中可以看出到 20 年代中期该家族的财产状况。笔者感谢 Н. Г. 杜莫娃提供了这些文件的副本。在 1924 年爆发商业危机时，里亚布申斯基家族试图在欧洲和美国的纺织品市场上站稳脚跟，但激烈的竞争和对经济形势认识的不足导致了巨大损失。1924 年 4 月谢尔盖在写给

---

① 巴沙是家族成员对巴维尔的昵称——译者注。

② ГАРФ, ф. 4047, оп. 1, д. 5, л. 87 об.

兄弟米哈伊尔的信中说，"很有可能，经过准确的计算，我们剩下的钱不超过 10 万英镑，这说明我们在 5 年中损失了 40 万英镑"（因此，到流亡初期，里亚布申斯基家族共持有 50 万英镑——而且按照战前的汇率计算，拥有超过 500 万金卢布的庞大资本——作者注）。失败的原因是家族企业经营不善："从一开始，我们在国外的业务就只是偶然的……"米哈伊尔在这样陌生且复杂的事业（例如呢绒生意）上没有实战经验，他从一开始就提出了在世界市场上站稳脚跟的想法，但这不切实际。谢尔盖指责了这位禁不住诱惑的伦敦银行经理，"为垄断世界上的呢绒贸易在世界各地开设更多的子公司，这是董事会做出的一个致命性的、不切合实际的决定"。家族传统的棉花贸易也没有得到很好的发展，与美国展开棉花贸易的尝试同样也没有成功。谢尔盖继续指责掌舵家族企业的米哈伊尔，说道："在没有任何商业计划的情况下，我们大规模地开始了一项新的、完全没有希望的事业。这项事业从一开始就以这样的方式设立，多年来不能给人带来利益，反而它的经营活动给我们现有的资金带来了致命的打击。"

银行代理人认为，摆脱危机的最好方法是"采用最有力的措施来保存现有的资本"。除其他事项外，建议"立刻彻底清查所有在美国的业务，精确计算我们的资本和债务余额……根据我们现有的有限资产来确定未来事业的规模和机遇"。长兄以家族的名义就米哈伊尔的失败痛苦地建议道："在你掌管生意后，你背负了沉重的道德责任，这在商业中既不是毁了我们，也不是让我们蒙羞。现在不得不说，失败的责任不仅在于你而且其余的兄弟及家族成员也有责任，我们盲目地相信家族求真务实的精神。"最后，大家建议这位失败的管理者"创建一个由家族活跃成员组成的理事会，以便重新审视现有的管理体制并分配幸存的资金"。

谢尔盖随后前往伦敦与米哈伊尔进行面对面会谈，并从那里向卧病在床的商业帝国首脑巴维尔发出了一封报告信。在从兄弟们那里获得管理生意的授权后，1924 年 5 月，谢尔盖向巴维尔报告，米哈伊尔擅自决定所有的问题，没有与共同所有者协商，这是产生危机的原因之一。谢尔盖写道："谈话以忏悔的口吻进行，因为米沙①总是以结果来判断人们的表现，他认为这个规则也适用于自己。米沙逐字逐句地告诉我：把兄弟们召集起来，最好是在巴沙家，让他们决定我是否断续留在家族的生意里……"这位犯错的银行家同意了兄弟们关于"停止在美国方面的业务"的要求，同时要求将里亚布申斯基家族在法国的一家小银行（南方银行）改组为货币兑换点，但不能改组西方银行，因为它"在有着良好声誉的同时，还能带来可观的收益，米沙为它感到骄傲"。为了弥补其他业务的亏损，米哈伊尔承诺从自己的工资中拿出 2 万英镑，还说"同意每年让兄弟们聚在一起 4 ~ 6 次来商讨如何开展家族业务"。

1924 年 5 月末，在巴黎举行的一次会议上，里亚布申斯基家族对家族业务董事会进行了重组。家族的四个兄弟谢尔盖、弗拉基米尔、斯捷潘和德米特里参加了讨论。兄弟中最年长的巴维尔从坎博 – 莱班寄来了书面意见，并以此作为改革基础。兄弟们建议米哈伊尔继续担任总管，但他的部分职责则由其他共同所有者接管。在"家庭会议"召开之后，与会者在给米哈伊尔的一封信中总结道："委托斯捷潘负责贸易业务并负责直接对接英方的商品业务……瓦

---

① 米沙是米哈伊尔的小名——译者注。

洛佳①负责维也纳、布拉格、布达佩斯和南斯拉夫的贸易，谢廖沙②负责索科特（棉花贸易的子公司——作者注）的业务并被选为南方银行董事会成员"。对家族业务的监督工作也由兄弟们共同负责，他们"每四个月召开一次会议，审议家族所有事务"。

然而，尽管新的企业规模令人印象深刻，但在西方，里亚布申斯基家族的生意注定不会达到在俄国时的商业高度。此外，20世纪20年代末30年代初的经济危机和大萧条使昔日的百万富翁们完全陷入了困境。米哈伊尔在1935年写给兄弟尼古拉的信中说道："我一直在努力地挣扎，过去两年一直忙于塞尔维亚和保加利亚的进口生意。"然而，一年后，他不得不承认："业务进展并不顺利，而且越来越糟，自去年10月以来，意大利的业务没有任何进展。"西方银行也已倒闭，商业进入全面衰退的状态。资金短缺成为20世纪30年代这个家族书信中的永恒话题。事情发展到这样的境地：1936年谢尔盖在法国去世时，兄弟们甚至没有钱为其办丧事，谢尔盖的遗孀玛丽亚·杰门季耶芙娜被迫变卖最后的财产。其他兄弟也举步维艰，巴维尔的遗孀伊丽莎白·格里高利耶芙娜在巴黎近郊的一个寄宿家庭中度过余生，而且时常没钱支付房费。随着第二次世界大战的爆发，特别是德国人占领法国后，俄国侨民们的生活变得更加艰难，但是在法国的家族成员中，任何一个人都不会与法西斯政权合作而玷污自己。

一封关于弗拉基米尔写给他弟弟斯捷潘的信被保存下来，这封信是在德国进攻苏联时写的。在巴黎，弗拉基米尔给在热那亚

---

① 弗拉基米尔的小名——译者注。
② 谢尔盖的小名——译者注。

的兄弟写了一封信，内容是讨论关于整理俄国财产清单的传言，在德国军队取得成功的印象下，海外侨民们开始制定留在苏联的财产清单。这项工作一点也没让弗拉基米尔高兴起来。他劝说自己的兄弟："……我们里亚布申斯基家族的人，要继承令人怀念的巴维尔传统，如今我们不能只为自己着想，也应为我们的祖国着想。如果有必要，我们要清楚地记得属于我们的东西，当然，作为诚实的人，我们也会记得我们要承担的东西。但现在我们应该迅速地把所有的精力都放在为苏联人民的利益工作上来，我们必须在什么地方工作，那是上帝的旨意。就我个人而言，我想说的是，我必须成为银行经理或一个收藏家，或在罗戈任公墓当一个牧师，我会为一切感谢上帝。这就是为什么，亲爱的斯捷潘，我将不参与财产的清点。那没有好处，却大大有害。"当然，里亚布申斯基家族永远不会与布尔什维克政权和解，但他们也不想坐着德军的军车返回故土，他们很清楚"日耳曼人"的胜利将给祖国人民带来多大的灾难，弗拉基米尔在第一次世界大战中遇到过类似的情况。

尽管他们生活贫苦、勉强度日，但仍相互扶持，共同走出困境。米哈伊尔在给兄弟尼古拉的妻子的一封信中说："我们的家庭很奇怪，多年来我们很少见面，但我们一见面就争吵，表面上甚至有点冷漠无情，然而我们内心又十分亲密。正是因为我们家族内部十分团结，因此我们成功地克服了许多困难。"1942 年，弗拉基米尔在写给兄弟尼古拉的信中说："我需要的不多，我会尽全力帮助伊丽莎白·格里高利耶芙娜的，她现在的日子非常艰难。"已在意大利定居、经济状况比其他人好一些的斯捷潘也汇款救济家族成员。1940 年，他寄来 500 法郎，为巴维尔的遗孀支付寄宿费，一年后又寄来 100 美元。然而，随着他在 1942 年去世（这位伟大的俄国圣像收藏家在米兰去世，被埋葬在热那亚附近的佩格利别墅附近，他的家人就住在那里），伊丽莎白·格里高利耶芙娜的资金来源再次中断。弗拉基米尔在给尼古拉的另一封信中感叹道："钱不是问题，我正在出售我最后的东西，但我并没有失去信心。"

斯捷潘·巴甫洛维奇·里亚布申斯基的女儿叶莲娜·斯捷潘诺芙娜·里亚布申斯卡娅的婚礼照片（米兰，1922 年）

另一方面，米哈伊尔也不得不更换自己的职业，他以尼古拉为榜样从银行家变成了一名古董商，靠收取佣金为生。1945 年，他在巴黎写给尼古拉的信中回忆说："我的生意一塌糊涂而且逐渐走下坡路……猛然间，在上帝的帮助下，当望到一个古董商店的窗口时

（我总是这样），我决定进去看看，并上前询问是否可以带走这套古董茶具，英国制造的，绿底儿印花……老板同意了……并用报纸把它包起来，我拿着它坐上了公共汽车前往西区的邦德街，然后走进一家知名的古董店，根据我提供的古董信息……邦德街的古董店买下了它，此时，我获得了第一份佣金 2.5 英镑……不过那已经是三年半之前的事了。我的新业务就是从那时开始发展起来的，我继续担任古董和艺术品经纪人。我拿着古董，给出详细的规格、报价和我要收取的 10% 的佣金。我内心富足，热爱我的工作，在没有任何外界的帮助下，我又重新站起来了……"这位前银行家在莫斯科学到的艺术史知识突然派上了用场。爱好成为艺术珍品主人的生存之道，他于 1960 年在伦敦的一家穷人医院去世。

如果说商业既没有给家族带来荣誉，甚至都没有给家族成员争得一个在西方获得体面生活的机会的话，那么里亚布申斯基家族对俄国侨民文化的贡献却是相当大的。斯捷潘继续研究俄国的圣像，并于 1931 年出版了他的小册子《圣像修复笔记》。弗拉基米尔为保护俄国侨民中的圣像传统做出了特殊贡献，他在流亡期间致力于文化保护和宣传活动。在侨民报刊上，他发表了几十篇关于俄国圣像和俄国宗教史的文章，以及一份专门的研究报告《旧礼仪派和俄国宗教意识》（巴黎，1936 年），并将其献给他的兄弟斯捷潘——"古代俄国东正教文化的最好守护人"。

1925 年，在两兄弟以及一批俄国艺术家和艺术赞助人（П. П. 穆萨托夫、Д. П. 斯捷列茨基、И. Я. 比利宾、Г. Н. 特鲁别茨科伊公爵、С. А. 谢尔巴托夫公爵等）的倡议下，圣像协会在巴黎成立了，并由弗拉基米尔担任主席。他在职长达 30 年，直到 1955 年去世。该协会的目的是研究和保护古代俄国圣像。当时俄国侨民所建造的东正教教堂需要受过专业训练的建筑师和圣像师来设计和装饰。第一所教堂是巴黎的谢尔吉耶夫教堂，在其壁画创作者 Д. C. 斯捷列茨基的努力下，这座教堂从新教大教堂变成了东正教教堂。该协会的成员还在巴黎附近的圣热纳维耶夫·德·布瓦－博伊斯的俄国公墓中建造并装饰了一个东正教教堂（建筑师是 A. A. 伯瓦努，壁画由他和妻子 M. H. 伯瓦努共同完成，Φ. A. 费多罗夫则负责圣像）、在穆尔梅伦的俄国军事墓地建造了纪念教堂（A. A. 伯努瓦）、在布鲁塞尔建造了教堂（建筑师是 H. И. 伊斯茨列诺夫，E. C. 利沃娃公爵夫人提供圣像）、完成了巴黎圣母教堂的圣像壁（E. C. 利沃娃公爵夫人和 Д. C. 斯捷列茨基共同负责圣像）、在巴黎建造了圣谢拉菲姆·萨罗夫斯基教堂（建筑师 H. B. 格洛巴，Φ. A. 费多罗夫负责圣像），还有勒伊克的东正教教堂（H. И. 伊斯采列诺夫，B. B. 谢尔盖耶夫和 E. C. 利沃娃公爵夫人二人负责圣像）和赫尔辛基墓地教堂（建筑师 H. И. 莫罗佐夫，Γ. B. 莫罗佐夫与 E. C. 利沃娃公爵夫人负责圣像）。①

圣像协会的任务是，既全面研究古罗斯艺术遗产，同时又在欧洲文化大环境中宣传古罗斯艺术。这里有几个活跃的团体，比如由艺术鉴赏家（Π. Π. 穆萨托夫等人）和弗拉基米尔及谢尔盖两兄弟领导的一个的弥撒宗教团体，还有圣像画家与建筑师团体。在 B. Π. 里亚布申斯基积极参与下，自 1927 年以来，圣像协会定期在各国举办圣像展览，这有助于西方鉴赏家了解古罗斯的艺术遗产。1948 年，该协会在巴黎举办了第 30 次展览，展出了私人收藏中的古罗斯大师的作品和散居在世界各地的俄国侨民圣像家的最新作

---

① ТГАРФ, ф. 5904, оп. 1, д. 32, л. 75.

品。在这次会议上，举行了一次有欧洲专家参加的特别学术会议，弗拉基米尔被一致推选为主席。①

尽管弗拉基米尔在生命的最后几年里几近失明，但他仍然继续对圣像这一俄国精神遗产进行科学理论研究。第二次世界大战结束后不久，一家法国出版社为他提供了出版俄国圣像图书的机会。他给兄弟尼古拉写信说道："如果我能好好利用我余下的这20年，我一定能完美收官。"不幸的是，这个想法并未实现，这位辛勤的研究者收集的材料从未被世人所知。

杰出的俄国科学家德米特里·巴甫洛维奇·里亚布申斯基在俄国侨民界备受尊敬。在巴黎，他成立了科学－哲学协会，该协会成为海外的俄国思想中心之一。他在协会中撰写的100多份报告已经出版，并构成了俄国海外科学成就的真正百科全书。第二次世界大战后，在他的倡议下，在巴黎成立了保护俄国海外文化协会，该协会承担了拯救生活在祖国之外的同胞档案和未出版的科学作品免遭消亡的崇高使命。П. Е. 科瓦列夫斯基担任协会秘书长，他也在德米特里的倡议下准备出版大量资料，其中在德米特里去世后才出版的《海外俄罗斯——半个世纪以来俄罗斯海外历史和文化教育工作（1920—1970）》成为前无古人后无来者的经典。

在被迫离开俄国后，德米特里·巴甫洛维奇把自己的科学研究奉献给了法国，因为法国为他提供了能继续自己科研事业的机会，但是一直到去世他也没有改变自己的国籍，仍然保留了俄侨难民的身份。自1919年与家人定居巴黎以来，德米特里就参与了法国航空

---

① См.： Ковалевский П. Е. Зарубежная Россия. История и культурно－просветительная работа русского зарубежья за полвека（1920 – 1970）. Париж，1971. С. 211.

部的工作，1922 年他在索邦大学通过了数学博士论文答辩，被任命为巴黎大学空气动力研究所的助理主任和航空实验室的共同主任。作为欧洲第一个空气动力学研究所的创建者，他在索邦大学授课，并在英国的牛津大学以及华沙、贝尔格莱德和美国一些地区的大学及研究中心发表演讲。1926 年，他获得了洛克菲勒奖学金，1929 年，被任命为巴黎大学力学研究所流体力学实验室主任。1925～1953 年，德米特里作为外国科学家在索邦大学做了 15 次系列报告。1931 年，在巴黎他被授予俄罗斯高等工业学院教授称号，他是该学院的创始人之一。

德米特里不仅从事理论研究，而且还为空气动力学和流体力学领域的实验设计仪器设备。按照他的设计制造出来的机器在巴黎和列日的航空展上展出。1935 年，德米特里被选为法国科学院通讯院士，这是对这位科学家杰出科学成就的认可。他的科学活动硕果累累，发表了 200 多篇关于空气动力学、天体物理学、弹道学、超音速动力学、几何学、水动力学、数学和理论物理学等学科的科学论文。德米特里从宁静的佩霍尔卡库钦实验室研制出来空气和液体流动之间的类比，直到今天它被正式命名为"里亚布申斯基类比"。数学科学黄金数因他在绝对值和不连续几何学领域的研究而得到丰富。1954 年，整个数学和物理学界都在庆祝这位优秀的俄罗斯科学家的 50 年科研活动，他的科研活动始于 1904 年，在位于莫斯科附近的里亚布申斯基庄园。借此机会，法国航空部出版了他的著作目录，这一荣誉只授予科学界最杰出的成员。① 到 1962 年去世之前，德米特里一直活跃在他的研究实验室。德米特里与他的妻子维拉·

----

① См.：Возрождение. Париж，1949. № 2. С. 101 - 108.

谢尔盖耶芙娜合葬在巴黎附近的圣热涅维耶夫·德·布瓦俄国公墓中，维拉于 1952 年去世。

德米特里·巴甫洛维奇·里亚布申斯基画像，
艺术家 И. 舒克林创作（巴黎，1940 年）

德米特里是家族七兄弟中最后一个客死异国他乡的人（尼古拉 1951 年在尼斯去世）。巴维尔·米哈伊洛维奇和亚历山德拉·斯捷潘诺芙娜的孩子中最后一个去世的是叶芙菲米娅（1970 年），她的丈夫 B. B. 诺索夫 1939 年去世后，她长期居住在罗马附近的别墅里。但里亚布申斯基家族商业帝国并没有被遗忘——莫斯科商业帝国的第四代新人在故土之外长大，他们继承了父母的才能，并成功地以自己的方式给这个家族带来荣光。斯捷潘的儿子鲍里斯·里亚布申斯基的艺术天赋毋庸置疑。德米特里和维拉的女儿玛丽亚·里

里亚布申斯基家族位于巴黎附近的圣热涅维耶夫·德·布瓦公墓

亚布申斯卡娅（就是那个在全家逃离俄国时差点被刺死的女孩）是一位极具天赋的艺术家。玛丽亚先是在法国学习，然后又去美国学习，并在纽约展出了她的作品，她的雕塑和绘画作品早在20世纪30年代就获得了大家的认可。29岁时因车祸早逝，短暂的生命使这位天才艺术家没能将她的全部才华释放出来……现在住在瑞士的德米特里的小女儿亚历山德拉·德米特里耶芙娜·里亚布申斯卡娅-巴克拉万尽管年事已高，但她对1911年她出生时的莫斯科有着温馨的回忆。她做了很多工作，以保持对故乡中的父亲的记忆，尽管她父亲的名字在祖国被埋没了很多年。

亚历山德拉·德米特里耶芙娜·里亚布申斯卡娅于1929年在

А. Д. 里亚布申斯卡娅 – 巴克拉万（20 世纪 20 年代拍摄）

巴黎嫁给阿纳托利·米特洛凡耶维奇·孔德拉季耶夫。他于 1900
年出生在塔夫利达省（克里米亚）的辛菲罗波尔。1917 年，他和
他的两个兄弟被征召加入白卫军。1918 年在随白卫军撤退时，孔
德拉季耶夫穿过加里波利半岛进入保加利亚，又从保加利亚来到
法国。在法国他从建筑学院毕业，并在先后在摩洛哥、法国和伊
朗工作。1930 年，阿纳托利·米特洛凡耶维奇和亚历山德拉·德

米特里耶芙娜的儿子小阿纳托利出生了，1931 年又迎来了他们的女儿亚历山德拉。1948 年老阿纳托利移居美国，并于 1966 年在美国去世。

老阿纳托利的儿子阿纳托利·阿纳托利耶维奇·孔德拉季耶夫在法国留学。小阿纳托利在第一段婚姻中有两个儿子，瓦西里和巴维尔。目前，小阿纳托利住在纽约，从事古玩生意。

亚历山德拉·阿纳托利耶芙娜嫁给了格奥尔基·埃斯佩罗维奇·穆林（别洛谢利斯基－别洛泽尔斯基公爵）。他们的五个孩子分别是维罗妮卡、帕特里克、米歇尔、斯特凡和戴安娜，都生活在法国。1995 年 5 月，亚历山德拉·阿纳托利耶芙娜在长期重病后去世。

米哈伊尔·巴甫洛维奇和塔季扬娜·福米尼什娜的女儿塔季扬娜·米哈伊洛芙娜·里亚布申斯卡娅有幸被列入各种百科全书和名录，包括权威的《美国名人录》。她于 1916 年出生于莫斯科，在婴儿时期就随父母流亡海外，在那里她成为一名著名的芭蕾舞演员。她从母亲那里继承了舞蹈天赋，在 М. Ф. 克舍辛斯卡娅和 О. И. 普列奥布拉任斯卡娅二人亲自指导下学习舞蹈多年，随后开始在舞台上表演，她是蒙特卡洛俄罗斯芭蕾舞团和其他俄罗斯海外芭蕾舞团的独舞演员，并在世界各地巡演。在与舞蹈家和编舞家大卫·利辛结婚后，在加利福尼亚的好莱坞定居并在那里指导舞蹈表演艺术学院许多年。由伟大的苏联艺术家的儿子 Б. Ф. 夏里亚宾为她画的肖像于 1975 年在该艺术家的作品展上展出。

怀念故土俄罗斯之情并没有把新一代人聚集在一起，相反他们各自融入了西方的生活，但西方生活对老一代人来说始终是陌生的。众所周知，塔季扬娜·米哈伊洛芙娜的弟弟巴维尔·米哈伊洛维奇·里亚布申斯基在美国定居，并成为冶金厂的一名工程师，与一名美国女子结婚，尽管为了纪念自己的父亲给儿子取了相同的名字，但已经习惯叫儿子的英语名字——迈克。不可避免的同化并没有摧毁后世子孙的"俄罗斯之根"。里亚布申斯基家族保留了俄语和对祖先的记忆，定期访问莫斯科的亚历山德拉·德米特里耶芙娜和她第二段婚姻所生的女儿、白银时代俄国文化史专家玛丽亚·巴克拉万的无私活动就是证明。今天的里亚布申斯基家族后人是西方人，但他们对曾经的祖国，对俄罗斯的爱，是从老一代人那里继承下来的并刻在了骨子里。莫斯科商业帝国是俄罗斯历史上一个小而重要且不可分割的部分。值得注意的是，这些商人、政治家和艺术赞助人的活动与我们的时代惊人地吻合——这是一个艰难的过渡时期，但部分是回归到社会进步的道路上来。里亚布申斯基家族坚信，这种转机迟早会发生。弗拉基米尔半个世纪前写的沉思与回忆录字里行间充满乐观和对俄国"庄稼汉"的信任，同时，莫斯科的百万富翁们也认为自己是庄稼汉。

人名索引

附 录

里亚布申斯基家族关

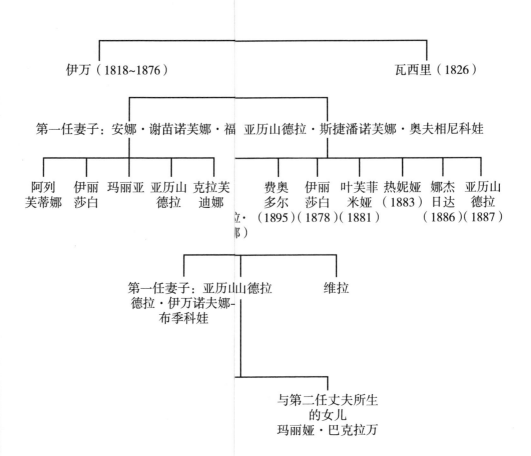

伊万（1818~1876）　　　　　　　　　　瓦西里（1826）

第一任妻子：安娜·谢苗诺芙娜·福　亚历山德拉·斯捷潘诺芙娜·奥夫相尼科娃

| 阿列芙蒂娜 | 伊丽莎白 | 玛丽亚 | 亚历山德拉 | 克拉芙迪娜 | 费奥多尔（1895） | 伊丽莎白（1878） | 叶芙菲米娅（1881） | 热妮娅（1883） | 娜杰日达（1886） | 亚历山德拉（1887） |

拉·
娜）

第一任妻子：亚历山山德拉　　　　维拉
德拉·伊万诺夫娜-
布季科娃

与第二任丈夫所生
的女儿
玛丽娅·巴克拉万

图书在版编目（CIP）数据

浮沉：里亚布申斯基家族兴衰史／（俄罗斯）彼得
罗夫·尤里·亚历山德罗维奇著；张广翔，刘育伯译
. -- 北京：社会科学文献出版社，2024.1
　（俄国史译丛）
　ISBN 978 - 7 - 5228 - 2287 - 7

　Ⅰ.①浮…　Ⅱ.①彼…②张…③刘…　Ⅲ.①家族 -
史料 - 俄罗斯　Ⅳ.①K835.120.9

　中国国家版本馆 CIP 数据核字（2023）第 155640 号

俄国史译丛·政治

浮沉：里亚布申斯基家族兴衰史

著　　者／〔俄〕彼得罗夫·尤里·亚历山德罗维奇
译　　者／张广翔　刘育伯
审　　校／邓　雨

出 版 人／冀祥德
责任编辑／高　雁
责任印制／王京美

出　　版／社会科学文献出版社（010）59367226
　　　　　地址：北京市北三环中路甲 29 号院华龙大厦　邮编：100029
　　　　　网址：www. ssap. com. cn
发　　行／社会科学文献出版社（010）59367028
印　　装／三河市东方印刷有限公司

规　　格／开 本：787mm × 1092mm　1/16
　　　　　印 张：23.75　插 页：0.5　字 数：276 千字
版　　次／2024 年 1 月第 1 版　2024 年 1 月第 1 次印刷
书　　号／ISBN 978 - 7 - 5228 - 2287 - 7
著作权合同
登 记 号　／图字 01 - 2023 - 4153 号
定　　价／98.00 元

读者服务电话：4008918866